明治初期日本政府蒐集
舶載建築書の研究

池上重康 著

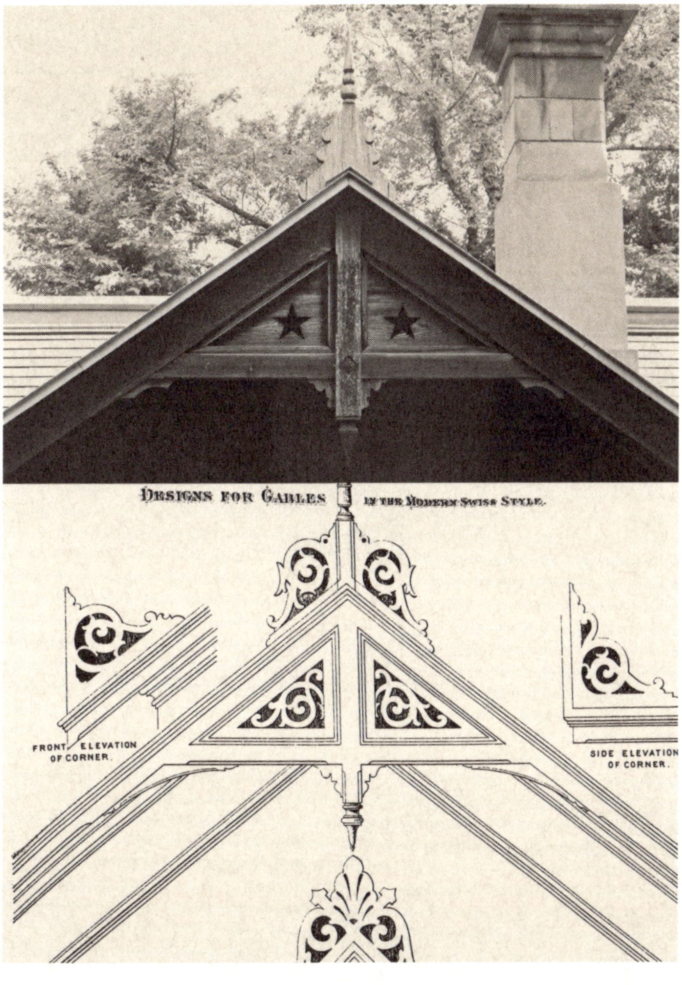

北海道大学出版会

北海道大学は，学術的価値が高く，かつ，独創的な著作物の刊行を促進し，学術研究成果の社会への還元及び学術の国際交流の推進に資するため，ここに「北海道大学刊行助成」による著作物を刊行することとした。

2009年9月

明治初期日本政府蒐集舶載建築書の研究

この本を妻と二人の娘に捧げる

目次

凡例

本書の文章の体裁等は以下による。

1. 引用文では，旧字，異体字は適宜修正し，片仮名表記はそのまま記載した。なお，「ゟ」や「ヿ」など異字・略字も「より」や「コト」のように適宜，現代仮名遣いに改めた。
2. 紀年は西暦による表記に統一した。元号を表記する場合は西暦の後ろに（　）に入れた。1872 年以前の年月日は元号をそのまま西暦年に置き換え，月日のみ太陰暦に従って表記した。ただし，引用文においては，元号をそのまま使用した。

序

本書は，明治初期洋風建築の導入過程において，舶載建築書，とりわけ米国出版のパターンブックが，無視することはできない大きな役を担っていたことを，実証的に解明するものである。

幕末の蕃書調所の蘭書に始まり，明治初期には，工部省の営繕組織・工学寮ならびに工部大学校，太政官文庫（大蔵省ならびに内務省の営繕組織），文部省の東京書籍館・教育博物館，開拓使など明治新政府の諸官庁において，多くの建築関連洋書を蒐集していたことを，断片的に残る洋書目録から把握することができる。さらに，建築関連洋書のほとんどは，政府組織の度重なる改編・改組，あるいは関東大震災や第二次世界大戦による罹災をくぐり抜け，現存しているのである。

現存する舶載建築書に押された蔵書印, 貼られた題箋や図書票簽，書き込まれた整理番号を書誌学的に検討することにより，蒐集の組織や時期，あるいは移管経緯などが詳らかになる。また，書籍に残された手垢や書き込みの痕跡から，その本がいかほどに読み込まれたものであるかも把握することができる。

本書では，「建築の洋風化がより徹底して進行した」[1] といわれる北海道の管掌官庁である開拓使を対象に，第 1 章から第 3 章にかけて，建築関連洋書の購入と移管経緯，営繕事業における市街地建築の意匠面での建築関連洋書の参照の実態，開拓使の建築に特徴的なバルーンフレーム構法と米国式模範家畜房の導入過程における技術的側面からの建築関連洋書の影響を考察する。第 4 章では，明治初期に編纂された洋書目録を入手することができた，中央官庁における営繕組織あるいは建築専門教育機関を持つ，大蔵省，内務省，工部省，文部省ならびに，その所轄機関が蒐集した建築関連洋書の全貌の解明を試みる。

なお，研究対象の舶載建築書を蒐集した年代範囲（あくまで日本に輸入された年代であり，当該図書の出版年とは異なる）は，欧米から建築書を輸入[2] するようになる明治初年を始まりとし（一部幕末を含む），開拓使の廃止（1882 年），太政官制度の廃止（1885 年），あるいは辰野金吾（1854-1919）の工部大学校教授就任（1884 年），文部省による各種学校令の公布（1886 年）など，中央官庁営繕に関わる制度や組織が大きな転換期を迎える明治 10 年代後半（1887 年以前）までをおおよその目処とした。

1)
越野武『北海道における初期洋風建築の研究』（北海道大学図書刊行会, 1993 年），p.16。

2)
幕末にオランダ語による建築書が輸入されていたことが，菊池重郎『日本に於ける洋式建築の初期導入過程の研究』（東京工業大学学位請求論文，1961 年）はじめ，多くの研究者により指摘されている。しかし，反射炉や城塞のような技術的側面からの考察が主で，建築意匠的な影響については，顧みられていない。

ところで，近代日本おける洋風建築の導入過程については，先人達による多くの研究がある。特に，明治百年を機に大きく研究が進展した明治洋風建築や，お雇い外国人技術者（教師）に関して，その研究成果は枚挙に暇がない。しかし，近年は通史的な記述の中で「お雇い外国人建築家の指導」や「日本人大工棟梁による見よう見まねの擬洋風建築」を，その導入形態とする概念が定型化しつつある[3]。一部研究者は舶載建築書の存在を指摘していたが，具体的な参照あるいは影響を実証できなかったため，歴史から忘れ去られてしまった過去がある。

建築以外の分野においては，お雇い外国人の指導に加え，洋書の翻訳によって，日本に西洋文明が導入されたと記述するのが一般的である[4]。あるいは，岩倉使節団に代表されるような，欧米視察を通した西洋の文化・科学技術の摂取も報告されている[5]。

本論に入る前に，明治初期洋風建築と舶載建築書に関わる以下の4点—i）明治初期洋風建築の導入過程，ii）用語としての「洋風建築」，iii）明治初期における「雛形」という言葉が持つ意味，iv）舶載建築書中に顕著に見られるパターンブックの研究動向—について，既往研究により明らかにされてきたことを経年的に俯瞰するとともに，現時点における問題点を整理しておきたい。

第1節　明治初期洋風建築導入過程の諸問題

「明治初期」という時代範囲については，冒頭示したように明治10年代後半までとするのが，これまでのこの時代を対象とした研究者による共通の認識である。そして洋風建築の導入過程については，辰野金吾による談話が屡々引き合いに出される[6]。「東京に於ける洋風建築の変遷」[7]と題されたそれには，「東京の洋風建築は先づ第一が亜米利加時代，次に英吉利時代，仏蘭西時代，夫れから伊太利時代，更に英吉利時代，最後に独逸時代，斯ういふ工合に分ることが出来やうと思ふ」と，洋風建築の導入順について具体的に国名を示す。二番目に示されるイギリス時代以降は，その国出身の来日した建築家と，東京におけるその実作を示す（表1）が，冒頭のアメリカ時代だけは「米国の誰某から誰某に伝はつたといふ事は確には分りませぬ」と，その根拠を示さない。そして「兎に角横浜が始めて開けた頃に亜米利加人が彼処に来て亜米利加風の建築をやつた其れを従前日本の建築をやつて居たもの即ち大工の如きものが見たり聞たり或は亜米利加人の下請負をするといふ様な事で自然と会得して段々と流行した」と想像を述べる。この発言が「日本人大工棟梁による見よう見まね」の淵源なのであろう。辰野の発言でいま一つ着目すべきことはアメリカ風の建築として，工部省営繕寮の

表1　東京に於ける洋風建築の変遷

亜米利加時代	大蔵省，内務省，工部省，太政官 林忠恕
英吉利時代	大蔵省分析場，竹橋陣営，蓬萊社 オートルス
仏蘭西時代	工部大学校，参謀本部，陸軍省 ボアンビル，レスカス，サーダー
英吉利時代	開拓使物産売捌所，海軍大学校 コンドル，ダイアック
伊太利時代	外務大臣官舎，露西亜公使館
独逸時代	エンデー，ビヨツクマン 司法省，裁判所

3）
このような中でも，初田亨は『職人たちの西洋建築』（講談社選書メチエ，1997年）で，非常に興味深い指摘をしている。中込学校（1875年建築，国指定重要文化財）の棟梁として知られる市川代治郎が，「巳年三月中外国人ケルモルト申人ニ被雇アメリカ国江渡リ五ヵ年目当西六月中帰国」したという。このことが事実か否かは確かめられていないが，1869年にケルモルトなる外国人に雇われ渡米し，1873年に帰国したことが読み取れる。

4）
例えば，加藤周一「明治初期の翻訳—何故・何を・如何に訳したか—」（加藤周一，丸山真男『日本近代思想体系15　翻訳の思想』，岩波書店，1991年），pp. 342-380など。

5）
田中彰，高田誠二編著『『米欧回覧実記』の学際的研究』（北海道大学図書刊行会，1993年），高田誠二『維新の科学精神—『米欧回覧実記』の見た産業技術—』（朝日選書，1995年），中岡哲郎『日本近代技術の形成〈伝統〉と〈近代〉のダイナミクス』（朝日選書，2006年）など。

6）
例えば，越野前掲書や，長尾充『太政官公文録中の建築仕様書からみた明治初期の建築技術』（北海道大学学位請求論文，1993年）など。

7）
『建築雑誌』No.229（1906年1月），pp. 15-20。

表2　西洋建築法伝来の経路

1	仏国風	横須賀・横浜の製鉄所の仏人技術家
2	英国風	ウオートルス 造幣寮，永楽町の分析所
3	米国風	林忠恕，清水喜助 木造官衙建築，三井為替会所
4	伊国風	カツペルジー 遊就館，参謀本部
5	工部大学校造家学科	コンドル
6	独国風	エンデ及びビヨツクマン

技手林忠恕による大蔵省や内務省の庁舎をあげていることである。

『明治工業史 建築篇』[8)]においても「西洋建築法伝来の経路」と題して，表2に示すように伝来の順序と，建築家（または技術者）と具体的な建築をあげている。辰野とは異なり，幕末の開港地におけるフランス人技術者―すなわちヴェルニー Verny, F. L. やバスチャン Bustien, E. A.―を，洋風建築伝来の嚆矢に掲げる。あとの順序は辰野と大差ないが，ここでも「米国風」にアメリカ人建築家ではなく，林忠恕と清水喜助の名前をあげ，木造官衙建築や下見板張の木造建築をその代表としている。

次いで1929年に堀越三郎が『明治初期の洋風建築』をまとめるが，「第3章　明治時代の洋風建築概論」において，以下のように諸官庁の建築について言及している[9)]。

> …大蔵省土木寮及び工部省営繕局にて設計せる諸官庁には木造漆喰塗り壁体の隅角に石を張り付け，瓦葺きにして復興式の軒蛇腹を有し，日本風復興式とも称すべき様式を出現せり。錦町の開成学校，万世橋租税寮，大蔵省，内務省其他各地方に散在する官庁建築に其の例極めて多く，明治20年頃迄，官庁の木造建築は殆ど此種の形式のものなりき。

これまでアメリカ風と位置づけられてきた，諸官衙の建築に「日本復興式」と名前をつけ，その特徴を，隅石 quoin を持つ木造漆喰塗りとしている。

この後，明治百年を機に明治建築が注目されるようになるまで，目立った論及はないが，1959年以降，多くの論考が発表される。その中から，日本人建築技術者あるいは建築家が洋風建築を体得する過程における舶載建築書の存在を指摘しているものを取り上げていきたい。

村松貞次郎は『日本建築技術史』の中で，銀座煉瓦街の計画に併せて，イギリスの煉瓦造小住宅改良法の訳書『西洋家作雛形』が1872年に出版されたことを指摘している[10)]。そして注において原著が Allen, C. B., *Cottage building*. 6th ed., 1849と推察する。また,「煉瓦造住宅の概念を知るには便利だったと思う」が,「どの程度当時のわが国の工匠に役立ったかは疑わしい」としている。次いで，工部大学校の建築教育について，ほぼ終わりの時期ではあるが，1885年の講義の際の参考書として,「フェルガッソン氏造家学史」,「ローゼンガルテン氏の同書」,「パーカー氏・ゴシック造家略史」をあげ，それぞれ，Fergusson, James, *Illustrated handbook of architecture*. 1865, Parker, J. H., *An Introduction to study of Gothic architecture*. 1849などを

8)
工学会編纂『明治工業史 建築篇』（1927年），pp.1-7。
9)
堀越三郎『明治初期の洋風建築』（丸善，1929年，南洋堂書店から1973年に復刻），p.9。
10)
村松貞次郎『日本建築技術史』（地人書館，1959年），pp.49-50。

指すと推測している[11]。しかし，それらが，工部大学校造家学科の後身である東京大学の蔵書中に存在するか否かについての言及はない。

菊池重郎は，前掲『西洋家作雛形』の原著ならびに翻訳刊行の意図について論考[12]する他に，江戸末期の洋式軍事建築の導入ならびに建築蘭書の導入，工部大学校における洋式建築書，明治維新以後に翻訳刊行された洋式建築書について『日本に於ける洋式建築の初期導入過程の研究』[13]で考察している。とりわけ，翻訳建築書の刊行についての論考の前段で述べる以下の一文は，洋風建築導入過程における舶載建築書の重要性を示唆した言及の魁といえる。「洋式建築導入の正統的な方法としては，外人に設計監理を委嘱し外人を雇傭すること。外人について学ぶこと。洋式建築書を輸入し，これについて自得するか訳論すること。最も直接的なことは日本人が渡欧し彼地において修得することであろう」[14]。また，詳しくは第4章第2節でふれることにするが，明治初期に刊行された諸官庁，学校，図書館の所蔵洋書目録についても，建築史学を超え，広く英学史の視点で報告している。

遠藤明久は1961年に発表した『開拓使営繕事業の研究』[15]で，開拓使旧蔵の建築関係洋書を北海道大学附属図書館が所蔵していることを指摘し，その一覧を掲載する。また，これら舶載建築書の存在意義とその役割について，開拓使に留まらず，広く我が国全般の普遍的な問題として捉え，以下のような見解を述べている[16]。

> わが国の洋風建築様式の極初期の導入過程における建築関連洋書の存在とそれが果たした役割とは，従来ほとんど究明されていない問題である。外人技師中には建築専門技術者を欠いていた開拓使の場合は，専門洋書の存在価値は，とくに重要であったと考えられる。技術指導または助言の場合の補助手段として，その存在はきわめて有用であり，見方によっては，参考書さえ存在すれば，それだけで開拓使が建築した程度の洋風建築の様式・構造の修得は十分可能であったであろうと考えられるのである。

遠藤の論考を受け，越野武は前掲書において，「建築書籍や図版のような資料が豊富に舶載され，開拓使の建築技術者の参照に供されたのは間違いないであろう」[17]と述べ，北海道大学附属図書館蔵書である米国出版のパターンブックの一つ Bicknell, A. J., *Wooden and brick buildings with details*. vol. I & II, New York, 1875 に「開拓使煤田開採事務係」の蔵書印が押してあることを指摘している。また同使工業局の蔵書については不明であるものの，相当数の建築書が

11）
村松前掲書，pp.56-57。
12）
菊池重郎「明治初期洋風建築技術書「西洋家作ひながた」1. その原著・訳者・刊本について」（『日本建築学会研究報告』No.31-2，1955年），pp.233-234，菊池重郎「明治初期洋風建築技術書「西洋家作ひながた」第2報 . その刊行の意図と原著との関係について」（『日本建築学会研究報告』No.33-2，1955年），pp.235-236。
13）
菊池前掲書。
14）
菊池前掲書，p.504。
15）
遠藤明久『開拓使営繕事業の研究』（私家版，1961年）。
16）
遠藤前掲書，p.292。
17）
越野前掲書，p.135。

舶載されていた可能性を推測している。

明治初期洋風建築の特に中央官庁における導入過程の一つとして，舶載建築書の役割を早い段階で指摘していた菊池と遠藤であるが，両論文ともに私家版に留まり，広く刊行されなかったために，歴史の中に埋もれることになってしまったのではないだろうか。

第２節 「洋風建築」をめぐる用語

明治初期に日本人が西洋式の建築をまねて造った建築に対して様々な呼び方がされてきた。一般に「洋風建築」と呼ぶことが多く，辰野金吾，『明治工業史』，堀越三郎もこの言葉を用いる。しかし堀越は別の機会に，内務省や大蔵省などの型式の諸官衙の建築に対し「擬洋風建築」の言葉を「日本の建築家が外国建築家の為す所を真似た」ものとして用いている[18]。清水重敦はこれを「擬洋風建築」の嚆矢とし，以後「擬洋風」という言葉が定着していく様子を考察している[19]。しかし，全てが「擬洋風」に収斂した訳ではなく，例えば，関野克は，一般に「洋風建築」を使うものの，清水喜助の三井組御用所をして「和洋折衷の独創，奇抜な様式」と呼び，林忠恕の官衙建築を「擬洋風建築」と区別する[20]。また，清水重敦自身も「擬洋風」を好みながらも，林忠恕の官庁建築に対して「（清水：引用者註）喜助の擬洋風建築に比べると，なるべく純粋に洋風の要素を用いて造られている」[21]と，「擬洋風」とは呼びづらい一面を覗かせる。こうした「擬洋風」に対する違和感から，越野武は「初期洋風建築」[22]と呼び，藤森照信は「開化式の建築」[23]なる言葉を用いる。明治初期洋風建築全般を「擬洋風」という表現で総称することに無理があるということの現れなのであろう。

いま一つ興味深い事例を紹介したい。アメリカ人建築史家デビッド・スチュワート Stewart, David D. による論考である。彼は *The making of a modern Japanese architecture.* において，「擬洋風」を一般に“*giyofu*”と発音をそのままの綴りで表現するが，時に“pseudo-Western”という表現も用いている。一方，林忠恕設計の開成学校や逓信省は“a rather generalized example of the influence of contemporary Western sources”その当時の西洋を起源とする影響のやや一般化された例を備えており，“an overblown colonial New England flavor which, under any other circumstances, would be attributable to pattern-book copying but here probably represents a peculiar process of transmission conceivably unconnected with written or drawn documents”他にいかなる状況があるにせよ，パターンブックを模写したであろう開拓期のニューイングランド地方の風味があるという[24]。つまり，明治初期の中央官衙の建築にはパターンブックから写したような，「擬洋風」

18）
堀越三郎「洋風模倣建築六十年記」（『建築と社会』1930年6月），pp.17-25。
19）
清水重敦『擬洋風建築』（『日本の美術』No.466，至文堂，2003年），pp.20-24。
20）
関野克『明治，大正，昭和の建築―日本建築の近代化―』（『世界美術全集25 日本IV』，平凡社，1951年），pp.8-18。
21）
清水前掲書，p.36。
22）
越野前掲書。
23）
藤森照信「横浜と開化式の建物」（『建築史学』No.3，1984年），pp.113-121。
24）
Stewart, David D., *The making of a modern Japanese architecture. 1868 to the present.* Kodansha International, Tokyo & New York, 1987. p.31.

とは異なる洋風 Western モチーフを認めることができるという。欧米人からの視点として非常に示唆に富んだ指摘である。

第3節　翻訳語としての「雛形」

明治初期に翻訳出版された建築書として，以下に示す 5 冊が知られている。

1. 兵学寮刊『造営法』・『造厩法』（1870 年）
2. 村田文夫・山田貢一郎訳『西洋家作雛形』（1872 年）
3. 『監獄則図式』（1872 年）
4. 陸軍省刊『法国築営課程図』（1874 年推定）

このうち 1. と 2. については，『明治文化全集 科学篇』[25] に載録され，佐藤功一が解題を行なっている。4. もまた『明治文化全集 農工篇』[26] で掲載し，解題は菊池重郎による。この書籍は書名からは内容を想像しづらいが，図版を主としたつくりで，もちろん兵営の図が多いが，各種オーダーの詳細図も掲載する。いずれも，ある意味パターンブック的な書籍といえる。

ところで，『西洋家作雛形』に用いられている「雛形」は何を意味するのであろうか。『建築大辞典 第 2 版』[27] によれば「①建物，繰り形，絵様などの形の模型，②木割り，規矩などの組織や構造などの型式。以上の内容を主題とした江戸時代の木版本を雛形本という」とある。しかし，この意味では『西洋家作雛形』の標題を表しきることはできない。そこで，幕末・明治初期刊行の辞書で「雛形」を調べてみたところ，意外な一面が見えてきた。

『英和字彙』*An English and Japanese dictionary*. 1873[28] によると，

design: 雛形（ヒナガタ）　目的（メド）　企（クワダテ）
plan: 雛形（ヒナガタ）　企（クワダテ）
pattern: 手本（テホン）　例（レイ）　模（カタ）

とある。また，model は pattern とほぼ同じ意味を持っていた。

『和英語林集成』*A Japanese-English and English-Japanese dictionary*. 1872[29] では，

design: クフウ，クワダテ，ヒナガタ，リヨウケン，ツモリ，ヱズ…
plan: ヱズ，ヒナガタ，ハカリゴト，サク，テダテ，クフウ…
pattern: テホン，ミホン，カガミ，キボ（ただし原文はローマ字）

とあった。和英辞典では ‘Hinagata: A plan, design, model, a table, a form of writing. copy; an emblem, type’ とあり，ここでも現在の雛形

25）
吉野作造編『明治文化全集 第 24 巻 科学篇』（日本評論社，1930 年）。1967 年刊では第 27 巻になる。

26）
明治文化研究会編『明治文化全集 補巻(3) 農工篇』（日本評論社，1974 年）。

27）
『建築大辞典 第 2 版』（彰国社, 1988 年）。

28）
柴田昌吉，子安峻『英和字彙：附音挿圖』*An English and Japanese dictionary, explanatory, pronouncing, and etymological.*（日就社，1873 年）。

29）
『和英語林集成』Hepburn, J. C., *A Japanese-English and English-Japanese dictionary*. 2nd ed., Shanghai, 1872. 著者の Hepburn はヘボン式ローマ字のヘボンのこと。

が持つ意味と異なり，plan や design の意味であったことがわかる。

plan や design 自体が，異なる意味を持っている場合も考えられるため, *The Imperial dictionary of the English language*. 1855[30] を引くと,

design: To plan and delineate by drawing the outline of figure of; to sketch, as in painting and other works of art, as for pattern or model; to project or plan.

plan: Disposition of parts according to a certain design.

とあり，現在の意味とほぼ相違ない。

つまり，幕末・明治初期における「雛形」には，現在のような pattern よりも，plan や design の意味合いが強かったのである。そのため本論では，現在，パターンブック pattern-book と呼ばれる図書に対して，「雛形本」という用語はあえて用いないことにする[31]。

第４節　パターンブック研究の動向

米国におけるパターンブック研究は，近年盛んに行われるようになっている。中でも Ames and McClelland, *National resister bulletin, Historic residential suburbs.*[32] は，その全体像をよくまとめており，1830 年代から 1890 年にかけての鉄道・馬車鉄道郊外 Railroad and Horsecar Suburbs の進展に影響を与えたものとして，バルーンフレームの発明とともに，パターンブックの存在をあげている。日本においては，奥出直人『アメリカンホームの文化史』[33]，市原出『リビングポーチ』[34] などにおいて，同様の視点での記述を見ることができる。また，Urban Design Associates, *The architectural pattern book.*[35] では，パターンブックをウィトルウィウス Vitruvius に始まり，アルベルティ Alberti，セルリオ Serlio，パラーディオ Palladio の流れを受けるものとして，18 世紀の都市拡張の過程で見られたロンドンのジョージアン式とパリのデュラン Durand について述べた後, 一節を設け 'Early American pattern book' を概説している[36]。

Smeins, Linda E., *Building an American Identity: Pattern Book Homes and Communities, 1870-1900.*[37] は，米国におけるパターンブックの編集方針の変遷をより詳細に論じている。以下は, その要約である。パターンブックの実用的な機能は，施主が選んだ住宅の見本を地元大工に提供できることにある。南北戦争(1861 年)以前に出版のヴォウ Vaux[38] やダウニング Downing[39] のパターンブックは, 住宅スケッチよりむしろ様式や嗜好についての随筆が多く，スローン Sloan[40] のそれは，それ以前とは異なり文章よりも図版を豊富に掲載する。これらを参照に，気の向くまま at whim に建築構成要素を切り貼り

30）
Ogilvie, John, *The Imperial dictionary of the English language : a complete encyclopaedic lexicon, literary, scientific, and technological.* London, 1855.

31）
中谷礼仁は「ひながた主義との格闘」(『カラー版日本建築様式史』，美術出版社，1999 年)，pp.129-153 において，「ひながた」を現代的意味のみで捉え，雛形書とパターンブックを同一視している。

32）
Ames, David L. and McClelland, Linda Flint, *National resister bulletin, Historic residential suburbs.* 2002. なお，当紀要は Web Site でのみ入手可能。http://www.cr.nps.gov/nr/publocations/bulletins/suburbs/

33）
奥出直人『住まい学体系 012 アメリカンホームの文化史 生活・私有・消費のメカニズム』(住まいの図書館出版局，1992 年)。

34）
市原出『住まい学体系 082 リビングポーチ アメリカ郊外住宅の夢』(住まいの図書館出版局，1997 年)。

35）
Urban Design Associates, *The architectural pattern book, A tool for building great neighborhoods.* New York & London, W. W. Norton & Co., 2004.

36）
Urban Design Associates, op. cit., pp.12-33.

37）
Smeins, Linda E., *Building an American Identity: Pattern Book Homes and Communities, 1870-1900.* Walnut Creek, Alta Mira Press, 1999.

38）
Vaux, Calvert. (1824-1892)

39）
Downing, Andrew Jackson. (1815-1852)

40）
Sloan, Samuel. (1815-1884)

してできた建築は 'Crazy-Quilt' と揶揄された。1860 年代にはカミングス Cummings[41] とミラー Miller[42] が，透視図よりも実用的である立面図と詳細図を豊富に掲載したパターンブックを出版し，1870 年以降はビックネル Bicknell[43] が，豊富な立面，平面，詳細図に加え，仕様，積算，契約の見本をも含むパターンブックを出すようになった[44]。

藤岡洋保が「欧米のパターン・ブックの影響も日本の研究者がこれまであまり関心を持たなかったテーマである」[45] と述べるように，明治初期の舶載建築書を媒体とした洋風建築の学習について，これまで具体的な報告はない。本論が，その解明の端緒として位置づけられることを期待したい。

41）
Cummings, Marcus Fayette. (1836-1905)
42）
Miller, Charles Crosby. (1831-1903)
43）
Bicknell, Amos Jackson（生没年不明）
44）
Smeins, op.cit., Chap.3. Building America with pattern book houses. pp.96-102.
45）
『建築史学』第 28 号(1997 年 3 月)，p.152。藤岡洋保によるこの一文は，Finn, Dallas, *Meiji revisited. The sites of Victorian Japan.* New York & Tokyo, Weatherhill, 1955 の書評の一部である。

第1章　開拓使旧蔵建築関連洋書の購入と移管経緯

第1節　はじめに

北海道大学附属図書館貴重資料室が保管する札幌農学校文庫[1)]の中には，明治初期の洋風建築技術の習得に大きな貢献を果たしたであろうと思われる，開拓使所蔵履歴のある建築関連洋書を多数含んでいる。これら洋書の所在については，遠藤明久『開拓使営繕事業の研究』[2)]をはじめとして，日本国内はもとより，近年では Finn, Dallas, *Meiji revisited: The sites of Victorian Japan.*[3)] など，海外においてもいくつかの指摘がある。

また，札幌農学校文庫の一部は室蘭工業大学への移管後，附属図書館土木専門文庫[4)]として保管されており，その蔵書中にも建築関連洋書を見ることができる。さらに，北海道大学附属図書館閉架書庫および函館市中央図書館でも，開拓使印のある建築関連洋書を所蔵している[5)]。しかし，これら4カ所に分散している開拓使旧蔵の建築関連洋書について，その購入と移管経緯，日本人建築技術者による参照の様子などは，これまで明らかにされてこなかった。

そこで，本章では，蔵書の全貌を把握するために，開拓使および札幌農学校関連簿書を基礎資料に，各書籍に押捺された蔵書印から，開拓使旧蔵の建築関連洋書の購入および移管経緯を明らかにする。なお，第2章および第3章では，具体的な事例を示した上で，開拓使営繕事業におけるこれら建築関連洋書の参照についての考察を行ない，札幌農学校および開拓使の営繕事業における建築関連洋書の位置づけを併せて考察することにする。

明治維新以後の北海道において，1869年から1882年までの開拓使期は，お雇い外国人を媒介としてアメリカ合衆国と最も緊密な関係にあったといえる。新開拓地北海道の範を米国の経験に求めたのである。しかし，外国人顧問団の中には建築技術者を欠いており，そのため他分野の技術者—土木技術者や農業技術者—が設計，施工の助言，指導にあたっていた。このような状況の下，開拓使営繕事業における建築技術者の不在を補完したと考えられるのが，本章で考察を加える開拓使旧蔵の建築関連洋書である。19世紀中葉の米国で出版された移民，開拓者向けの実用書を多く含んでいる。当時は，米国本国においても専門教育を受けた建築家がまだ少なかった時代であり[6)]，多くの開拓移民達が広く参照したこれら実用書を，開拓使のお雇い外国人もまた熟知していたであろうし，事実，日本へ，そして北海道へ持ち込んだ。その証左が，北海道大学の札幌農

1）
札幌農学校図書館時代（1876-1907年）に蒐集した蔵書。和漢書約7,400冊，洋書約5,600冊からなる。

2）
遠藤明久『開拓使営繕事業の研究』（私家版，1961年）。

3）
Finn, Dallas, *Meiji revisited: The sites of Victorian Japan*. New York, Weatherhill, 1995.

4）
札幌農学校の蔵書の一部が北海道帝国大学土木専門部へ移管され，室蘭工業大学の設置に伴い同大附属図書館蔵書となったコレクションの総称。蔵書数は約3,500冊。

5）
越野武『北海道における初期洋風建築の研究』（北海道大学図書刊行会，1993年），p.135の注記において，北海道大学附属図書館閉架書庫に所蔵される2冊の書名をあげている。

6）
アメリカ合衆国における最初の建築学科設立は，1866年のマサチューセッツ工科大学である。ちなみに米国建築家協会（AIA）は1851年設立。

学校文庫，室蘭工業大学の土木専門文庫，そして北海道大学附属図書館閉架書庫ならびに函館市中央図書館が所蔵する，開拓使時代に輸入された建築関連洋書なのである。

第２節　札幌農学校文庫の洋書目録

これまで，開拓使旧蔵の建築関連洋書を含む札幌農学校文庫のうち，洋書に関する目録がいくつか存在することが指摘されてきた。遠藤前掲書では，1882 年の開拓使から農商務省農務局（北海道鉄道管理局扱）への引継目録中に含まれる，日本語で書かれた「第七号洋書目録」[7]，および 1888 年に札幌農学校が出版した英語の *Catalogue of books.* を紹介している。また，1878 年編集の「英籍目録」と題した日本語の目録が存在することも明らかとなっている[8]。これらの他に 4 種の目録を確認できたので，記載された書籍番号に着目しつつ，編纂年代順に以下に紹介したい。

・'Catalogue of books in the English language'

First annual report of Sapporo Agricultural College.[9] に掲載されているもので，著者名をアルファベット順に並べ，それに対応して書名を記載している。全て英語による。この目録には 1877 年時点での札幌農学校の所蔵書籍数と考えられる 583 部の英語の書籍を記載している。ちなみに，*First annual report of Sapporo Agricultural College.* の日本語訳にあたる『札幌農黌第一年報』[10] では，この目録の掲載を省略している。

・「明治 **11** 年英籍目録」

書籍番号がふられた中では最も古いもので，1305 号までの記載がある。ただし 1285 号までは開拓使箋を用いているが，それ以降は農商務省箋を用いる。695 号以降，字体が変わっているため，1878（明治 11）年時点では 694 部の蔵書であったと推察できる。著者名は片仮名で表記され，書名は日本語に翻訳されたものとなっている。この他に巻数，部数，冊数を記載している。

・「明治 **15** 年　洋書目録　札幌農学校」

表題には，これ以外に朱で「管理局第五号」ならびに「第七号」の記入がある。目録の冒頭に「英籍目録」とあり，全て農商務省箋に書かれている。1284 号までの記載があり，用箋不明の添付紙片には「十五年増加之書籍」として 1285 号から 1294 号まで記載している。記載内容は前掲目録と同様。

7)
『明治十五年六月開拓使ヨリ農務局へ引継目録 札幌農学校』札幌農学校史料 123，北海道大学大学文書館所蔵。
8)
「明治 11 年 英籍目録」札幌農学校史料 069，北海道大学大学文書館所蔵。『北大百年史 札幌農学校史料（一）』，pp.388-425 に読み下し文が紹介され，さらに所在のいかんが併記されている。
9)
First annual report of Sapporo Agricultural College. 1877, pp.57-76，北海道大学附属図書館北方資料室所蔵。
10)
『札幌農黌教頭米人クラーク氏原撰 札幌農黌第一年報 開拓使』，1878 年 11 月。北海道大学附属図書館北方資料室所蔵。

・「洋書目録　管理局第五号　札幌農学校」

『明治十六年二月 札幌農学校規則 札幌農学校』[11] に収録している目録で，全て農商務省箋を用い，1284 号まで記載している。記載内容は，前掲 2 冊の日本語目録と同様。

・「明治十七年七月調　洋書目録　札幌農学校」[12]

農商務省箋に書かれたもので，目録の冒頭に「英籍目録」とある。1330 号までの記載がある。この目録簿冊には，これ以外に書籍番号のふられていない「英籍目録」と題した目録も合綴している。先の目録の二倍以上の厚さがあるので，3,000 冊近い洋書のリストと推察される。なお，後者の目録は年代の記載がないため，編纂年代は不明である。

・英書目録 [13]

農商務省箋に日本語で書かれた目録で，特に表題の記載はない。「十七年七月調」として 1279 号までの記載があり，それ以降は「十七年八月二十七日購入」として 1446 号まで掲載している。記載内容は前掲 4 冊の日本語目録と同様。

・***Catalogue of books***.

正式には *Catalogue of books in the library of the Sapporo Agricultural College arranged according to subjects*. と題した洋書目録で，1888 年 5 月の出版である [14]。所蔵洋書を部門別に分け，部門毎に著者名をアルファベット順に並べるとともに，書名，出版年，巻数，部数，冊数，書籍番号を記載している。書籍番号順に並んでいないため正確な数字は特定し難いが，2000 部弱の洋書を掲載している。本書の部門中には ‘architecture’ があり，そこには 26 部の建築関連洋書を掲載している。

以上 7 冊の目録を比較検討したところ，日本語目録 5 冊の中では「明治 11 年英籍目録」が最もオリジナルに近いものと考えられ，他の 4 冊はこの目録を元に写本・編纂したものと判断できた。英語目録 2 冊は，お互いの記載内容（著者および書名）自体にさほど相違はなく，編纂年次の違いによる掲載冊数の違いだけのものと判断できる。日本語，英語両目録が用いている書籍番号はそれぞれ対応し，およそ購入年代順につけたものであると推察できた。1877 年には 583 部（書籍番号の記載がないため），翌 1878 年には 694 号，1882 年の農商務省への引継時点では 1284 号，同年内に 1294 号まで増加し，1884（明治 17）年 8 月時点では 1446 号，そして 1888 年には

11）
『明治十六年二月 札幌農学校規則 札幌農学校』札幌農学校沿革史料。北海道大学大学文書館所蔵。

12）
『明治三十四年 札幌農学校公文録 第十四 庶務 引継目録・洋書目録 自明治九年至明治十七年』札幌農学校史料 047，北海道大学大学文書館所蔵。

13）
札幌農学校史料 182，北海道大学大学文書館所蔵。

14）
Catalogue of books in the library of the Sapporo Agricultural College arranged according to subjects. Sapporo, Sapporo Agricultural College, May 1888. 北海道大学附属図書館北方資料室所蔵。ただし，奥付には「明治廿一年六月十日出版」とある。

2000号に届く勢いで蔵書を増加している状況を窺うことができる。

第3節　札幌農学校文庫の購入ならびに移管経緯

3-1　ケプロンによる洋書購入の申し立て

札幌農学校文庫の洋書購入は開拓使仮学校設置の年である1872（明治5）年まで遡ることができる。3月22日付文書「仮学校書籍購入ニ付伺」[15]に購入希望書籍ならびに図版30部の目録を，片仮名の著者名ならびに日本語訳の表題で記載している。ここに掲載の洋書は自然科学書（目録では窮理書 'Natural Philosophy'），歴史書，辞書が主で，大半を「明治11年英籍目録」の書籍番号の最初の方に確認できるが，前者に付せられた番号は後者の書籍番号とは一致しない。

また同年末には，開拓使陸地測量・道路建築長A・G・ワーフィールド Warfield, A. G. から開拓使顧問ホーレス・ケプロン Capron, Horace (1804-1885) へ測量器械ならびに書籍の購入要求が出ている[16]。

十一月十八日
測量器械並書籍購求之件
　　教師取扱工業両係ヨリ伺
　御雇教師メジヨル，ワルフヒルドヨリ測量器械并書籍等亜国へ御注文相成度候趣別紙ハセ子ラール，ケプロン奥書ヲ以申出候右ハ拓地必用之品ニ御座候得ハ便舩次第亜国サンフランシスコ在留御国領事館ブルクス方へ御買上取計可申候様可申遣候哉此段元書并訳書相添奉伺候
以上　五月廿一日

ケプロンの申し立てにより「極テ生徒教導之為将タ我所用ニ於テ緊要之者ニ御座候」として表1-1に掲げる12冊の「道路建築之書籍」目録が提示された。

この目録は，当時函館在住のワーフィールドが所蔵していた書籍の目録であり，ここに示した書籍を開拓使では1冊も所有していないため，ケプロンが購入要求をした次第であった。開拓次官黒田清隆も「当使ニ於テ肝要」として早期の購入を促している。しかしサンフランシスコでの入手は困難だったようで，ワシントン，ニューヨークへの照会も視野に入れた入手が指示され，最終的にニューヨークのアップルトン組合から購入した。全冊を購入できたかは定かではないが，*Catalogue of books.* には表1-1に＊をつけた McAdam, J. L., *System of road making.* 1824, Edgeworth, R. S., *An essay on construction of roads and carriages.* 1817 の2冊を確認できた。い

15）
『壬申伺留 明治五年』札幌農学校史料009，北海道大学大学文書館所蔵。『北大百年史 札幌農学校史料（一）』，pp.24-26。
16）
『明治五年 開拓使公文録 八 外事之部 外事・航海・留学・外客雇使・器具購入』簿書5495，北海道立文書館所蔵。

表 1-1 「道路建築之書籍」目録

	書籍之表	
＊	マク，タムス氏著 一　セステム，オフ，ロード，メーキング	1825 年ノ倫敦版
	チーホルド氏著 一　レポルト　ヲン　ホリーヘッド，ローヅ	1838 年ノ倫敦版
	ロルヌル氏著 一　テレーチス，ヲン，ローヅ	倫敦版
	ニチムス氏著 一　ヲン，ローヅ，ヲフ，イニルランド，エトセトリー	
	パラソン氏著 一　プラクチアル，テレーチス，ヲン，ホブリック，ローヅ，モントロス	1820 年ノ版
	ペンホルド氏著 一　ヲン，メーキング，エンド，レベーイング，ローヅ	1835 年ノ版
	シンムス氏著 一　ケーホルヅ，ウエウルスホール，メーキング，エント， レペーイング，ローヅ	倫敦版
	ブルクドウッド氏著 一　テレーケイス，ヲン，ローヅ，アルバニー	1838 年ノ版
	ウグリース氏著 一　メーキング，エンド，レペーリング，ローヅ	倫敦版
	グリワヒーツ氏著 一　ヲン，ローヅ	仝
	グリーク氏著 一　ストリクリユウルス，ヲン，ロード，ホリス	仝
＊	エツジヲルツ氏著 一　コンストルユクジヨン，ヲフ，ローヅ，エンド，カルリエージス	

ずれも出版年が異なっているので，ワーフィールドの蔵書を譲り受けたのではなく，この時に購入した書籍の一部が札幌農学校に移管されたと判断するのが妥当であろう。

3-2　大鳥圭介外遊中の洋書購入

1873 年には，蒸気船で外遊中の開拓使五等出仕大鳥圭介が，正月 16 日付封書で，英国ロンドンでの書籍，雑具ならびに舎密（Chemistry 化学）器械を購入した件を黒田清隆と開拓使仮学校長荒井郁之助へ報告し，翌年 5 月の帰朝時に持ち帰っている[17]。ここで購入した書籍は，書簡中では「少年手習画学ノた免稽古本」や「幼童読本」とだけ記されている。特に後者に関しては，博覧会への出品を目的に購入したものであった。「雑具」の内訳は画学に関連する「画之具硝子板」とある。簿書には書籍目録を添付しており，74 部の書名ならびに図版名を確認できる。書簡の文面からは，児童読本や画学書が主のように受け取れるが，実際には自然科学書，辞書が過半で，児童読本や画学書と判断できるものは合計しても数冊に過ぎない。しかし，この目録中に建築関連書籍を散見できることに着目したい。以下に表題から建築関連書籍と判断できるものを，画学書とともに列記する。

17）
『明治六年 開拓使公文録 外事部 器具購入 博覧会』簿書 5743，北海道立文書館所蔵。

キーゴルス著　カルペントリー

ブロウル著　ランド，ヱステート
ゲルモンド，セメント
ドローウキング，ブック
ブラックボルン著　ロサル，アルチテクチュール
スポンス著　建築辞書　四冊
ケルス著　ゼントルメン，ハウス
チョイス，オフ，ドウェルリング
リチャルドソン著　インギリス，コンツリー，ハウス
ドローウキング，ブック　四ドセシ
チーチェルス，ドローウンク，コッピー　全二冊

この片仮名書きの書名から英単語を想像すると，carpentry, land estate, cement, drawing book, local architecture, gentlemen house, choice of dwelling, English country house, drawing book, drawing となる。大工書，土地財産書，図画書，建築書，住宅書などである。どのような意図をもって購入されたかは書簡からは読み取ることはできないが，これらのうち，*Catalogue of books.* の中に Kerr, Robert, *The gentleman's house.* と Brown, Robert E., *The books of the landed estate.* の 2 冊を確認できた。また，ここに示したリスト以外の書籍に関しても，多くを「明治 11 年英籍目録」中に見ることができる。先に示したように，大鳥がロンドンで購入した書籍は開拓使関連諸学校用に限らず多岐にわたっており，札幌農学校へ移管されたものは，このうちごく一部ということになる。

この他，札幌管下各所学校や札幌病院利用書籍の購入ならびに差し回しについての記録もある[18)]が，管見では，本論で扱う洋書目録に掲載の書籍の購入に関して，具体的な購入の様子を示す開拓使関連簿書は発見できなかった。札幌農学校蔵書として購入したのではなく，様々な目的で，かつ何回かにわたり購入した書籍が，最終的に札幌農学校へ移管されたと考えられる。

3-3　東京の仮学校から札幌への書籍運送

1875 年 6 月 29 付文書[19)]に，この当時はまだ，東京芝増上寺境内にあった開拓使仮学校から札幌への書籍ならびに器械類の送付を見て取れる。

仮学校
幹事　　　　　　　　　　　　　　　　会計課
庶務課
　札幌表へ持越候書籍并ニ器械等荷造リ旧女学校之例ニ倣ヒ悉皆

18）
『明治七年 開拓使公文録 会計往復之部買入品 自一月至十二月』簿書 5598，北海道立文書館所蔵。
19）
『明治八年 開拓使公文録 学制，会計，勧業，学校，建築，外事 札幌本庁』簿書 6064，北海道立文書館所蔵。

用度係リより引受縄筵箱其外入用処者別運御出方相成追而取調伺等モ同課同係ニ而取扱候様御達相成度此段相伺候也

八年六月二十九日

同年翌月の札幌学校への改称，そして札幌移転（9 月 7 日）を予定しての行動ととれる（ちなみに札幌農学校への改称は，1876 年 9 月 8 日）。前年の冬に開拓使女学校（1872 年 9 月 19 日開拓使仮学校内にて開校）の札幌移転（1875 年 8 月 24 日）にあたり行なったと同様に荷造りをすべき旨を指示している。この時に，これまでに買い蓄えた書籍ならびに化学・画学・測量器械を仮学校のある東京から札幌へと運送したのであろう。

また，1876（明治 9）年 10 月 23 日には，札幌本庁物産局鉱山課より札幌農学校へ洋書の引き渡し願いが出ている[20]。

一　洋書　　　　弐百八拾弐冊

右者先般東京表より差回相成物産局御備相成居候処何レモ必用ノ書籍ニテハ可有之候得共其書目サヘ閲解スル不能目下不要ニ属シ候形チニ相成候間総テ札幌農学校へ引渡候様仕度此段相伺候也

九年十月廿三日

東京出張所物産課は前年 2 月の廃止にともない札幌へ移転し本庁物産局となっていた。この移転に際し，蔵書も異動していたと考えられる。鉱山課にとって必要であるべき書籍ではあるけれども，書名すら読み取れないため，札幌農学校へ 282 冊の洋書を引き渡したい旨を読み取ることができる。結局，同年 12 月 16 日付で 288 冊（うち 11 冊は貸与）の洋書を引き渡した。なお，当初予定より 6 冊増加した分についての内訳は不明である。

札幌農学校文庫は，開拓使仮学校からの移管分だけでなく，東京出張所物産課からの移管分も含んでいることが明らかとなった。

第４節　札幌農学校文庫の建築関連洋書

4-1　建築関連洋書の移管経緯

先に示した 6 種の洋書目録ならびに札幌農学校文庫，土木専門文庫，北海道大学附属図書館閉架書庫，函館市中央図書館に現存する書籍から建築関連洋書を抽出して表 1-2 にまとめた（書籍番号に重複が見られるのは複数部所蔵しているため）。建築関連洋書の採択基準は，以下の通りである。

・現存図書に開拓使機関の捺印がある。

・*Catalogue of books*. の ‘architecture’ 部門に記載されている。

20）『明治九年一月ヨリ 諸課文移録 学黌』簿書 1630，北海道立文書館所蔵。

・遠藤明久『開拓使営繕事業の研究』所載の建築関係書一覧に掲載されている。
・建築材料ならびに施工・ランドスケープ・図画・美術書は掲載したが，土木・鉄道関係書は極力排除（ただし，遠藤前掲書所載のものは掲載）した。
・農業書のうち barn や outbuilding, farm house/cottage に関しての記述があるもの。

各書籍には各種蔵書印が押されており，それを整理することにより，建築関連洋書に限定してではあるが，移管経緯を明らかにすることができる。

開拓使時代の蔵書印は［開拓使図書記］，［物産］，［工業］，［開拓使工業局］，［工業局営繕課］，［開拓使工業課］，［開拓使煤田開採事務係］，［民事局地理係］の 8 種類（図 1-1）を確認できる。

［開拓使図書記］印は元々開拓使仮学校の蔵書印として作成され，後に開拓使東京出張所全課の蔵書印としても用いていたといわれてきた[21]が，後述するように，当初は開拓使全般の蔵書印として用いていたと考えるのが妥当である。また，書籍番号の後半—1000番台—には札幌農学校開校の年である 1876 年以降の出版年の書籍も確認できるので，札幌農学校の極初期の蔵書印としても用いていたことがわかる。1882 年の開拓使廃使にともない，開拓使名の印章では都合が悪いということで，翌年に改刻について稟議され，［札幌農学校図書之印］（図 1-2）を作成することになった[22]。

21)
佐藤京子「北海道立文書館所蔵『旧記』の来歴について」（『北海道立文書館研究紀要』第 16 号，2001 年 3 月），pp.31-79。

22)
『明治十五年従十一月明治十六年至六月 各所文移録 会計局事務取扱』簿書 7772，北海道立文書館所蔵。

［開拓使図書記］

［物産］［工業］

［開拓使工業局］

［工業局営繕課］

［開拓使工業課］

［開拓使煤田開採事務係］

図 1-1　開拓使関係蔵書印（ただし，［民事局地理課］は除く）

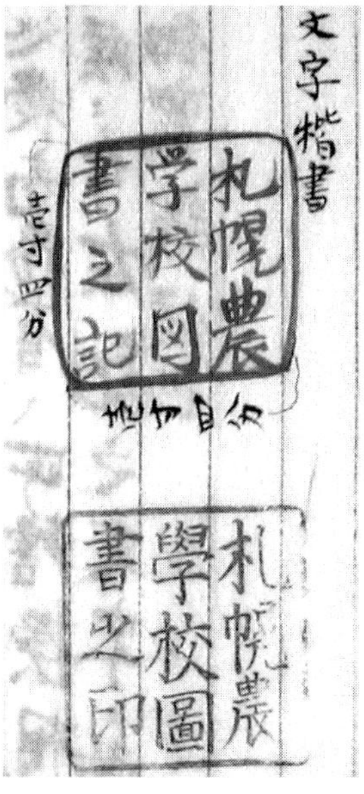

図 1-2　札幌農学校蔵書印

明治十六年五月二十九日

校長代理　　　　札幌農学校
　幹事　　　　会計課員

　印章改刻亡之義ニ付稟議
当校蔵書印従来ノ印ニテ開拓使ノ文字ニ有之候処農商務省ヘ所轄換相成候ニ就テハ差支候ニ付左記之文字ニ改刻相成度此段及御稟議候也

［物産］は開拓使東京出張所物産課，［工業］は同所工業課の所蔵印である。［工業］だけが単独で押されることは稀で，大半が［物産］の上に重ねて押されている。また［物産］印のある書籍には全てに共通してペン字による斜体字のナンバリングがある。この数字から，東京出張所物産課では少なくとも300冊余の洋書を購入していたことが想像できる。なお，札幌農学校文庫および土木専門文庫蔵書中には，［開拓使図書記］と［物産］の二種以外の開拓使関連蔵書印は確認できない。つまり，［工業］印のある書籍は札幌農学校へは移管していないということでもある。

加えて，［開拓使図書記］印のある書籍全てを札幌農学校へ移管した訳ではない。北海道大学附属図書館閉架書庫所蔵の建築関連洋書のうち，4冊に［開拓使図書記］印を確認できるが，これらの書籍は札幌農学校へ移管されることなく北海道庁へ引き継がれ，後に北海道帝国大学へと移管されている。この4冊は途中三県一局時代（1881～1886年）を経ているにもかかわらず，札幌県関連の蔵書印は見当たらない。先の考察では開拓使時代の書籍は書籍番号1284号までとしたが，一方で1600号台の一部書籍に［開拓使図書記］印が認められる。開拓使廃使（1882年）後，札幌県へ移管されなかった部署の書籍が，北海道庁設置（1886年）前後に，札幌農学校へ引き継がれたと考えている[23)]。

4-2　建築関連洋書購入の意図

ここまで，札幌農学校文庫に関連すると考えられる洋書全般の購入および移管経緯，建築関連洋書の移管経緯について断片的に残されている史料から全貌の把握を試みてきた。しかし，なぜこれほどまでに多くの建築関連洋書が札幌農学校文庫に含まれているのか，すなわち，どのような意図をもって購入したのかについて考察を加える必要があるだろう。

その理由の一つとして，冒頭に述べたように，未開の地であった

23）
開拓使廃使後は，三県一局以外に，農商務省，工部省などへ引き継がれた組織もある。遠藤前掲書，p.292では，1621号の Wilkinson, *English country-houses.* は札幌育種場から引き継がれたものと指摘している。

表 1-2　開拓使旧蔵建築関連洋書一覧

移管種別	蔵書印								書籍番号	東京出張所物産課番号	author	title
	a	b	c	d	e	f	g	h				
A	○								103		Downing, A. J.	Hints to persons about building in the country.
A	○								110		Dobson, Edward	Bricks and tiles.
A	○								111		Penley, Aaron	The elements of perspective.
A	○								111		Edwards, J.	The art of landscape painting in oil colours.
F	—								121		Stevenson, A.	Lighthouses.
A	○								122		Wiggins, John	The practice of embanking lands from the sea.
A	○								122		Wiggins, John	The practice of embanking lands from the sea.
B	○								127		Sloan, Samuel	City and suburban architecture.
B	○								128		Bicknell, A. J.	Village builder.
B	○								129		Woodward, Geo. E.	National arhitect.
A	○								266		Booth, M. L.	The marble-worker's manual.
A	○								327		McAdam, John Loudon	Remarks on the present system of road making.
A	○								345		Burnell, Geo. R.	Limes, cements, mortars, concretes, mastics, plastering, etc.
A	○								345		Burnell, Geo. R.	Limes, cements, mortars, concretes, mastics, plastering, etc.
A	○								352		Winton, John G.	Modern workshop practice.
A	○								353		Armor, James	Power in motion.
A	○								358		Bland, William	Experimental essays on the principles of construction in arches, piers, buttresses.
A	○								359		Wiggins, John	The science of railway construction.
F	—								368		Campin, F.	Iron bridges, girders, roofs &c.
A	○								370		Dempsey, G. Drydsale	The drainage of towns and buildings.
F	—								378		Stevenson, D.	Civil engineering of north America.
A	○								379		Dobson, Edward	Foundations and concrete works.
A	○								381		Tomlinson, Charles	Warming and Ventilation.
F	—								382		Allen, C. Bruce	Cottage buildings.
A	○								383		Davidson, Ellis A.	The elements of building construction and architectural drawing.
A	○								384		Davidson, Ellis A.	Model drawing.
A	○								385		Davidson, Ellis A.	The elements of practical perspective.
F	—								386		Davidson, Ellis A.	Projection.
A	○								388		Davidson, Ellis A.	Drawing for stonemasons.
A	○								389		Davidson, Ellis A.	Drawing for carpenters and joiners.
A	○								390		Davidson, Ellis A.	Drawing for cabinet-makers.
A	○								392		Davidson, Ellis A.	Linear drawing.
A	○								393		Davidson, Ellis A.	Gothic stonework.
F	—	—							490	—	Richardson, C. J.	Picturesque design in architecture.
C	○	○							491	*31*	Kerr, Robert	The gentleman's house.
C	○	○							494	*287*	Aveling, S. T.	Carpentry and joinery.
C	○	○							496	*288*	Burn, Robert Scott	Practical ventilation.
C	○	○							516	*300*	Dobson, Edward	Masonry and stone cutting.
C	○	○							537	*29*	Brown, Robert E.	The book of the landed estate.
D	○	○							542	*110*	Cresy, Edward	An encyclopedia of civil engineering.

ed.	publisher	place	year	著者	書名	1877	1888	遠藤明久
3	John Willey	New York	1859	ドーニング	建築書	○	Ar	○
4	Virtue	London	1868	ドフソン	煉化石製造書	○	○	○
19	Winsor & Newton	London	1871	ペンレー	画学書		D	×
25	Winsor & Newton	London	1871		画学書	○	D	×
	Virtue	London	1850	ステベンソン	燈明台建築書	○	○	○
new	Virtue	London	1867	キッギンス マアーレット	土塁建築書	○	○	○
new	Virtue	London	1867	キッギンス マアーレット	土塁建築書	○	○	○
	J. B. Lippincott	Philadelphia	1867	スローン	街衢建築書	○	Ar	○
	A. J. Bicknell	New York	1870	ビツクネル	農家建造書	○	Ar	○
	Geo. E. Woodward	New York	1869	ウードフルト	普通建築術書	○	Ar	○
	Henry Carey Baird	Philadelphia	1865	ブース	大理石細工書	○	○	○
8	Longman, Hurst, Reeds Orme, Brown & Green	London	1824	マカタム	道路建築	○	○	○
9	Virtue	London	1870	ブルネル	石灰書	○	○	×
9	Virtue	London	1872	ブルネル	石灰書		○	×
	Strahan	London	1869	キントン	近世工術	○	○	○
	Lockwood	London	1871	アーモール	運動力	○	○	○
3	Virtue	London	1869	ブランド	弓形及石柱	○	○	○
	Virtue	London	1866	バルチキールス	鉄道建築学		○	○
4			1871	カンピン	鉄橋及根太屋脊等	○	○	○
	Virtue	London	1867	デムプセー	市街及家屋疏水法	○	○	○
new		London	1859	ステツフエンソン	北亜米利加土木	○	○	×
4	Virtue	London	1867	ドブソン	基礎及結合術	○	○	○
	Virtue	London	1867	トムリンサン	寒煖説	○	Ar	○
	Virtue	London	1867	アルレン	家屋建造書	○	Ar	○
	Cassell, Petter & Galpin	New York	1869	ダビドソン	建築書	○	Ar	○
	Cassell, Petter & Galpin	London & New York	1871	ダビドソン	模型図法	○	D	○
	Cassell, Petter & Galpin	London & New York	1870	ダビドソン	写影法		D	○
	Cassell, Petter & Galpin	London, Paris & New York	18--	ダビドソン	凸出論	○	D	○
	Cassell, Petter & Galpin	London, Paris & New York	18--	ダビドソン	石工図法	○	D	○
	Cassell, Petter & Galpin	London, Paris & New York	1870	ダビドソン	匠人図法	○	D	○
	Cassell, Petter & Galpin	London, Paris & New York	1872	ダビドソン	木匠図法	○	D	○
5	Cassell, Petter & Galpin	London, Paris & New York	1872	ダビドソン	画線法	○	D	×
	Cassell, Petter & Galpin	London, Paris & New York	18--	ダビドソン	ゴシック石築	○	D	○
		London	1870	リチャードソン	建築法図	○	Ar	○
3	John Murray	London	1871	ケル	英人家屋	○	Ar	○
	Frederick Warne	London	1871	アベリン	匠工法	○	Ar	○
	William Blackwood	London & Edinburgh	1850	ベルン	通気法	○	Ar	○
7	Virtue	London	1871	ドフソン	堀工及石切法	○	○	×
	William Blackwood	London & Edinburgh	1869	ブラウン	所有地	○	Ag	×
	Longmans, Green	London	1872	クレセー	土木字林	○	○	×

移管種別	蔵書印								書籍番号	東京出張所物産課番号	author	title
	a	b	c	d	e	f	g	h				
C	○	○							545	*216*	Dwyer, Charles. P.	The immigrant builder, or, practical hints to handy-men.
C	○	○							545	*216*	Dwyer, Charles. P.	The immigrant builder, or, practical hints to handy-men.
C	○	○							546	*286*	Eassie, William	Healthy house.
F	—	—							550	—	Gwilt, Joseph	Encyclopedia of architecture.
C	○	○							555	*253*	Holly, Henry Hudson	Country seats.
F	—	—							556	—	Hood, C.	On warming buildings, etc.
C	○	○							557	*293*	Hurst, John Thomas	A hand-book of formulae, tables, and memoranda, for architectural surveyors.
C	○	○							581	*181*	Scott, Frank J.	Thc art of beautifying suburban home grounds of small extent.
C	○	○							589	*295*	Vodges, Frank W.	The architect's and builder's pocket companion.
C	○	○							598	*295*	Woodward, Geo. E.	Cottage and farm house.
C	○								611		Waring, Geo. E. Jr.	The handy-book of husbandry.
C	○	○							612	*214*	Todd, Sereno Edwards	Country homes.
E	—	—							613	—	Draper, L. C.	Helping hand for American homes.
A	○								730		Downing, A. J.	The theory and practice of landscape gardening.
A	○								730		Downing, A. J.	The theory and practice of landscape gardening.
A	○								730		Downing, A. J.	The theory and practice of landscape gardening.
A	○								732		Eassie, William	Sanitary arrangements for dwelling.
B	○								772		Kern, G. M.	Practical landscape gardening.
A	○								814		Eggleston, Geo. Cray	How to make a living.
A	○								833		Swan, James G.	The northwest coast.
A	○								842		Thomas, J. J.	Rural affairs. Vol. 1-7 (Vol. 6 is missing)
A	○								848		Vaux, Calvert	Villas and cottages.
A	○								852		Wheeler, Gervase	Homes for the people, in suburb and country.
C	○	○							852	*281*	Wheeler, Gervase	Homes for the people, in suburb and country.
A	○								852		Wheeler, Gervase	Homes for the people, in suburb and country.
A	○								927		Smith, Walter	Art education.
A	○								959		Loudon, J. C.	The villa gardener.
A	○								990		Warren, S. Edward	Problems in stone cutting.
A	○								995		Armengaud, M.	The practical drautsman's book of industrial design, and machinist's and engineer's drawing companion.
A	○								996		Mahan, D. H.	Industrial drawing.
A	○								1023		Horton, Caroline W.	Architecture for general students.
A	○								1025		Kemp, Edward	How to layout a garden.
A	○								1090		Benjamin, S. G. W.	Contemporary art in Europe.
A	○								1194		Veron, Eugene	Aesthetics.
B	○								1211		Grover, J. W.	Estimates and diagram of railway bridges, culverts, and stations.
A	○								1218		Haskoll, W. Davis	Railway construction. Vol. I & II
C	○	○							1607	*211*	Allen, R. F.	New American farm book.
C	○	○							1620	*297*	Leeds, Lewis W.	A treatise on ventilation.
F	—								1621		Wilkinson, W.	English country-houses.
G	○								—		Cummings, M. F. & Miller, C.C.	Architecture. Design for street fronts, suburban houses, and cottages.
H	○			○					—		Lafever, Minard	The beauties of modern architecture.
I	○	○	○	○		○			—	*219*	Hussey, E. C.	National cottage architecture.

ed.	publisher	place	year	著者	書名	1877	1888	遠藤明久
	Claxton, Remsen & Haffelfinger	Philadelphia	1872	ドエル	移民建築書	○	Ar	○
	Claxton, Remsen & Haffelfinger	Philadelphia	1872	ドエル	移民建築書	○	Ar	—
	D. Appleton	New York	1872	イエシー	健康家屋	○	Ar	○
			18--	グキルト	建築字林	○	×	○
	D. Appleton	New York	1866	ホーレー	村家図説	○	Ar	○
7		New York	1869	ホード	煖屋法	○	Ar	○
6	E. & F. Spon	London	1871	ハルスト	建築家測量手簿	○	Ar	○
	D. Appleton	New York	1873	スコット	村家地所	○	Ag	×
	Henry Carey Baird	Philadelphia	1872	ボッゼス	建築家手簿	○	Ar	○
	Orange Judd	New York	1867	ウートワード	農小家	○	Ar	○
	E. B. Treat	New York	1870	ヲーリンク	農業手簿	○	Ag	○
	Hartford Publishing	Philadelphia	1870	トッド	田舎家屋	○	Ag	○
			18--	ドレーパル	米利堅家屋	○	Ag	○
new	Orange Judd	New York	1875	ダウニンク	庭園装飾		Ag	×
new	Orange Judd	New York	1875	ダウニンク	庭園装飾		Ag	×
new	Orange Judd	New York	1875	ダウニンク	庭園装飾		Ag	×
	Smith Elder	London	1874	イエセー	住家衛生		Ar	○
2	Moore, Wilstach, Keys	Cincinnati	1865	ケルン	庭園装飾		Ag	×
	G. P. Putnum	New York	1875	エッグレーストン	活計		○	×
	Harper	New York	1857	スワン	華盛頓地方住居		○	○
	Albany	New York	1873 -1877	トーマス	田舎事業		Ag	×
	Harper	New York	1874	ボウ	別荘及小舎		Ar	○
rev	Geo. E. Woodward	New York	1867	ホキラー	民家		Ar	○
rev	Geo. E. Woodward	New York	1868	ホキラー	民家		Ar	○
	Geo. E. Woodward	New York	1871	ホウキーレル	人民家屋		Ar	○
	James R. Osgood	Boston	1872	スミス	風土記図画法		D	×
2	Wm. S. Orr	London	1867	ラウトン	荘園		Ag	×
	John Willey	New York	1875	ワーレン	石切		D	○
	Henry Carey Baird	Philadelphia	1875	アメンゴー	画学書		D	×
	John Willey	New York	1877	メハン	画学		D	×
	Hurd & Houghton	New York	1874	ホルトン	建築学		Ar	○
2	Willey & Halsted	New York	1858	ケムプ	園庭設置法		Ag	×
	Harper	New York	1877	ベンヂャミン	欧洲同世技術		D	×
	Chapman & Hall	London	1879	ベロン	監定学		○	×
2	E. & F. Spon	London	1870	グローブ	鉄道橋コルボルト停車場		○	×
	Atchley	London	1864	ハスコル	鉄道建築		○	○
	Orange Judd	New York	1869				Ag	×
	John Willey	New York	1871				Ar	○
			1870	ウイルキンソン	英国田舎建築書		×	×
	A. J. Bicknell	New York	1868		家屋営繕書		×	×
	D. Appleton	New York	1855		近世建築学ノ美		×	×
	Geo. E. Woodward	New York	1874	ハッセー	普通家屋建築書		×	×

移管種別	蔵書印								書籍番号	東京出張所物産課番号	author	title
	a	b	c	d	e	f	g	h				
J	○	○	○	○					—		Wheeler, Gervase	The choice of a dwelling.
J	○	○	○	○					—		Gillmore, Q. A.	A practical treatise on coignet-beton and other artificial stone.
K	○	○	○		○				—	*232*	Downing, A. J.	Cottage residences.
L	○	○	○						—	*308*	Whittock, Nathaniel	The decorative painters' and glaziers' guide.
M				○					—		K. Leve. K. Shul'ts (eds.)	Sel'skaia arkhitektura. Plany i fasady. (Village architecture.)
N				○					—		Blenkarn, John	Practical specification of works executed in architecture, civil and mechanical engineering, and roadmaking and sewering.
O				○				○	—		Gillmore, Q. A.	On limes hydraulic cements and mortars.
P							○		—		Eveleth, Samuel F.	School house architecture.
P							○		—		Cummings, M. F.	Architectural details.
P							○		—		Bicknell, A. J.	Wooden and brick buildings with details. Vol. I & II
P							○		—		Fryer, W. M. J.	Architectural iron work for building.
Q							○		—		Gillmore, Q. A.	On limes hydraulic cements and mortars.
Q							○		—		Greene, Chas. E.	Graphical analysis of roof trusses.
Q							○		—		Hatfield, R. G.	American house carpenter.

［書籍番号］に重複があるのは複数部所蔵しているため。なお，11 号は Winsor & Newton 社の画学双書で，単一番号で登録されている。
［移管種別］

A：開拓使仮学校→札幌農学校→北海道帝国大学　：札幌農学校文庫
B：開拓使仮学校→札幌農学校→北海道帝国大学→室蘭工業大学　：土木専門文庫
C：開拓使東京出張所物産課→札幌農学校→北海道帝国大学　：札幌農学校文庫
D：開拓使東京出張所物産課→札幌農学校→北海道帝国大学→室蘭工業大学　：土木専門文庫
E：（表紙紛失のため不明）→札幌農学校→北海道帝国大学　：札幌農学校文庫
F：（所在不明のため移管経歴不明）→札幌農学校→北海道帝国大学（?）　：所在不明
G：開拓使仮学校→開拓使工業局→北海道庁→市立函館図書館　：函館市中央図書館
H：開拓使仮学校→開拓使工業局→北海道庁→北海道帝国大学　：附属図書館閉架書庫
I：開拓使東京出張所物産課・工業課→開拓使工業局→開拓使工業課→北海道庁→北海道帝国大学　：附属図書館閉架書庫
J：開拓使東京出張所物産課・工業課→開拓使工業局→北海道庁→市立函館図書館　：函館市中央図書館
K：開拓使東京出張所物産課・工業課→開拓使工業局営繕課→北海道庁→北海道帝国大学　：附属図書館閉架書庫

北海道の開拓，換言すれば新規の都市建設の参考資料としての位置づけをあげることができる。しかし，これは札幌農学校という農学教育を主とした教育施設が建築専門書を購入することの直接的な理由付けにはならない。なぜなら，後述するように，開拓使工業局において都市建設に関する多くの書籍を購入しているからである。前述の物産局鉱山課からの移管分に建築関連洋書が含まれていた可能性も考えられるが，引継目録などがないため推測の域を出ない。

理由の二つ目に，農学教育上，農場経営における諸施設建築の参考書としての購入が考えられる。一部書籍には，この用途に供すると考えられるものがある。また，初期札幌農学校のカリキュラムに存在した土木学講義における教科書，あるいは参考書としての可能性[24)]も否定できなくはないが，それだけが理由とはなりえない。

表 1-2 に示した洋書一覧を概観してわかるように，開拓使時代の札幌農学校文庫には，建築関連洋書が体系的に収集されている。建

24）
原口征人，今尚之，佐藤馨一「札幌農学校における土木教育」（『高等教育ジャーナル 高等教育と生涯学習』第 5 号，北海道大学高等教育機能開発総合センター，1999 年 3 月），pp.111-127 で講義に使用されたと思われる書籍について考察されている。

ed.	publisher	place	year	著者	書名	1877	1888	遠藤明久
2	John Murray	London	1872		住家ノ撰		×	×
	D. Van Nostrand	New York	1871		コイグ子ット、ビートン及人造石製造法		×	×
new	John Willey	New York	1873	ダウニグ	小屋建築学		×	×
	Sherwood, Gilbert & Piper	London	1841	ホイツトツク	塗色書		×	×
	M. O. Vol'f (M. O. Wolf)	St. Peterburg & Moskow	1860		露国家屋建築書		×	×
	Henry Carey Baird	Philadelphia	1868		工業仕様雛形書		×	×
3	D. Van Nostrand	New York	1870		石灰セメント論		×	×
	Geo. E. Woodward	New York	1870	エベレス	小学校舎建築書		×	×
	Orange Judd	New York	1873		造家明細書		×	×
	A. J. Bicknell	New York	1875		木材及煉化石造家図説		×	×
	John Willey	New York	1876	フーヤル	造家鉄材書		×	×
5	D. Van Nostrand	New York	1879	ジルモール	石灰セメント等取扱方法書		×	×
	John Willey	New York	1879	グリーイン	家根構造書		×	×
8	John Willey	New York	1880	ハウトフイルト	米国家屋造工書		×	×

L：開拓使東京出張所物産課・工業課→北海道庁→北海道帝国大学　：附属図書館閉架書庫
M：開拓使工業局→北海道庁→北海道帝国大学　：附属図書館閉架書庫
N：開拓使工業局→北海道庁→市立函館図書館　：函館市中央図書館
O：開拓使工業局→開拓使民事局地理係→北海道庁→市立函館図書館　：函館市中央図書館
P：開拓使煤田開採事務係→北海道庁→北海道帝国大学　：附属図書館閉架書庫
Q：開拓使煤田開採事務係→北海道庁→市立函館図書館　：函館市中央図書館

［蔵書印］　a：開拓使図書記，b：物産，c：工業，d：開拓使工業局，e：工業局営繕課，f：開拓使工業課，g：開拓使煤田開採事務係，h：民事局地理係

［1877］　*Catalogue of books in the English language*. 1877 に掲載されているもの。

［1888］　*Catalogue of books*. 1888 の部門中，Ag は ‘Agriculture’，Ar は ‘Architecture’，D は ‘Drawing’ に分類されていることを示す。○はそれ以外の部門で記載されているもの。目録に記載されていないものには × をつけた。

［遠藤明久］『開拓使営繕事業の研究』表 2-26 に遠藤が建築関係書一覧として掲げたもの。

築入門書から，構造，施工，設備，造園，製図，パターンブックまで多岐にわたる。中でも Virtue 社出版の Weale's rudimentary series や，Cassell, Petter & Galpin 社出版の Cassell's technical manuals シリーズなどは工学全般の知識，技術取得のための双書であり，何らかの意図があって揃えられたものに違いない [25]。

その理由の一つを，お雇い外国人トーマス・アンチセル Anticel, Thomas が 1871 年末に開拓次官（当時）黒田清隆へ提出した北海道術科大学校を設立すべき意見書 [26] に関連するものとして指摘したい。この大学校では，造営学，農耕学，理街学，鉱山学，百工ノ舎密及ヒ製造学，国法及ヒ商法，医学の七学科を予定していた。造営学のカリキュラムの中に画形画学画論，家屋画図，遠景論，物影論を，理街学のカリキュラムにも画図，遠景及物影論，建築材などを，さらに詳細な科目内容として「画学ノ部」に「建築」，「雛形ノ部」に「造営ノ粉飾」を見ることができる。アンチセルは別の機会にも「開

25)
『ケプロン報文』（北海道大学附属図書館北方資料室所蔵）によると，1872 年 3 月 22 日づけで，ケプロンよりアンチセルからの要望としてロンドンより ‘Weale's series’ の購入希望が開拓使宛に提出されている。

26)
「アンチセルの北海道へ学校設立意見（明治 4 年 12 月 24 日）」（『北大百年史 札幌農学校史料（一）』，1981 年），pp.8-16。

拓使技術者養成学校」の必要性を説いている[27]。

At present it does not — ant it does not appear to have the means to give one single course of instruction which would produce an engineer, architect, manufacter or Mechanician.（方今ノ模様ヲ以テ見ルニ工学家，建築家，製造家或ハ器械家ヲ取立ツヘキ教ノ道一ツモ其設ケ有ルヲナシ）

「実地ニ施スヘキ学術」practical science の結果として，上に示したような専門家が輩出されることを望んでいた。アンチセルの求めた技術者の一つである建築家を養成するために購入された書籍が，札幌農学校文庫に含まれる建築関連洋書のうち，初期購入図書の中核をなすものなのではないだろうか[28]。

第５節　開拓使工業局旧蔵書および建築関連洋書

5-1　開拓使工業局関連印章のある現存する建築関連洋書

北海道大学附属図書館閉架書庫と函館市中央図書館には，開拓使工業局に関連する蔵書印の押された建築関連洋書が何冊か現存している。はじめに，その移管経緯を追っていきたい。

北海道大学附属図書館管理の物品会計官吏時代の全学洋書基礎カードによると，同図書館閉架書庫所蔵の開拓使旧蔵書は全て北海道庁より寄贈を受けたもので，1929 年 3 月 29 日受付の記録がある。北海道庁では 1925 年に石造の書庫を新築し，順次書籍ならびに簿書を整理していた。この整理作業の一環で不要書籍を北海道大学へ寄贈したのであろう。北海道大学附属図書館管理の洋書受入原簿の記録から，この時に 108 冊の洋書が移管されたことがわかる。うち，工業局関係蔵書印を確認できる建築関連洋書は 5 冊ある。この 5 冊のうち，Hussey, E. C., *National cottage architecture*.（図 1-3）と Downing, A. J., *Cottage residences*.（図 1-4）には，それぞれ表紙および見返しに朱で「ハツセー氏　普通家屋建築書」，「ダウニグ氏 小屋建築学」と書かれており，前者についてはさらに筆記体で ‘Kaitakushi’ と ‘Engineering Department’ の書き込みがある。また，両者には墨書による「第十一号之弐」および「第九号」の文字も確認できる。この墨書の漢数字は工業局の整理番号と想像できる。ちなみに，これと同じ墨書の漢数字「第十九号」の書き込みを Whittock, Nathaniel, *The decorative painters' and glaziers' guide*.（図 1-5）にも確認できる。ロシア語の本も 1 冊含まれている。これについては次節でふれる。

一方，函館市中央図書館が所蔵する建築関連洋書の存在は，1934 年の函館大火を受け，その復興事業の一環として編纂された『函館

27）「開拓使技術者養成学校についてのアンチセルの意見（5 年 9 月カ）」（『北大百年史 札幌農学校史料（一）』，1981 年），pp.68-72。日本語訳は開拓使『教師報文録 第三』（北海道大学附属図書館北方資料室所蔵）より。

28）『明治三十四年 札幌農学校公文録 第　冊 庶務 規則類 自明治六年至明治十五年』（札幌農学校史料 015，北海道大学大学文書館所蔵）には，1872 年に東京芝増上寺境内に開設した開拓使仮学校の規則を掲載している。その第 15 条に「学科ヲ分ツテ普通専門ノ二科トナシ普通ヲ分ツテ二科トシ専門ヲ分ツテ四科ト為ス」とあり，「専門学第三」として「建築学」を明記している。アンチセルの意見書を受けてのものと考えられるが，諸般の事情により，仮学校では専門学を開講することはなかった。

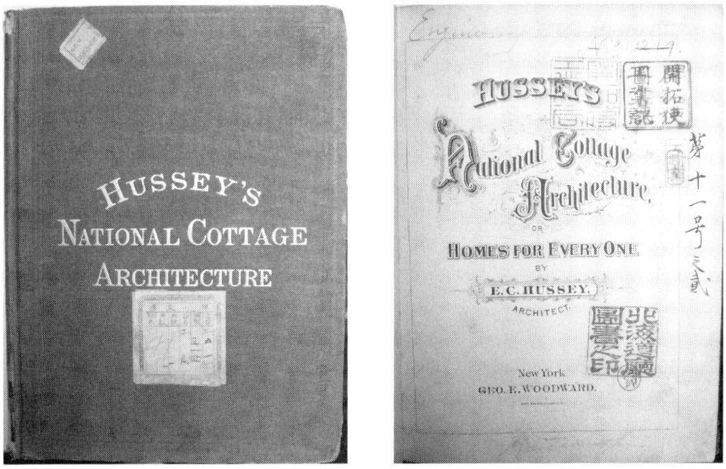

図 1-3　Hussey, *National cottage architecture*. の表紙と扉

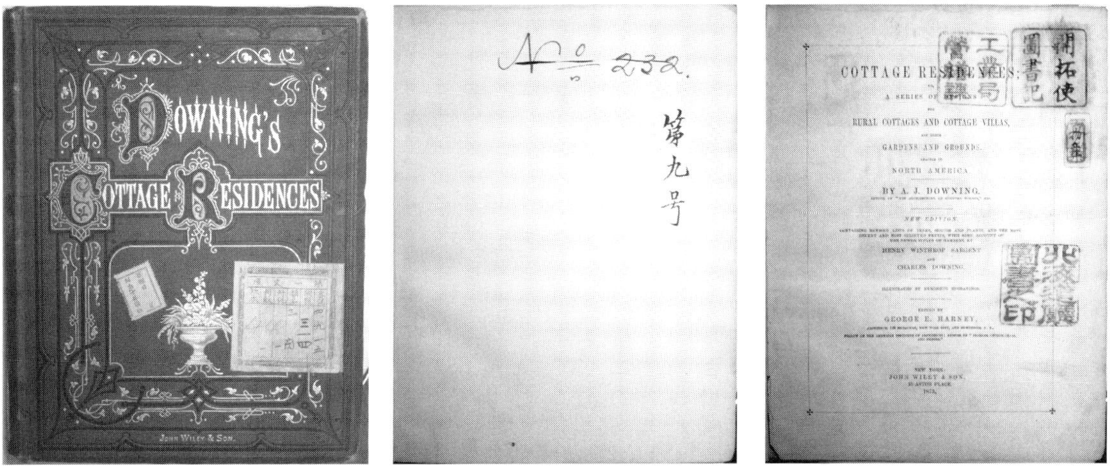

図 1-4　Downing, *Cottage residences*. の表紙と中表紙と扉

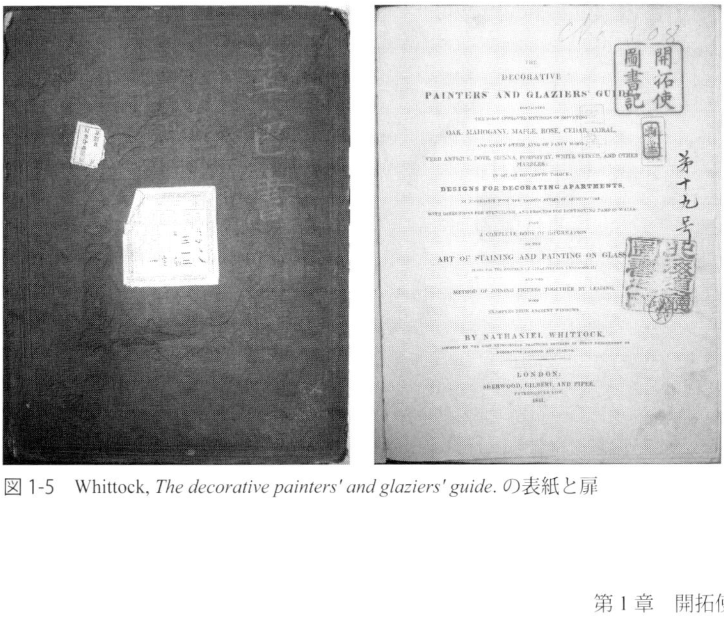

図 1-5　Whittock, *The decorative painters' and glaziers' guide*. の表紙と扉

復興資料図書目録：建築・土木・生活様式其他』（市立函館図書館編，1934 年）に確認することができる。現在 5 冊が現存しており，いずれの書籍にも北海道庁第一文庫の図書票簽が貼られ，何点かには「昭和 3.10.28」の印ならびに「寄贈北海道庁殿」の書き込みがある。北海道庁の書籍および簿書を北海道帝国大学へ移管したのと時を同じく，函館の図書館へも書籍を移管していたことを示している。Cummings & Miller, *Architecture.*（図 1-6）は［開拓使図書記］以外の捺印がないにもかかわらず，表紙見返しに鉛筆による筆記体で ‘Engineering Department Kaitakushi’ の書き込みがある。北海道大学附属図書館が所蔵する開拓使工業局旧蔵の Hussey, *National cottage architecture.* に見られるのと同じものである。［開拓使工業局］印こそないが，かつて工業局の蔵書であったことは疑いない。Wheeler, G., *The choice of a dwelling.*（図 1-7）と Gillmore, Q. A.,

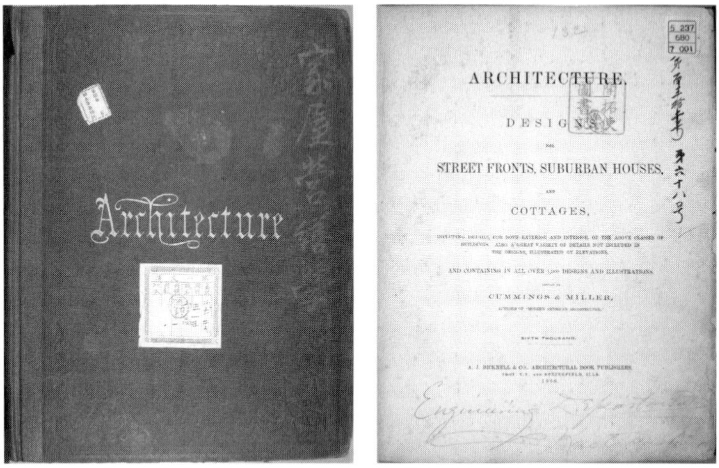

図 1-6　Cummings & Miller, *Architecture.* の表紙と扉

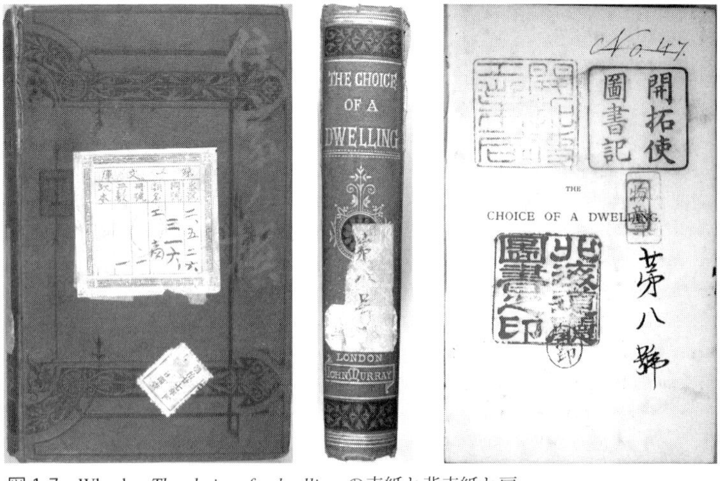

図 1-7　Wheeler, *The choice of a dwelling.* の表紙と背表紙と扉

A practical treatise on coignet-beton and other artificial stone. ならびに Gillmore, *On limes hydraulic cements and mortars.* には［開拓使図書記］の他に［物産］と［工業］の印もあり，開拓使東京出張所物産課および工業課の蔵書であったことがわかる。加えて，Wheeler の書籍はロンドンの出版であり，大鳥圭介がロンドンで購入した書籍目録中[29)]の「チヨイス，オフ，ドウレルリング」であると判断できる。また，Gillmore の著書の後者には 'A. G. Warfield 1870' のサインを確認できる[30)]。お雇い外国人教師のワーフィールドの寄贈によるものなのであろう。

5-2　工業局営繕課蔵書目録

遠藤明久は前掲書の中で「札幌農学校の蔵書がすくなくとも建築関係書については，必ずしも一番整備したものとはいえない」と述べ，さらに「工業局関係蔵書目録が発見されないことは残念である」と続けている。しかし，1878 年の記録局編輯課と工業局営繕課との往復文書[31)]の中の工業局営繕課蔵書目録と，1880 年の太政官布達[32)]に従って作成した「明治十四年二月調 工業局備洋書目録」[33)]の 2 種類の目録を見つけることができた。

記録局編輯課が 1878 年という時期になぜ工業局営繕課所蔵の最新の蔵書目録を必要としたかについては定かではないが，以下の文面から至急の提出を要求している様子が読み取れる。

編第壱百弐拾四号
　工業局　　　　　　　　　　　編輯課　印（記録局編輯課）
　該局中ニ備置有之候書籍目録当課ニ於テ至急入用之義有之候条御廻付有之度尤モ江未タ右目録御記載無之書籍等有之候半ヽ悉皆掲載之上御廻付相成度之段及御掛合候也
　十一年十一月八日

1878 年 11 月の時点で既に記録局が工業局の蔵書目録を所有していたことが読み取れる。これに対し，工業局では以下の返信をした。

　編輯課　　　　　工業局
　当局御備書籍目録至急廻付之義編第壱百弐拾四号御掛合之様了承別紙調書相添此段及回答候也
　十一年十一月十一日

ここに添付された書籍目録を表 1-3 に示した，62 部の書籍中，建築および図画関連と考えられるものは 14 部あり，表中ゴシック体

29)
註記 18 に同じ。
30)
Warfield は開拓使お雇い外国人教師として，機械の運転および土木・測量の技術指導にあたった人物である。
31)
『明治十一年 各局文移録 営繕課』簿書 2518，北海道立文書館所蔵。
32)
第 4 章第 1 節参照。
33)
『明治十四年 雑書類』簿書 4668，北海道立文書館所蔵。

表1-3　工業局営繕課蔵書目録（1878年）

書籍名	冊数	書籍名	冊数
機械字書	2	蒸気車ノ始リ記書	1
堤防橋梁積方定則	1	米国サニタリー四車器録	1
堤防橋梁組立ノ図	1	米国車輪器届書	2
ヲンレエイルウエーカーズス手帳	1	車輪ノ働キヲ記セシ書	1
製造方法字書	1	石築書	1
各線形図形	1	家屋方法論	1
機械書	14	普通測量書	1
実検上水車方法	1	普通建築書	1
正写形図	1	車用論	1
機械建築書	1	鉄道車用論	2
工業雛形	1	絵図方法書	1
米国新工夫図形目録	11	大工業上ノ書	1
司理街衢書	2	ギルレスピー氏著道路並鉄道書	1
建築図形書	8	通常道路築造及修複初学	1
水利ノ書	1	ミフリン氏鉄道曲線及觸線書	1
車器雛形ノ書	1	ホイルジン氏物質電気書	1
修路書	1	クロツス氏土木術野帳	1
築路着手論	1	ロビソン氏工業書	2
鉄橋及木橋書	1	ギレーン氏起重器	1
沢谷開炉書	1	ラウ氏土木書	1
蒸気鉄道橋用方論	1	器械方心得雑報	1
水利堤防論	1	鉄道雑報	2
蒸気車用論	1	ステヴエンソン氏著河川及地中掘割建造書	1
車輪字書	6	スブー子ネル氏著限量鉄道発明書	1
大工業上ノ表	1	スチエアルト氏著軍事築造書	1
機械築計書	1	ホイーブル氏著橋梁築造書	1
建物築造書	1	ギルヽモール氏著水利学書	1
製造並建設書	3	ヱストン氏著街道鉄道記	1
機械新聞	1	日本堤防書	2
米国建造書	1	来曼氏八年報文	1
英字字書	13	デー氏三角測量報文	1
		外ニ諸官省公布類	

※表中，建築・図画関連書をゴシック体で示した。

で示した。著者を明示していないものが多く，書名も大半が日本語で記されているが，ここに掲載した書籍のほとんどは洋書であることが想像される。中でも『米国新工夫図形目録』と『建築図形書』は，それぞれ11冊と8冊が所蔵されており，その冊数の多さからパターンブックとして活用されたことが想像できる。

ところで，表中『大工業上ノ書』について，

　上局　　　　　　　　工業局
　　　　　　　　　　　物産局
第二十一号
一　大工業上ノ学書　　　　　　壱冊
　右者物産局へ先般東京表より相廻リ候ノ書籍之内書正学書当分借用
致度此段相伺申し候也
　八年六月七日

と，1875（明治8）年時点では，東京出張所物産課から移管された本庁物産局の蔵書であり，工業局が物産局へ，いくつかの蔵書の借用願を出している記録がある[34)]。『大工業上ノ表』についても同様の借用願を提出している。この後，いずれかの時点で工業局へ移管したのであろう。

次いで，1880年の太政官布達により1881年2月に作成された洋書目録について見ていきたい。太政官による洋書目録作成の経緯については，第4章第3節において詳述することにするが，ここでは，この目録と1878年目録を比較しつつ，現存する開拓使工業局関連印のある建築関連洋書との同定を試みたい。

1881年目録は，太政官布達に示された雛形に従い作成されている。表記の例として目録の冒頭を以下に示す（ただし原文は縦書き）。

英語書目
工芸書
フランク，ロバルトソン氏著
一原書インジニーリング，ノーツ 千八百七十三出版 全一冊一部
訳名　土木学抜粋

記述の言語，類別を冒頭に記し，次いで，片仮名書きによる著者名および書名，そして日本語に訳した書名を記載する。西暦による出版年と，冊数，部数も併記している。工業局という職務柄，蔵書は全て工芸書で，英語書籍62部，英語雑誌（新聞含む）10部に加え，ロシア語の書籍を2部含んでいる。このうち建築関連書籍および雑誌を抽出し，表1-4に示した。また，片仮名書きの著者名と書名から特定できる原書の著者名と書名を併記した。

北海道大学所蔵の5冊と，函館市中央図書館所蔵の5冊は全て1881年目録に掲載されているものである。1878年目録との比定は，翻訳書名に一致が見られないため困難を極める。しかし，両者に共通して11冊の所蔵が記録される『米国新工夫図形目録』ならびに『家屋建築絵図形本』は同一の書籍と判断してよいだろう。しかし，残念なことに当該書籍の現存は確認されない。アメリカ合衆国議会図書館 The Library of Congress の蔵書検索システム（http://catalog.loc.gov/）によると *The architectural sketch-book.* という定期刊行物が，ボストンのJ. R. Osgood社より，1873年から1876年の間に刊行されている。このうち1875年出版の11冊を所蔵していた可能性が高い[35)]。

34)
『明治十一年 自一月至七月 取裁録 工業局』簿書2016，北海道立文書館所蔵。
35)
アメリカ合衆国議会図書館所蔵の当該雑誌を閲覧したところ，図版は銅版画による外観透視図が主体であった。

表 1-4　開拓使工業局所蔵建築関連洋書一覧（1881 年 2 月時点）

author	title	「工業局備洋書目録」記載事項						所蔵
		原著者名	原著名	訳名	出版年	冊	部	
英語書目（工芸書）								
Gillmore, Q. A.	A practical treatise on coignet-beaton and other artificial stone.	ギルモール	コイグ子ツト，ビートン	コイグ子ツト，ビートン石製作方	1871	1	1	函
Wheeler, G.	The choice of a dwelling.	ホヰーラ	ゼ，チョイス，ヲフ，エドウヘリング	住家ノ択ビ	1872	1	1	函
Downing, A. J.	Cottage residence.	ダオニング	コツテージ，レシデンス	田舎住家	1873	1	1	北
Blackburne, E. L.	Suburban and rural architecture, English and foreign.	ブラツクボルン	サツバルバン，エンド，ルーラル アークテクチャール	郭外田野住家建築書	[1867]*	1	1	
Hussey, E. C.	National cottage architecture.	ハツセー	ナシヨナル，アークテクチャール	普通家屋築造書	1874	1	2	北
Whittock, Nathaniel	The decorative painters' and graziers' guide.	ホヰトツク	ペンタルス，エンド，グレーザルス ガイド	塗師并ガラス入職案内	1841	1	1	北
[Bicknell, A. J.]**	[Detail, cottage and constructive architecture.]**	著述者無記載	コンストラクチーブ，アークテクチアル	家屋営繕学	出版年号無記載	1	1	
Blenkarn, John	Practical specifications of works.	ブレンカルン	スペシツヒケーシヨン，ヲフ ヲルクス	工業仕様雛形	1866	1	1	函
	The architectural sketch-book.	ポルトフリヲ社ニテ著述	アークテクリラル，スケツチ ブツク	家屋建築絵図形本	1875	11		
Lafever, Minard	The beauties of modern architecture.	ラフハベル	アークテクチラル，ヒストレー	家屋営繕歴史	1855	1	1	北
Tredgold, Thomas	Elemantary principles of carpentry.	トレツゴールド	エレメンタレー，プリンシプル ヲフ，カーペンタレー	工匠学原理	1877	1	1	
	The builder's practical director, or buildings for all classes.	著述者不分明	ビルダルス，プラクテカル，ダイレクトル	建築者現術指教	出版年号不分明	1	1	
Cummings, M. F. & Miller, C. C.	Architecture.	カンミング并ミラル	アークテクチアール	家屋営繕書	1868	1	1	函
Gillmore, Q. A.	Practical treatise on limes hydrauric cements and mortars.	ギルモアー	プラクテカル，トリータイス，ヲン，ライムス ハイドローリツク，シメンツ，エンド，モルタルス	石灰及水中用シメント等寒地用方書	1870	1	1	函
（雑書）								
	American builder.	新聞	アメリカン，ビルダル	米国建築家	不完	9		
魯語書目								
Kashentsev, P.	Samouchitel' stroitel'nogo iskusstva.	ペ，カセンツォフ	サモウチーテリ，ストロイテリナゴ，イスクースストウォ	建築術独学書	1872	1	1	
Leve, K. & Shul'ts, K.	Sel'skaia arkhitektura. Plany i fasady.	カ，レウェ氏ト「シーリツ氏トノ著	セーリスカヤ，アルヒテリトル 是ハ榎本武揚ヨリ本使ヘ差出タルモノナリ	村落家屋建築図	出版年号無記載	1	1	北

※［所蔵］欄の「函」は函館市中央図書館に，「北」は北海道大学附属図書館にそれぞれ現在所蔵されていることを示す。
* 目録には年の記載はないが，当該書籍の出版年を確定できるので記載した。
** constructive と architecture の 2 語を含む書籍は Bicknell の当該書籍の他に，Sloan, Samuel, *Constructive architecture.* もある。

第 6 節　ロシアより輸入された建築書ならびに図類

工業局旧蔵書中には，ロシアで出版された『露国家建築書』Leve, K. & Shul'ts, K. (eds.), *Sel'skaia arkhitektura. Plany i fasady.*（図 1-8）が含まれ，かつ現存している。［開拓使図書記］印がなく，［開拓使工業課］印しか押捺されていない。工業局が工業課に改称されるのは開拓使末期の 1881（明治 14）年 7 月のことである。しかし，前節で示した 1881 年 2 月作成の目録に掲載があるので，工業局時代には既に所蔵していたことになる。また，目録には「是ハ榎本武揚ヨリ本使ヘ差出タルモノナリ」とあり，駐露公使であった榎本武揚が持ち込んだものであることを読み取ることができる。榎本はこの本以外に庭園図を 7 枚持ち込んだ記録がある[36]。

　角材組建築図類札幌へ送付案
去ル十一年中榎本公使ヨリ当使ヘ被差出候角材組建築図壱冊并ニ庭園図七枚同年十二月廿三日付札第六百九拾壱号ヲ以長谷部才蔵務村三等出仕ヨリ回致候処当時長官御滞札中ニテ右図類其他長官ヘ被入覧候処其侭携帯御帰京相成他日当所ニ格護致置候依テ今回庭園図六枚写取候間建築図ト共ニ前出札第六百九十一号書面之添送付候条落手有之度尤該庭園図七枚ノ中壱枚ハ当時其地ニ御留置之筈ニ候間写取之上原図御返却相成度此段申進候也
十三年五月廿六日

1878 年（明治 11 年）には，既に日本に持ち込まれており，開拓使長官黒田清隆は同年中にこの本に目を通していたことがわかる。黒田は 1879 年以降，意欲的にロシア式丸太小屋（別名校倉造，いわゆるログハウス）の建築に取り組んでいるが，それを啓発した本といえるであろう。書名はもとより，掲載されている図版の記載内容―図版表題だけでなく凡例なども―にまで詳細に日本語訳が墨書で書き込まれている。開拓使がロシア式のログハウスを建築した際の貴重な参考資料であったことは想像に難くない。

ところで，この本とは別に，1878 年に開拓使少書記官鈴木大亮がロシア沿海州ウラジオストクに出張した際，ウラジオストク港営繕局長ゴズローフスキイより，13 点の建築書類の贈与を受けている。この建築図書ならびに図版は鈴木の帰朝後，営繕活動に緊急に

36）
『明治十三年 本庁文移録』簿書 4429，北海道立文書館所蔵。

図 1-8　Leve, K. & Shul'ts, K. (eds.), *Sel'skaia arkhitektura. Plany i fasady.* の表紙と扉と図版例

必要なものとして，翻訳官による翻訳願いが出されている[37]。

長官　花押
　書記官　　　　　　　　　　　　鈴木少書記官
　別紙魯国建築書類ハ浦塩港営繕局長ゴズローフスキイ氏ヨリ贈寄セシモノニシテ営繕ニ緊要之書籍ニ有之候間小野寺魯一ヘ附シ翻訳為致本庁準備致度候条此段相伺候也
　　明治十一年十月

記
建築独学書　　　壱冊
建築全書　　　　壱冊
建築作業全集　　壱冊
浦塩港兵営ノ庖厨及ヒ蔵庫建築ノ仕方並ニ経費書　壱冊
アストラハン港堤防仕方並ニ経費書　　壱冊
溝渠堤防等ノ仕方並ニ経費書　　　　　壱冊
ニコライスキ港鐵艦製造所ノ図　　　　弐葉
アストラハン港堤防ノ図　　壱葉
火薬庫ノ図　　　　壱葉
浦塩港兵営ノ図　壱葉
燈台ノ図　　　　弐葉
外ニ図　弐葉
　以上

遠藤明久は『北海道住宅史話（上）』の中で，「今日，その所在は不明である」[38] と述べているが，そのうちの 8 点を北海道大学附属図書館北方資料室において発見した（図 1-9,-10,-11,-12,-13）。これまで所在不明とされていたのは，一連の書類が保管されている袋の表紙に「明治四十三年一月八日土第四二号ヲ以テ函館支庁長ヨリ送付モノ」とあり，史料の管理上明治末のものとして分類されていたためである。

移管経緯は以下のように推察される。鈴木がロシアから持ち込んだこれらの書類は当初，開拓使函館支庁が所蔵し，開拓使廃使後，函館県，北海道庁函館支庁へ移管した。明治 43 年の函館支庁からの送付先は，袋に貼られた北海道庁の図書票簽[39] から，北海道庁札幌本庁であったことがわかる。そして昭和初期に，前節で考察したように他の洋書と同様，北海道帝国大学へ移管[40] し，現在に至っている。

これら建築書類は全てロシア語で書かれており，かつ手書きの写

37)
『明治十一年 鈴木少書記官露国浦塩斯徳港派遣ニ付往復并評議其他書類 記録局』簿書 2430，北海道立文書館所蔵。
38)
遠藤明久『北海道住宅史話（上）』（住まいの図書館出版局，1994 年），pp.94-95。
39)
註記 22 に同じ。
40)
本節の冒頭でも述べたように，昭和初期に北海道庁から北海道帝国大学へ大量の書籍および簿書類が寄贈されている。ここで考察しているロシア関連建築書類も，この一連の動きの中で移管されたのであろう。

表 1-5　開拓使函館支庁旧蔵のロシア建築書類一覧

邦題	原題（キリル文字をアルファベット表記）	作成年月日	備考
浦潮港兵営ノ房厨及ヒ蔵庫建築ノ仕方并ニ経費書	Smeta na postroiku vnov' zdaniya dlya kukhni i kladovai pri kazarme rabochago kadra Vladivostokago porta.	1875.	
アストラハン港堤防仕方并ニ経費書	Po Astrakhanskomu portu otsenochnaya vedomost' k smete na ustroistvo zemlyanoi damby s odezhdoyu iz fashin.	1862.	
溝渠堤防等ノ仕方并ニ経費書	Smeta na postroenie zemlyanoi damby s dorogoyu nad onoi chrez Admiralteiskii kanal vmesto sovershenno-vetkhago mosta chrez onyi i dlya preduprezhdeniya sovershennogo zasoreiya kanal.	1862. 8. 21.	
ニコライスキ港艦製造所之図 貳葉※	Po Nikolaeskomu portu fasad masterskoi dlya zheleznago sudostroeniya.	1870. 11. 4.	50×82cm
アストラハン港堤防之図	Chertezh ustroistva zemlyanoi gamby s odenzhdoyu iz fashchin, na O kantse Admiralteiskoi kanavy v Astrakhanskom porte.	1862. 8. 21.	64×32cm 彩色
火薬庫之図	Chertezh porokhovago pogreba na 3/t pud.		42×32cm
浦塩港兵営之図	Chetezh kazarmy dlya 120 chelovek illyurovykh kadra Vladivostokskago porta.		32×20cm 彩色
燈台之図 弐葉※			34×24cm 鉛筆

※表題短冊には 2 葉とあるが，1 葉しか確認できていない。
　表中空欄は該当項目が史料に未記載のため。

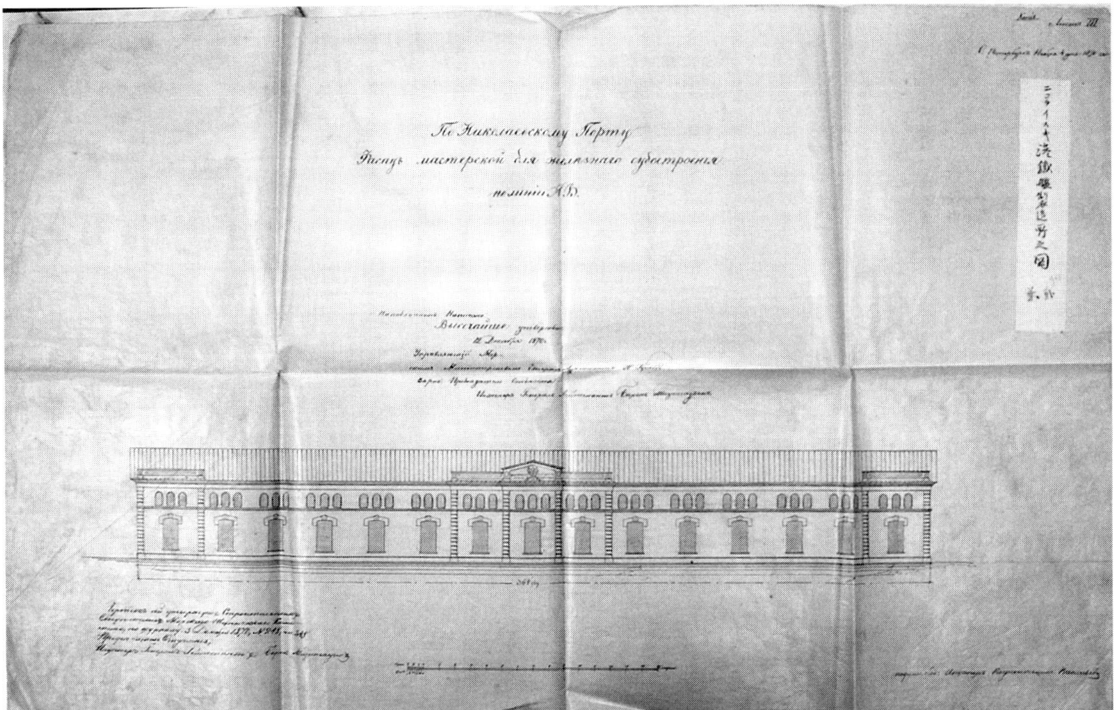

図 1-9　ニコライスキ港艦製造所之図

しである。各葉には翻訳された邦題が書かれた和紙の短冊が貼られる。邦題ならびにロシア語の標題，作成年を表 1-5 に示した。なお，図面に関しては縦×横の寸法および仕上げ（彩色など）を併記した。

標題の翻訳は，簿書の記述に従えば，開拓使のロシア語翻訳官小野寺魯一が行なったが，ロシア語の原題を忠実に翻訳している訳ではない。例えば「アストラハン港堤防」と題したものは，ロシア語では「アストラハン港のアドミラルテイスキイ運河に架けられた土堤」と書かれているし，「浦塩港兵営」についても「120 人の作業要員のための厨房および倉庫併設の兵営」と記述されており，一部はロシア語の原題を簡略化したものとなっている。「営繕ニ緊要之書籍」として翻訳願が出されたものではあるが，先に示した『露国家建築書』の場合とは異なり，標題だけが翻訳され，実際には活用されることなく函館に留まったのだろう。しかしながら，開拓使を含めた明治新政府が，諸外国の建築技術や文化を貪欲に学習しようとした一端を垣間見ることのできる貴重な資料と位置づけることができる。

ところで，現在所在不明である『建築独学書』，『建築全書』，『建築作業全集』の 3 冊のうち，『建築独学書』に相当すると思われる

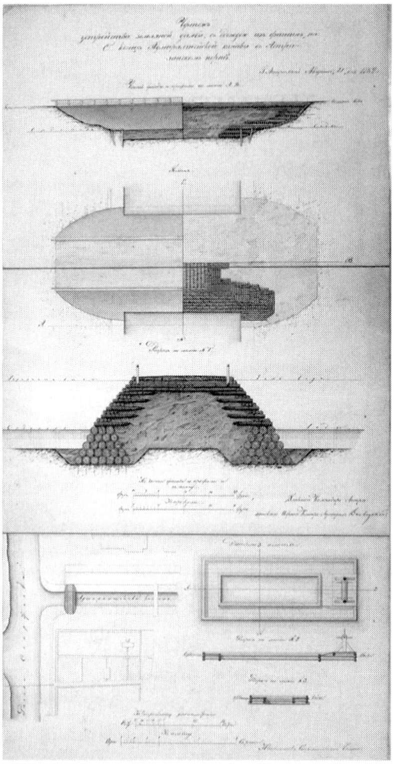

図 1-10　アストラハン港堤防之図

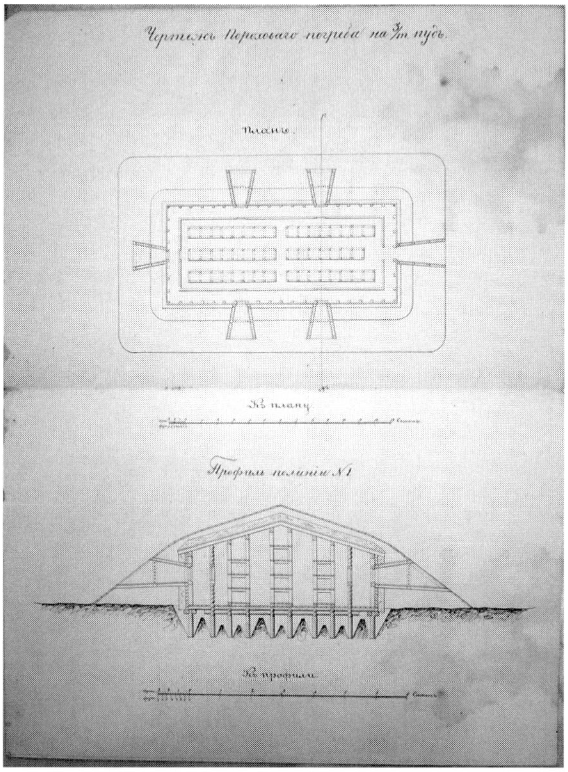

図 1-11　火薬庫之図

書籍を，1881 年開拓使工業局洋書目録の「魯語書目」に見ることができる。「建築術独学書」の訳名があり，原著の片仮名表記から，Kashentsev, P., *Samouchitel' stroitel'nogo iskusstva*.1872 であると推定することができる。上に示した他の図版とは別途，1881 年以前に札幌本庁に移送され，開拓使工業局の蔵書となっていた。榎本武揚持ち込みの書籍と併せて，この図書もログハウス建設の際の参考図書となっていた可能性を指摘できる。

第 7 節　開拓使煤田開採事務係旧蔵洋書

北海道大学附属図書館閉架書庫と函館市中央図書館の所蔵書の中には［開拓使煤田開採事務係］印の押された洋書を多く見ることができる。特に鉱山および鉄道関係書籍に多い。建築関連書籍も 7 冊を数える。工業局に所蔵され活用されていたとしてもおかしくないほどのものである。いずれも図版を主としたつくりで，さらに各部細部意匠の掲載も豊富である。しかしながら工業局関連印もなく，先に考察したような墨書の漢数字も見当たらない。整理番号と思しき鉛筆書きのアラビア数字の書き込みがあるのみである。また，日本語に翻訳された書名は，工業局蔵書のように朱で表紙などに直接

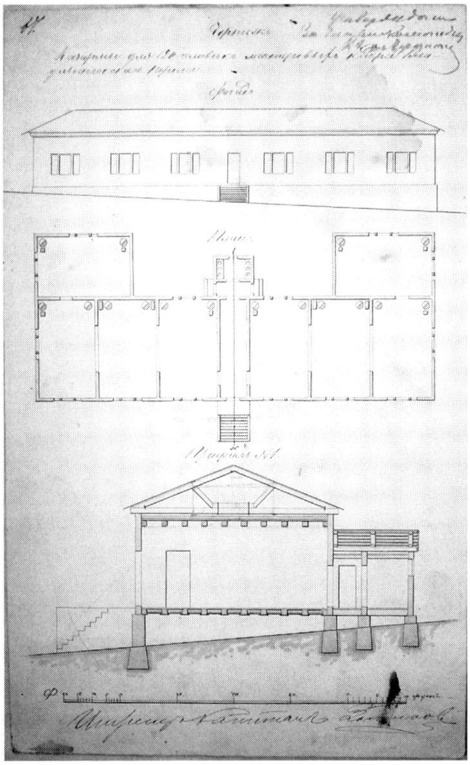

図 1-12　浦塩港兵営之図

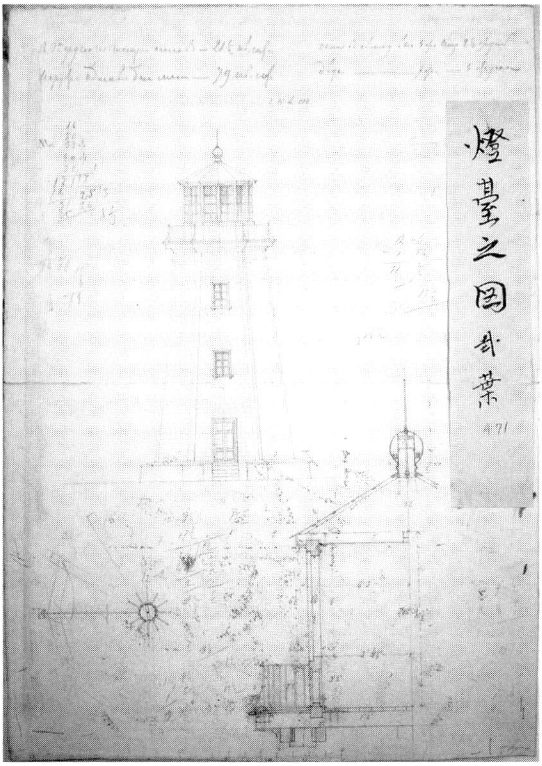

図 1-13　燈台之図

書くのではなく。和紙の短冊に墨書で書いたものを貼り付けている。以上から，これら書籍は煤田開採事務係開設の1879年以後に購入したものと考えることができる。ただし，Cummings, *Architectural details*.（図1-14）だけは背表紙に朱で「造家明細書」と書かれている。蔵書印は確認できないが，開拓使工業局が所蔵していた可能性もあながち否定することはできない。

煤田開採事務係は開拓使廃使後，工部省所管の炭礦鉄道事務所となった。この時の引継書[41]の中に洋書目録を含んでおり，1883年時点の所蔵洋書の全容を知ることができる（表1-6）。この目録は，片仮名による原著者名と原書名，部数，冊数を記載している。これまでの目録とは異なり，翻訳された著者名や書名の記載はない。表1-2に示した7冊の［開拓使煤田開採事務係］印のある建築関連洋書は，全てこの目録に記載されている。加えて，現存は確認できないが，Bicknell, A. J., *Detail, cottage of constructive architecture*. も煤田開採事務係が所蔵していたことがわかった。ちなみに，1881年「工業局備目録」では，「著述者無記載」として「コンストラクチーブ，アークテクチアル」を記載している。両者が同じものであった場合，工業局蔵書の一部が煤田開採事務係に移管されていたか，同じものを至近の部局で所有していたことになる。

ところで，煤田開採事務係は，北海道庁旧庁舎（1889年建築，国指定重要文化財）の設計者として知られる平井晴二郎（1856-1926）が，米国留学から帰国後すぐに勤務した組織でもある。同係は，前述のように開拓使廃使後，工部省に移管され，後に農商務省，北海道事業管理局炭礦鉄道事務所へと引き継がれ，北海道庁設置にともない炭礦鉄道事務所となっている。同組織の建築活動については，駒木定正学位論文[42]に詳しい。今後，具体的な建築活動と建築関連洋書の参考の様子を比較考察することが望まれる。

第8節　小括

断片的に残された開拓使関連簿書，現存する書籍に押された蔵書印ならびに7冊の札幌農学校の洋書目録から，開拓使旧蔵建築関連洋書の購入および移管経緯の様子を考察してきた。ここでは，およそ購入順に付されたと考えられる書籍番号に着目して，購入および移管経緯を改めて整理し，小括としたい。

札幌農学校文庫（土木専門文庫蔵書も含む）の書籍番号は，建築関連洋書に限定してではあるが，I: 103-266号，II: 327-393号，III: 490-613号，IV: 730-1218号，V: 1607-1621号の5群となっている。先に1877年以前の購入書籍は583部であると述べたが，584号以降の書籍においても613号までは ‘Catalogue of books in the English

41）
『十六年 工部省所管 炭礦鉄道事務所引継書』簿書7762，北海道立文書館所蔵。
42）
駒木定正『明治前期の官営幌内炭鉱と幌内鉄道の建築に関する歴史的研究』（北海道大学学位請求論文，1999年）。

表 1-6　煤田開採事務係開拓使洋書目録（1883 年）

著者名	書名	部	冊	出版年
トマス，クリーマン	ゼ レイルロード，インジニールス，プラクチース	2	2	
トーマス，ホツクス	プラクチカル，ハイドラウチツクス	1	1	
ワブリユー，ゼイ，フレイエル	アルチテクチユーラル，アイロン ウオルクス	1	1	1876
リチヤルト，ダブリエー，ミート	ツリーチス，オンネワル アルチテクチユール，エント，シツプ，ビルチング	1	1	1869
アルフレツド，ビリ，ポルレル	ツラクチカル ツリーチス，オン ゼ コンストリュクシヨン，オフ アイセンバイウエイ，ブリツジ	2	2	
チリユース，ダブリユー，アーダムス	シェウエルス エント，デレインス，フォル，ポヒユロウス，ジストリクツ	1	1	1880
サミユール，エフ，エウエレツス	スクールハウス，アルチテクチユール	1	1	1870
エー，ゼー，ビツクネル	ウーデン，エント，ブリツキ，ヒルヂンク，ウヰツズ テヽールス	1	2	1875
仝	デヽール，コツテージ，エント，コンストリユクチーブ，アルチテクチユール	1	1	
バルドウヰン，ラサム	サニタリー，インジニーリング	1	1	1877
エム，エフ，コムミング	アルチテクチユーラル，テヽールス	1	1	1873
チヤーレス，グリーン	グラフヰカル，アナライシス，オフ，ルーフ，トルツセス	1	1	1879
トーマス，コルチス，クラーク	エン，エツコウント，オフ，アイロン，レイルウエイ，フリツジ，エクロツス，ゼ ミスシツヒ，リフアー，エツト，クウヰンシー，イルリノイス	1	1	1869
	ラ，コンストリエクシオン，デ，ポン，エ，ウヰアトツク	1	1	
	カービルドルス，ヂクシヨネリー	1	1	
ヘルマン，ハウクフト	ミリタリー，ブリツジ	2	2	1864
オー，チヤニュート	カンサス シチー，ブリツジ	1	1	1870
ダウヰツト，ステウエンソン	ゼ プリンシプルス，エント プラクチース オフ ガナル，エント，リウァー，インジニーリング	1	1	1872
キユー，エー，キツトモール	フラクチカル，ツリーチス，オン，ライム，ハイトラウリツキ，セメンツ，エント，モルタルス	1	1	1879
マチアス，エンフオハネイ	カテチスム オフ，セ，ロコモチーブ	1	1	1875
レウヰス，エム，ハウプト	エ マニュアル，オフ，インジニーング，スペシフヰケーシヲンス，エント，コンタラクツ	1	1	
アルシー，ハウトラヰート	ゼ，アメリカン，ハウス カーペンター	1	1	1880
ジオージ，コール	コンラニクトルス，ブツク，オフ，ウオルキングス，オア，ツールス エント，マシネリー	1	1	

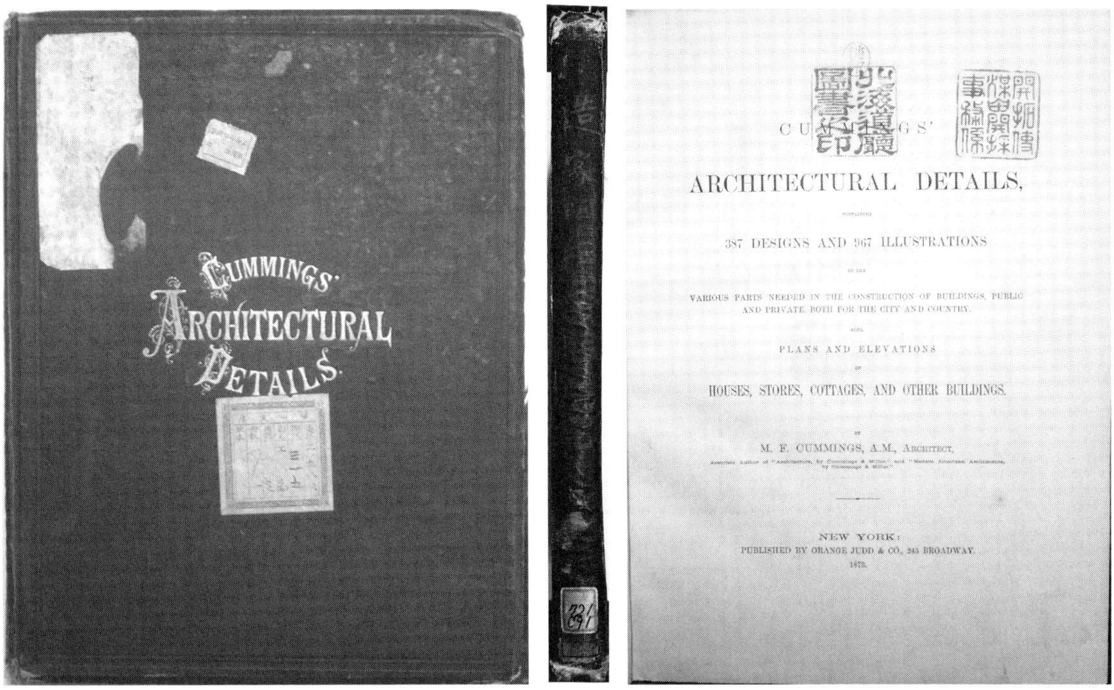

図 1-14　Cummings, *Architectural details*. の表紙と背表紙と扉

language' 中に確認できる。つまり，I-III 群は札幌農学校開校以前に購入されたものと判断してよいだろう[43]。

II 群には，Virtue 社の Weale's rudimentary series. や，1872（明治 5）年にニューヨークで購入されたケプロン申し立て購入要求書（ちなみに Edgeworth の著書は書籍番号 331）を含んでいる。蔵書印に［開拓使図書記］以外は確認できなく，開拓使仮学校蔵書として購入した可能性が高い。教科書を目的としたであろう双書が多い。

III 群は全てに「物産」の蔵書印がある（ただし所在不明書籍については不明）ので，当初は東京出張所物産課蔵書であったことがわかる。この中に大鳥圭介が外遊中にロンドンで購入した書籍を確認できる。先に示した大鳥の購入書籍のうちわずか 2 冊しか洋書目録に書名を確認できないことから，大鳥が 1873（明治 6）年正月にロンドンで購入，1874（明治 7）年に日本へ持ち帰った書籍は，当初，東京出張所物産課蔵書となり，翌年の同課の廃止にともない，開拓使札幌本庁物産課へ移動し，後にごく一部が札幌農学校へ移管されたと判断できる。ただし，490-542 号はイギリスの出版であるのに対し，545 号以降は米国の出版が目立つ。東京出張所物産課から移管された書籍は，全てが大鳥が購入したものではなく，大鳥の帰朝以後に同課が購入した書籍を含んでいるのであろう。1873 年の出版書があることからも，このことが裏づけられる。

ここで改めて I 群の内訳を見ると，*Catalogue of books*. 1888 の 'architecture' に分類されているものが，4 冊あることに気づく。上記の考察から，この I 群の書籍は 1871（明治 4）年以前に購入されたものになる。同年の「仮学校書籍購入に付伺」に記載された書籍は大半を書籍番号 100 号以前に確認できる。したがって，I 群に掲載した 100 号台前半の建築関連洋書こそ，アンチセルが 1871 年に進言した北海道術科大学校の建築家養成を目的に購入されたものと考えることができる。中でも Sloan, *City and suburban architecture*.（図 1-15），Bicknell, *Village builder*.（図 1-16），Woodward, *National architect*.（図 1-17）の 3 冊は大型のパターンブックで，様々な用途の建築の細密な平面図，立面図，断面図，詳細図が掲載され，透視図や仕様書を付加しているものもある。まさしくアンチセルのいう 'practical' な建築専門書といえる。

IV 群は，札幌農学校開校以降に購入されたものである。したがって建築書に分類はできるものの，園芸書や建築概説書が多くを占めており，農学教育の一環としての教科書的役割を果たしたものと判断できる。V 群は，先にも考察したように，開拓使廃使後に他の部局から札幌農学校へ移管された書籍である。しかしながら，購入ならびに移管経緯については不明な点が多い。移管元の部局における

43）
第 3 章で考察するが，600 号前半には，札幌農学校教頭 W・S・クラークが離札の際に，開拓使へ寄贈していった書籍が含まれている。

図 1-15　Sloan, *City and suburban architecture*. の表紙と扉と図版例

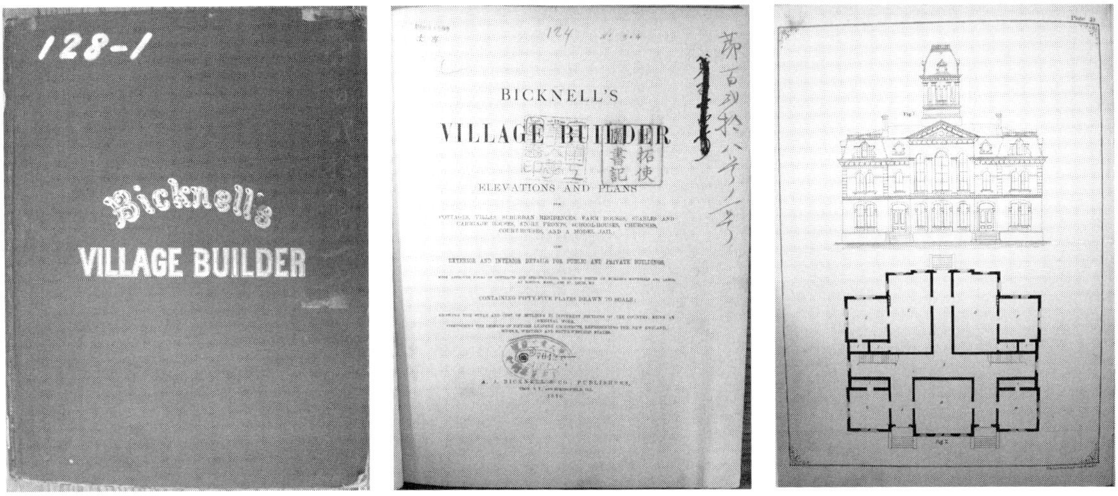

図 1-16　Bicknell, *Village builder*. の表紙と扉と図版例

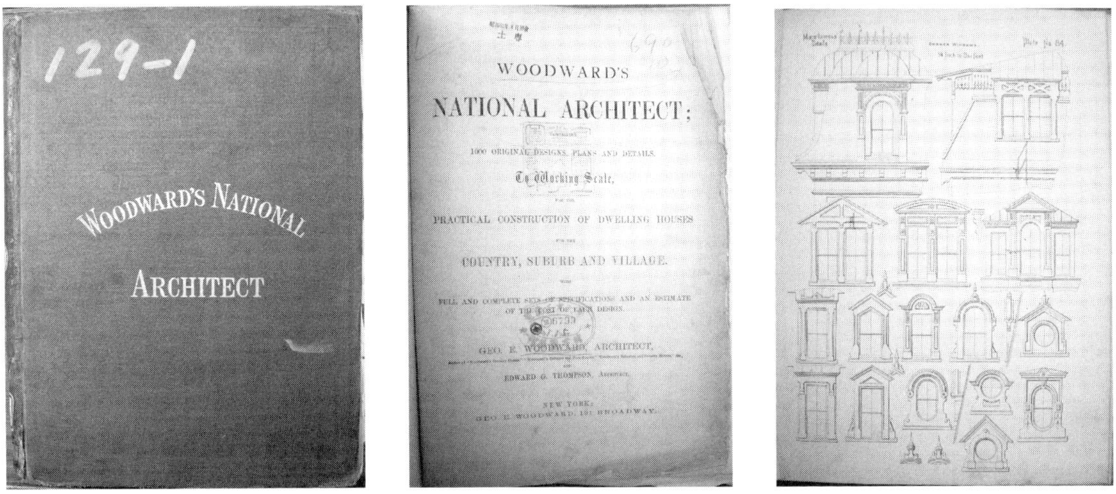

図 1-17　Woodward, *National architect*. の表紙と扉と図版例

洋書全般を網羅的に考察することにより，より詳細にその経緯を把握することができるであろう。

また，新たに発見した洋書目録を頼りに，建築関連洋書に限定してではあるが，工業局ならびに煤田開採事務係の蔵書の全容を明らかにし，現存書籍との同定を行なった。I群を含めた大判の米国出版のパターンブックと開拓使の営繕事業との関連については，次章で詳細に考察する。また，煤田開採事務係の旧蔵洋書は，開拓使廃使以後，札幌県ならびに北海道庁初期の営繕活動と深い関わりを持つと考えられ，今後の考究が望まれる。

第2章　開拓使営繕事業における舶載建築書の参照

第1節　はじめに

幕末から明治初期にかけての西洋建築の移植過程について，堀越三郎は三つの流れを指摘している。一つは，お雇い外国人建築技術者による「純西洋建築」，いま一つは，日本人大工棟梁によるいわゆる「擬洋風建築」と呼ばれるもの，そして，外国人建築家に教育を受けた日本人建築家による「日本式西洋建築」である[1]。

しかし，明治初期の中央官庁営繕組織による庁舎建築などは，二つ目にあげる「擬洋風建築」の範疇に含まれながらも趣を異にすることを，関野克をはじめとして様々な研究者が指摘している[2]。この組織として主だった建築活動をあげることができるのが，林忠恕（1835-93）の所属した大蔵省ならびに工部省営繕と，安達喜幸（1827-84）の所属した開拓使営繕である。村松貞次郎は，開拓使の営繕事業について「奇妙な和風意匠を強引に取りつけたり，和洋折衷を表面化したりする点がきわめてすくない。これは（中略）明治初期の官僚技術者の設計に共通したところである」[3]と，意匠面において，いわゆる「擬洋風建築」とは一線を画するとともに，両者の共通性を指摘する。越野武は，「開拓使の洋風建築は，大蔵省—工部省営繕局（寮）による明治初期の中央官衙の建設に対応」[4]と，両者の組織的対等性を指摘し，明治初期の開拓使の建築に「初期洋風建築」という言葉を与えている[5]。

また，遠藤明久は，『開拓使営繕事業の研究』中，建築関連洋書の存在を指摘した上で，「彼等（開拓使営繕技術者：引用者註）の洋風建築摂取経路として，建築関連洋書の比重はかなり大きいと見ることができるし，そこに，官庁技術者だけに許された技術摂取上の優位性があり，彼等の作品を，他の地方型洋風建築，いわゆる「奇妙な作品」と区別する技術的な基盤があったのではなかろうかと思うのである」[6]とまとめている。

第1章では，開拓使が建築関連洋書を大量かつ計画的に購入していたことを考察したが，国立公文書館の旧内閣文庫においても，明治初期に日本政府各省庁の購入による建築関連洋書を多数所蔵している[7]。遠藤の論考を敷衍すると，明治初期の官庁営繕による洋風建築は，舶載建築書を媒体として学習したものの結果であろうことが推察される。

そこで本章では，北海道大学附属図書館の貴重資料室内札幌農学校文庫ならびに同閉架書庫，室蘭工業大学附属図書館土木専門文庫，

1）
堀越三郎「洋風模倣建築六十年記」（『建築と社会』，1930年6月），pp.17-25。

2）
関野克「明治，大正，昭和の建築—日本建築の近代化—」（『世界美術全集25 日本IV』，1951年），pp.8-18など。なお「擬洋風」という言葉と，この言葉が孕む諸問題については，古くは近藤豊『明治初期の擬洋風建築の研究』（私家版，1961年，理工学社から1999年に出版）などがあり，近年では，清水重敦『擬洋風建築』（『日本の美術』No.466，至文堂，2003年）などで考察されている。

3）
村松貞次郎『日本近代建築史ノート』（世界書院，1965年），pp.76-77。

4）
越野武『北海道における明治初期洋風建築の研究』（北海道大学図書刊行会，1993年），p.134。

5）
越野前掲書，pp.8-11。越野は当初「米国風」という言葉を用いているが，前掲書中では「初期洋風建築の基本的性格を論じたもの」として，「初期洋風建築」の前段において使用した用語と位置づけている。

6）
遠藤明久『開拓使営繕事業の研究』（私家版，1961年），p.292。

7）
第4章第2節参照。

函館市立中央図書館所蔵の開拓使旧蔵建築関連洋書—特にパターンブック—を基礎史料として，パターンブック掲載図版と開拓使洋風建築の意匠を比較し，具体的な参照の事例を示しながら，開拓使営繕技術者がパターンブックを媒体として「西洋建築」を習得し,「初期洋風建築」を完成させた過程を考察することにしたい。なお，意匠と並んで開拓使期の建築に特徴的な「バルーンフレーム」構法の導入など，技術面での参照については，第3章で考察する。

第2節　開拓使旧蔵舶載建築書の概要

開拓使旧蔵の舶載建築書の中には，19世紀後半当時の米国において流行していた住宅建築書やパターンブックを多く見ることができる[8]。開拓使の建築様式の一つに同時代の米国で流行していたピクチュアレスク，あるいはカーペンター・ゴシックを見ることができるのは，これら書籍の存在が関連することは疑いない。

序でふれたパターンブックの研究書では，米国におけるカーペンター・ゴシックによる郊外住宅居住流行の要因の一つとして，ダウニング Downing, A. J. の住宅実用書をあげている。特に，*The theory and practice of landscape gardening*. 1841, *Cottage residences*. 1842, *The architecture of country houses*. 1850 の3冊は「当時のアメリカ人の住まいと住宅地のデザインの原型を決定した」[9] とまで言われる。開拓使旧蔵書の中には，この3冊のうち前2者があり，さらに同じダウニングの著作 *Hints to persons about building in the country*. 1859 も所蔵している。中でも *The theory and practice of landscape gardening.* は3冊の存在が確認される。その他，ダウニングと親交の深かったヴォウ[10] Vaux, Calvert の *Villas and cottages*. 1874 や，住宅に関する多くの著書を残したラウドン Loudon, John C.[11]，ウッドワード Woodward, Geo. E.[12] の著書も数点所蔵する。また，大判のパターンブックとして有名なビックネル Bicknell, A. J., カミングス Cummings, M. F., スローン Sloan, Samuel の著書も含んでいる。これら書籍は図版を豊富に掲載しており，たとえ英語が読めなくとも，図版を参照するだけで建築が可能であるほどの情報量を持つ。事実，図版を多く掲載している書籍ほど痛みが激しく，表紙やページが欠損しているもの，表紙を製本し直したものもある。各ページも頻繁に捲ったであろう手垢の痕跡，墨書の汚れ，鉛筆による書き込みを見ることができる。トレースした線刻の痕跡や，立面図を鉛筆デッサン風に模写した美濃紙が挟まっているものもある。貪欲なまでに洋風建築を学習したであろう様子をうかがうことができる。

レオナルド・ベネヴォロ Benevolo, Leonardo は『近代建築の歴史（上）』の中で, 19世紀後半の米国において人気があった本としてM・

8）
第1章第4節の表1-2および第5節の表1-4を参照。
9）
奥出直人『住まい学体系 012 アメリカンホームの文化史 生活・私有・消費のメカニズム』（住まいの図書館出版局, 1992年），p.43。なお，この3冊は版を重ねており，ここに示す西暦は初版本の出版年になる。
10）
市原出『住まい学体系 082 リビングポーチ アメリカ郊外住宅の夢』（住まいの図書館出版局，1997年）などでは，綴りの通り「ヴォークス」と表記している。しかし，第1章で示したように開拓使における表記は「ボウ」である。
11）
Loudon, John Claudius. (1783-1843)
12）
Woodward, George Evertson. (1829-1905)

ラフェーヴァの『近代建築の美』をあげている[13]。Lafever, Minard, *The beauties of modern architecture.* 1855もまた，開拓使旧蔵書であり，精細なオーダーや柱頭装飾の図版を多数掲載している。

第3節　開拓使建築の洋風要素

3-1　日本人研究者による考察

第1節でも述べたように，建築史研究者の間では，開拓使の建築には同時代的ないわゆる「擬洋風建築」の範疇に含むことのできないものが多いことが指摘されてきた。

村松貞次郎は，『明治の洋風建築』の巻末で「明治洋風建築系統図」を掲げ，開拓使の建築を「擬洋風建築」の流れとは異なる，長崎・神戸などの居留地の建築と併置している[14]。また，清水重敦は「ケプロンを代表とするアメリカ人顧問団が加わり，その指導の元に古典主義をまとった木造下見板コロニアルが導入された」と述べ，「様式的には徹底したアメリカ化が図られ」たと結論づける[15]。皆一様に，明快な根拠を示すことなく，開拓使による建築のアメリカ的傾向を，アメリカ人お雇い技術者の指導によるものとまとめている。

また，藤森照信は，開拓使の建築様式にコロニアル，ジョージアン，ネオクラシカル，ゴシックリヴァイヴァル，ヴィクトリアン，カーペンターズゴシックを見出すとともに，「指導に当たったアメリカ人技術者の中にちゃんとした建築家が一人もおらず，土木技師の建築的素養やアメリカから運ばれた多くの建築参考書の図版に頼ってデザインが進められた結果と思われる」と，開拓使の日本人建築技術者が舶載建築書を参照した可能性を指摘する[16]。遠藤や越野も，同様の視点で，米国から輸入した建築書をコピーした，すなわち，パターンブック掲載の図版を模写した可能性を指摘[17]するが，実例を明示したことはない。

3-2　アメリカ人研究者による考察

開拓使による建築が端正な「西洋的」要素を持っていることは，日本人研究者に限らず，アメリカ人研究者もまた指摘している。デビッド・スチュワート Stewart, David B. は，*The making of a modern Japanese architecture.* の中で，開拓使本庁舎（1873年建築，図2-1）を指して “the most sophisticated”（最も洗練された）と表現[18]し，ダラス・フィン Finn, Dallas もまた，*Meiji revisited.* において，同時代の米国の連邦議会議事堂，市庁舎あるいは裁判所にインスピレーションを得たものと評価し，ネバダ州議会議事堂（図2-2）に驚くほど類似すると記述する。さらに，開拓使工業局庁舎（1877年建築）の意匠について “almost as American as apple pie”（ほとんどアメリカ

13）
レオナルド・ベネヴォロ（武藤章訳）『近代建築の歴史（上）』（鹿島出版会，1978年），p.237。
14）
村松貞次郎編『近代の美術20 明治の洋風建築』（至文堂，1974年），pp.104-105。
15）
清水前掲書，p.38。
16）
藤森照信『日本の近代建築（上）─幕末・明治─』（岩波新書，1993年），pp.36-43。
17）
遠藤前掲書ならびに越野前掲書。
18）
Stewart, David B., *The making of a modern Japanese architecture. 1868 to the present.* Tokyo & New York, Kodansha International, 1987, p.31.

そのものといってもいいほど）ともいい表している[19]。

特に，フィンは前掲書の中で，開拓使による各々の特徴的な建築に対して，札幌農学校文庫蔵書中の図版と比較しながら，そのデザインモチーフを考察している。以下，筆者が確認できた具体的なパターンブック参照の事例を示しつつ，フィンが指摘する類似図版例との比較を含め考察していくことにしたい。

第４節　開拓使洋風建築の意匠とパターンブック

4-1　開拓使洋風建築とパターンブック掲載図版との照合

設計図面あるいは写真を入手できる開拓使の主要建築23件を抽出し，そこで用いている意匠と，パターンブック掲載の図版との照合を行なった（表2-1)。開拓使洋風建築に一致または酷似する図版はCummings & Miller, *Architecture*. 1868とWoodward, *National architect*. 1869の2冊を中心に確認できた。これに加え，第1章で開拓使工業局が所有していた可能性を指摘したBicknell, *Detail, cottage and constructive architecture*. 1873[20]にも，開拓使の洋風建築の細部意匠と一致する図版をいくつか発見した。これら3冊は，大型のパターンブックで，建築基本図面の他に，詳細図も多数掲載しているものである。中には仕様specificationを記載している事例もある。このことは，開拓使営繕技術者がパターンブック掲載の図版を模写した，あるいはモチーフに建築を構成したことを示す証といえる。

類似例としては，全体構成をSloan, *City and suburban architecture*. 1867やBicknell, *Village builder*. 1870に，住宅の外観および平面をWoodward, *Cottage and farm house*. 1867, Hussey, *National cottage*

19）
Finn, Dallas, *Meiji revisited. The sites of Victorian Japan*. New York & Tokyo, Weatherhill, 1995, p.53.

20）
当該図書は，開拓使旧蔵のものの現存を確認できないため，九州大学附属図書館芸術工学分館「19世紀アメリカ建築研究文献コレクション」中の図書を参照した。

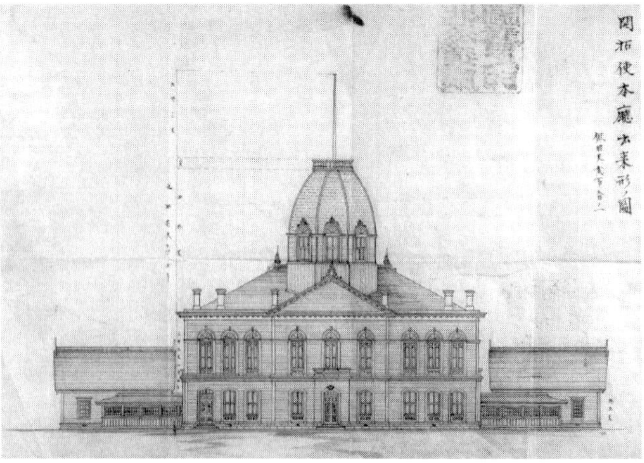

図2-1　「開拓使本庁出来形ノ図」

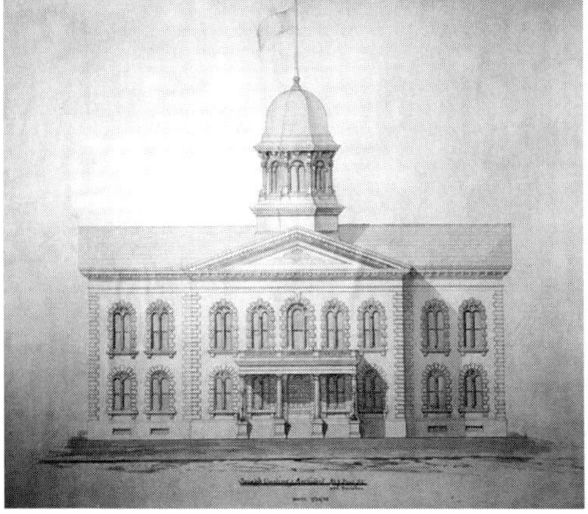

図2-2　Front Elevation of the Capitol Building.
Nevada State Capitol in Carson City, Nevada

表 2-1　開拓使洋風建築と建築関連洋書掲載図版との照合

竣工年	建築名称	全体		詳細					
		Elev.	Plan	Door	Window	Gable	Bracket	Finial	Stair
明治 6 年（1873 年）	開拓使本庁舎	○	○	○	◎		○	○	◎
	開拓使本庁舎附属舎					◎			
	開拓使本庁分局庁舎	◎		◎	◎	◎	◎	◎	◎
	勅奏邸	○	○	○	○	◎	○		
	大主典邸，小主典邸	○	○		○	○		◎	
	史生邸		○	○	○	○			
	洋造弐邸		○	○	○			◎	
	西洋町長屋				○				
	札幌病院			◎	○				
明治 8 年（1875 年）	札幌農学校寄宿舎				○				
	札幌女学校講堂並教師館	○			○	◎	◎	○	◎
明治 10 年（1877 年）	開拓使工業局庁舎	●	○		○	◎	◎	○	
	札幌農学校模範家畜房	○							
明治 11 年（1878 年）	札幌農学校演武場	○	○		○	◎	◎		
	爾志通洋造家			○				○	
	真駒内牧牛場家畜房	○	○						
明治 12 年	札幌農学校家畜房増築	○	○						
明治 13 年（1880 年）	水木清華亭			○	○	◎			
	豊平館	●		○	○	◎	○	○	
明治 13 年頃	永山武四郎邸			◎	○	◎			
明治 15 年	札幌博物場				○	○	○	○	
明治 22 年	札幌農学校北講堂				○	◎			

◎：形状が一致または酷似するもの　○：類似するもの　●：Finn, *Meiji revisited.* で類似を指摘しているもの　空欄は，パターンブックに類似例が確認できなかったもの，あるいは，該当部位がないもの，史料的限界により詳細を確認できないもの

architecture. 1874, Downing, *Cottage residences.* 1873, Thomas, *Rural affairs. Vol. 1-7.* 1873-77, Wheeler, *Homes for the people.* 1867, Todd, *Country homes.* 1870 に，開口部の建具を Bicknell, *Village builder.* に，破風・持ち送り・棟飾りなどの細部意匠の類似例の図版を Hussey, *National cottage architecture.* と Vaux, *Villas and cottages.* 1874 に確認できた。また，Thomas, *Rural affairs.* と Waring, *The handy-book of husbandry.* 1870 は，畜舎建築を多数掲載している。

4-2　開拓使本庁分局庁舎（1873 年）

開拓使本庁分局庁舎については，これまで，北海道大学附属図書館北方資料室所蔵の正面やや左斜めから撮った写真（図 2-3）と「正面之図」と表題のついた立面図（図 2-4）が知られていた。また今回，国立公文書館において背面から撮影した写真（図 2-5）を発見した。桐敷真次郎は，破風飾り，張出窓，ベランダに着目し，アメリカ系ピクチュアレスク木造住宅の影響を指摘[21]し，越野もまた「同時代のアメリカで盛行したピクチュアレスクな木造建築のスタイル—Carpenter Gothic—を忠実に写したものにほかならない」[22]と，アメリカ的な意匠でまとめていることを指摘している。

筆者は，上記の立面図に一致する図版を，Woodward, *National*

21）
桐敷真次郎『明治の建築　建築百年のあゆみ』（日本経済新聞社，1966 年，本の友社から 2001 年に復刻），p.77。
22）
越野前掲書，p.162。

architect. 中に発見した。同書の Design No.15 には ‘Front Elevation’(図 2-6a)，‘Side Elevation’（図 2-6b)，‘Ground Plan’（図 2-6c)，‘Chamber Plan’（図 2-6d)，‘Details’（図 2-6e)，‘Details of Staircase’（図 2-6f) の 6 枚の図版が掲載されている。建築基本図面としては，一軒の家を建て得るに足る図面内容である[23)]。

開拓使による立面図（図 2-4）と，洋書の ‘Front Elevation’（図 2-6a）を詳細に比較すると，開拓使版には陰影と背景の森の描き込みがなく，図面左に描かれた矩計図に寸法記入がない程度で，細部の描き込みまで全く同じである。何より，両者のスケールを合わせて重ねると一致する。このことは，開拓使の営繕技術者が，この洋書の図版を，縮尺こそ違うものの模写したことを証明する。

しかし，実際の建築の際には若干の設計変更がなされたようである。外壁が平滑な仕上げから下見板張に，玄関ポーチおよび側面バルコニー手摺に見られる輪繋ぎ装飾 guilloche を，轆轤引きの手摺子 balustrade に変更し，窓建具には桟を追加する。屋根大棟付近に 2 本立つ煙突は，建築用石材の未調達[24)]から鉄板と思われるものに

23）
国立公文書館（旧内閣文庫）には同年刊行の同書の別版が所蔵されている。この図書には開拓使旧蔵書には見られない，この建築の仕様書 Carpenters' specification を掲載している。

24）
札幌で建築用石材が発見され，採掘が始まるのは 1875 年以降のことである。

図 2-3　開拓使本庁分局（1873 年）

図 2-4　「正面之図」開拓使本庁分局正面図

図 2-5　「札幌分局写真背面」（1873 年）

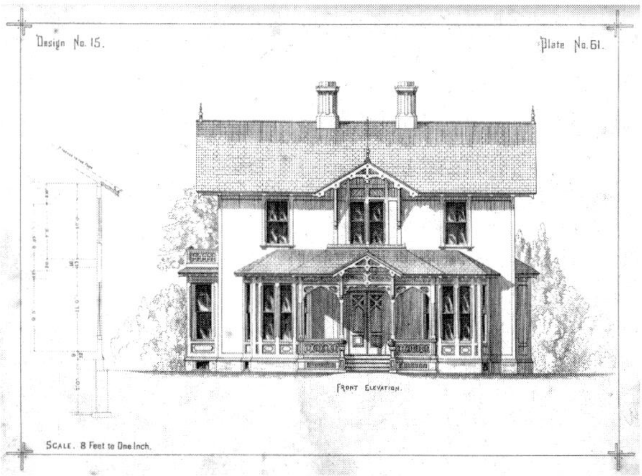

図 2-6a　Design No.15. ‘Front Elevation’

変更している。背面の写真からは，風向きに従って回転する機構が付加されたもののように見える。しかしながら，全体には原設計のイメージを損ねない完成像となっている。写真から窺える側面を，'Side Elevation'（図 2-6b）と比較すると，破風まわりの濃やかな意匠だけでなく，背後に延びるヴェランダの存在も確認できる。また，背面の立面図がパターンブックに掲載されていないにもかかわらず，背面を含め，全体のプロポーションを，破綻を来さないデザインでまとめている様子を見てとれる。

図 2-6b　Design No.15. 'Side Elevation'

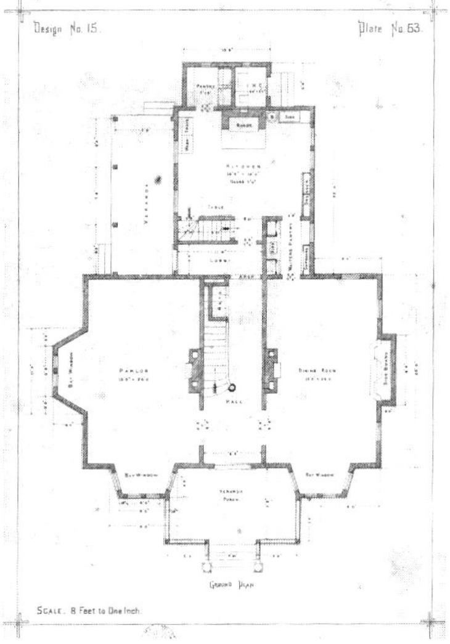

図 2-6c　Design No.15. 'Ground Plan'

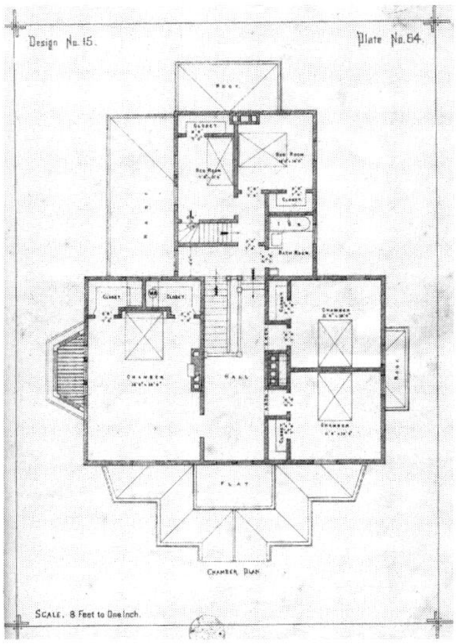

図 2-6d　Design No.15. 'Chamber Plan'

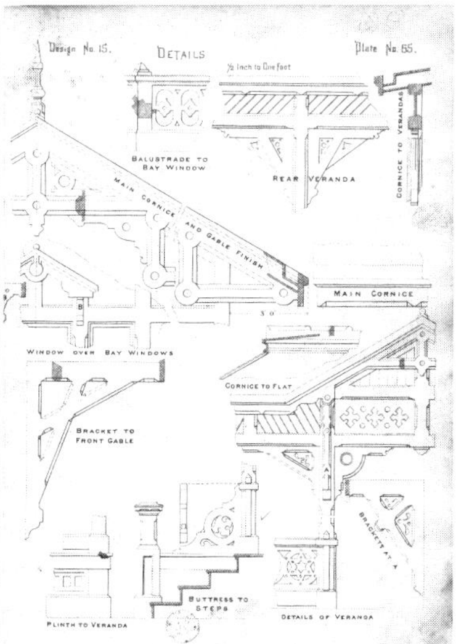

図 2-6e　Design No.15. 'Details'

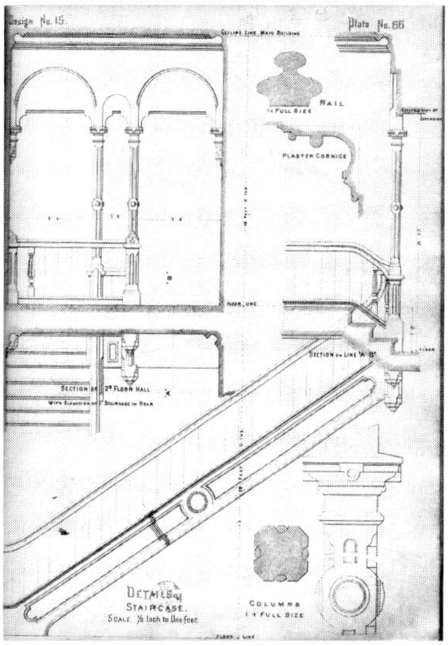

図 2-6f　Design No.15. 'Details of Staircase'

平面に関しては，2 葉の写真に加え，「本庁御構内見取縮図」[25]（図 2-7）の右上（北西）角に確認できる概形からも，‘Ground Plan’ とほぼ同形であることがわかる。

『開拓使事業報告第二編』の「家屋表」[26] によれば，建坪は 59 坪とあり，‘Ground Plan’ から算定できる建築面積よりも若干大きい。間取りあるいは内部意匠まで，Design No.15 を模倣したかどうかは，史料の不足により残念ながら特定できない。

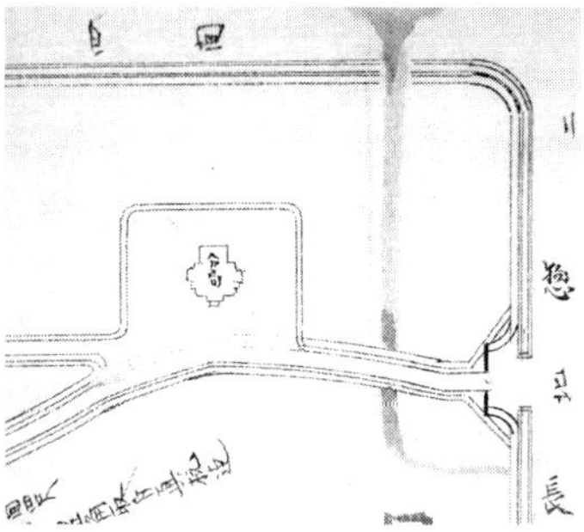

図 2-7　「本庁御構内見取縮図」部分

4-3　札幌女学校講堂並教師館（1875 年）

札幌女学校は 1872 年建築の純和風であった脇本陣を洋風に改造（図 2-8）し，さらに木造 2 階建ての講堂並教師館（図 2-9）を増築して，1875 年に開校した [27]。

本庁分局庁舎の 2 年後の建築であるが，破風飾り，持ち送りをは

図 2-8 開校式当日の札幌女学校教生徒達

図 2-9 開拓使札幌女学校講堂並教師館

25）
『明治六年 開拓使公文録 建築之部』簿書 5757，北海道立文書館所蔵。

26）
大蔵省編『開拓使事業報告第二編 勸農・土木』（大蔵省，1885 年），pp.669-767。

27）
札幌女学校は開校のわずか 8 カ月後に廃止となる。その経緯は『北大百年史 通説』（1982 年），pp.26-27 に詳しい。

じめとする細部意匠，全体構成が本庁分局庁舎，すなわちパターンブックのデザイン（図 2-6e）を踏襲している（図 2-10, -11）。さらに階段（図 2-12）は, Cummings & Miller, *Architecture*. 掲載の図版（図 2-13, ‘Fig 1.’）にほぼ一致する。ちなみにこの札幌女学校関連の図全て「あだち」の捺印を確認できる。開拓使営繕技術者の安達喜幸（1827-1884）が描いたと考えるのが妥当である。本庁分局における模倣から，パターンブック掲載図版を「模写」ではありながらも，建築の一構成要素として捉え，全体に嵌め込んでいく過程を見て取れる。

4-4　開拓使工業局庁舎（1877 年）

開拓使工業局庁舎（図 2-14）に対し，フィンは，ペンキ塗りの下見板張，シングル葺きの寄棟屋根，フード付きの上げ下げ窓，そし

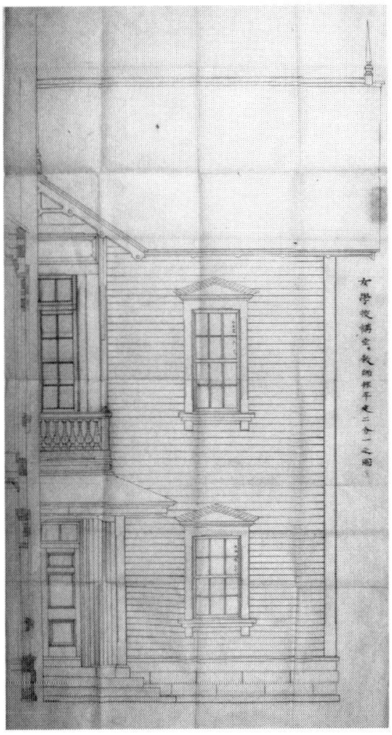

図 2-10　「女学校講堂並教師館」正面図

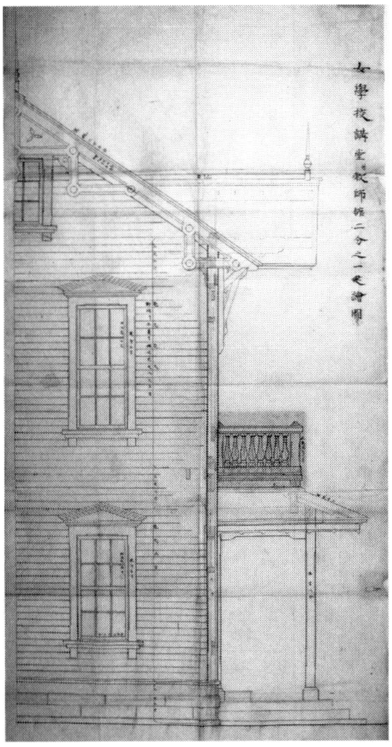

図 2-11　「女学校講堂並教師館」側面図

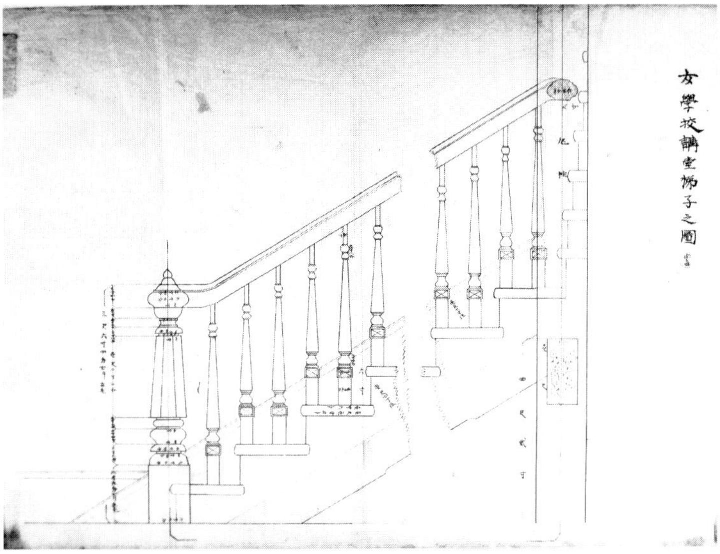

図 2-12　「女学校講堂梯子之図」

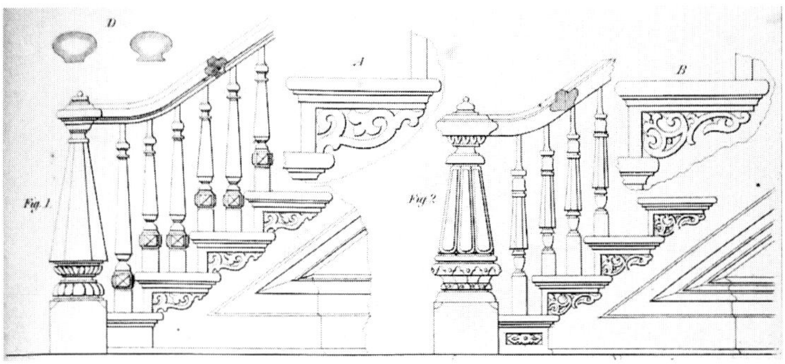

図 2-13　Plate 44. ‘Fig.1,’‘Fig.2.’

て軒下の持ち送りを例にあげ，その全体構成とデザインは19世紀中葉のアメリカ建築の強い影響が見られると指摘し，さらにこう続ける[28]。

> The familiar porch, for example, seen on many Kaitakushi buildings, including the Industrial Office, which Adachi helped build and used as his headquarters, appeared in Woodward's sketches for "a farm cottage."

開拓使工業局（を含む開拓使の建築）の玄関ポーチ（図2-15）は一般的で，ウッドワードWoodwardのスケッチ（図2-16）に見られるという。しかし，棟飾りに関しては "the finial on the porch roof and those at either end of the ridgepole were not quite American."（ポーチ屋根上の棟飾り，および棟木両端にある棟飾りは極めてアメリカ的ではない）とも指摘する。

Cummings & Miller前掲書掲載図の中には，開拓使工業局庁舎の玄関ポーチ破風板（図2-17），軒下持ち送り（図2-18, -19）とほぼ一致する図版がある。棟飾りに関してはフィンの指摘とは異なり，類似する図版（図2-20）があった。さらに，玄関ポーチの支柱の持ち送りは，札幌農学校演武場を含め，開拓使の建築において頻繁に用いられる意匠で，Bicknell, *Detail, cottage and constructive architecture.*にその原型(図2-21)を見ることができる。パターンブックからの「模写」に限らず，若干のアレンジを加えつつ，全体構成から細部意匠に至るまで，極めてアメリカ的な建築を構成することに成功した事例である。

28）
Finn, op. cit., p.57.

図2-15　開拓使工業局庁舎部分

図2-16　'A farm cottage'

図2-14　開拓使工業局庁舎

4-5　豊平館（1880 年）

豊平館（図 2-22）について，藤森は，半円形の車寄せを 19 世紀中葉のグリークリヴァイヴァルの影響とし，軒下の持ち送りをカーペンターズゴシック風と考察する[29]。フィンもまた車寄せに着目し，以下のように述べている[30]。

> There is striking similarity between Adachi's hotel and designs by two American architects Calvert Vaux's "Wooden Villa with Tower" and Samuel Sloan's "Villa in Italian Style"

安達のホテル（豊平館:筆者註）と，2 人のアメリカ人建築家ヴォウ Vaux とスローン Sloan のデザインには顕著な類似が見られると

29）
藤森前掲書，p.41。
30）
Finn, op. cit., p.60.

図 2-17　Plate 30.

図 2-18　開拓使工業局庁舎持ち送り

図 2-19　Plate 37, 'Fig.1'

図 2-20　Plate 29, 'Design C'

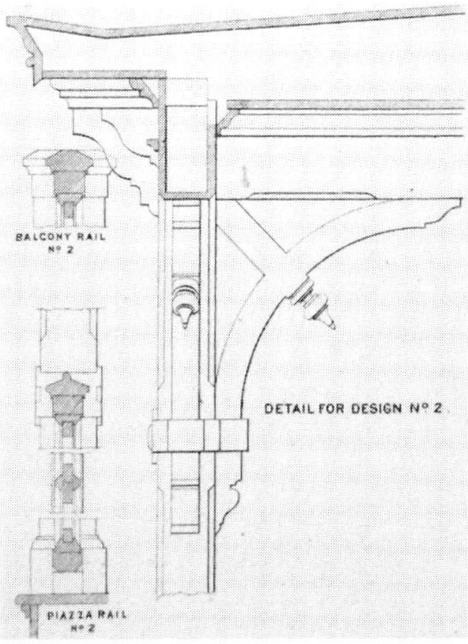

図 2-21　Plate 25, 'Designs for piazzas.'

いう。その具体例として，札幌農学校文庫蔵書である Vaux, *Villas and cottages*. 1874 と Sloan, *Architectural review and American Builder's guide*. 1869 の 2 冊に掲載の図版を指摘するが，これは間違いで，後者は札幌農学校文庫には含まれていない。

“Wooden Villa with Tower”（図 2-23）は，木造 2 階建て下見板張りで，正面中央には半円形の車寄せを構え，櫛形アーチ Segmental arch の破風を見せる。基本構成は豊平館のそれに類似する。大胆ともいえるこの構成を，舶載建築書からの影響と決めつけるには若干のためらいを感じるが，筆者は，豊平館における具体的な「模倣」の事例をここで指摘したい。

同時代の明治建築において，豊平館車寄せの柱頭装飾（図 2-24）ほど，そのプロポーションの端正さを見るものは他にない。この柱頭と非常によく似た図版（図 2-25）を，Lafever, *The beauties of modern architecture*. に見ることができる。フルーティングの本数，玉縁 astragal の形状と，その上にある舌状花弁，さらにアカンサス

図 2-22　豊平館

図 2-24　豊平館車寄せ柱頭

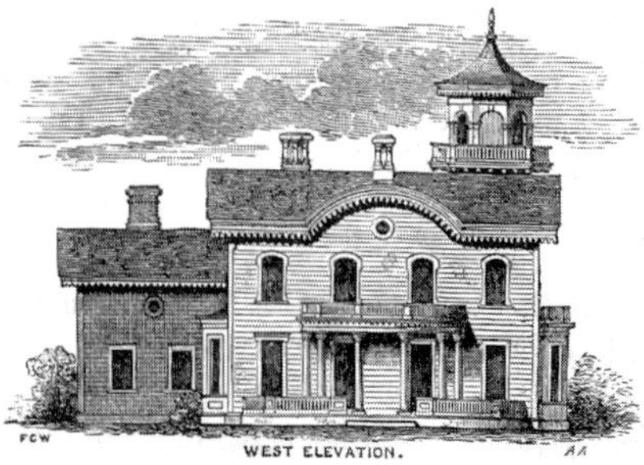

図 2-23　“Wooden Villa with Tower,”
'West Elevation'

図 2-25　'Design for a Capital'

の葉と花飾 fleuron の取り付き方まで酷似する。当該書の図版ではその上に棕櫚型の装飾を施すが，豊平館ではアカンサスの葉を互い違いに重ねる。これまで見てきた「模倣」からさらに進んで，パターンブックの図版を理解し，習得した上で，プロポーションに破綻を来すことなく各部位を構成したといえる。

また，豊平館工事の特異な仕様の一つに，大理石模様の漆喰塗りがある。暖炉の仕上げに用いているもので，木村勉は「大理石のかわりに，伝統技術である漆喰塗りを応用して大理石らしく見せる方法が考案された。これを擬洋風化の典型として扱うことはたやすい（傍点：引用者）」[31] と述べる。しかし，開拓使旧蔵書である Whittock, Nathaniel, *The decorative painters' and glaziers' guide*. 1841 には，木材に塗装する擬似大理石仕上げ imitating mables の手法を解説している。この書籍を参考に，大理石模様の漆喰塗りが考案された可能性も，あながち否定できないであろう。

4-6　その他のパターンブックの模倣事例

開拓使本庁舎（1873 年）においても，パターンブックからの模倣を確認できる。一つは 1 階の一般窓（図 2-26, -27）であり，腰下パネル装飾が異なる程度で，額縁形状，窓桟ともにほぼ一致する。いま一つは階段（図 2-28）で，図 2-13 に示した 'Fig 2.' を模写したと考えて間違いないであろう。開拓使本庁舎の背後には，2 棟の附属舎（図 2-29）が建っていた[32]。その妻面の破風板は，図 2-17 の下図 'Fig 5.' と同一のものである。また，同じ図 2-17 の上図 'Fig 2.' とほぼ同じ破風飾りを，勅奏邸（1873 年）の玄関屋根（図 2-30）

31）
木村勉『建築修復学双書 近代建築解体新書 修復の計画と技術』（中央公論美術出版，1994 年），pp.183-187。

32）
南側の附属舎は湯呑所並小使溜。北側の附属舎は厳密には鞘堂で，内部には煉瓦造の御金蔵と御書籍蔵が入っていた。

図 2-26　開拓使本庁舎1 階一般窓

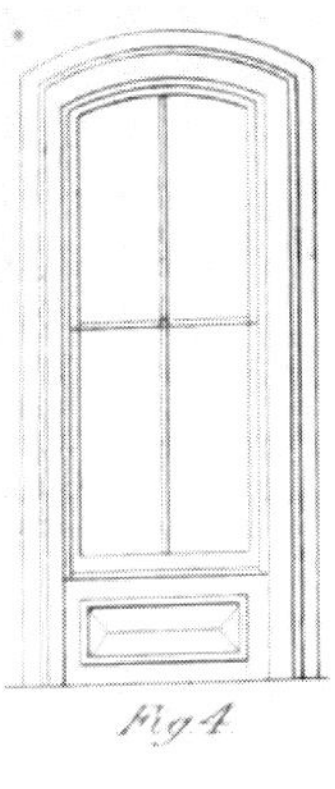

図 2-27　Plate13., 'Fig.4'

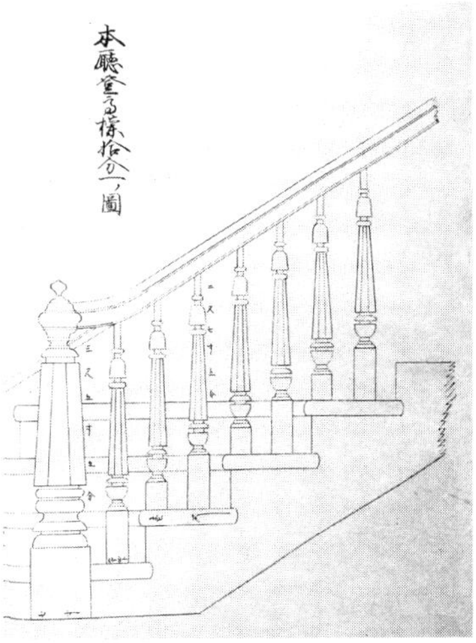

図 2-28 「本庁登高欄」

に見ることができる。

時代は下り，開拓使廃使以後に建築された札幌農学校北講堂（1889年）においても，玄関破風（図 2-31）のデザインとして，パターンブック掲載のピクチュアレスク風のレース模様の破風（図 2-32）を使用していた。このレース破風や持ち送り，棟飾りについては，Bicknell 前掲書にも様々なバリエーションの図案（図 2-33）を見ることができる。また Bicknell の同書には，札幌農学校演武場，豊平館，清華亭，永山武四郎邸など，開拓使の建築に頻繁に用いられる破風頂部の矛状の装飾と三角形装飾――一般にその中には開拓使の紋章である五稜星を彫り抜く―の原型と考えられるものを掲載している（図 2-34, -35）。

永山武四郎邸（1880 年頃）の和室と洋室を繋ぐ箇所に建て込まれた引き分け戸の額縁装飾（図 2-36）と同じ形状の額縁デザイン（図 2-37）もパターンブックに確認できた。

図 2-33　Plate 35,‘Designs for scrolls and brackets.’

図 2-29　開拓使本庁附属舎

図 2-30　勅奏邸玄関部分

図 2-31　札幌農学校北講堂部分

図 2-32　Plate 29, ‘H’

最後に，どの建築のものかは不明であるが，北海道大学附属図書館北方資料室所蔵の開拓使関連文書に含まれていた，持ち送りとポーチ手摺の図面 3 葉（図 2-38a, b, c, d）について見ていきたい。図面左には 2 種類の持ち送りデザインが描かれている。パターンブックによく見られる持ち送りの曲線を，図 2-38b ではエスキスし，新たな曲線を模索している。このようなエスキスの様子は，この図面に限らず，棟飾りの線などでも少なからず見ることができる。

ポーチ手摺のデザインは三者三様であるが，いずれも雲形鋸 scroll saw を用いてつくるカーペンター・ゴシックに特徴的なデザイン[33]を見せる。しかしながら，最終的には図 2-38c のように，多くの建物で用いてきた轆轤引きの手摺子に落ち着いたようである。同様の図版は Bicknell 前掲書にも見ることができる（図 2-39）。

なお，農場の畜舎建築において，農業書掲載図版にほぼ一致するものや，明らかに参照にしたであろう事例を確認している。これら

33）
Walker, Lester, *American shelter*. rev. ed., New York, The Overlook Press, 1997. p. 130.

図 2-34　水木清華亭破風飾り

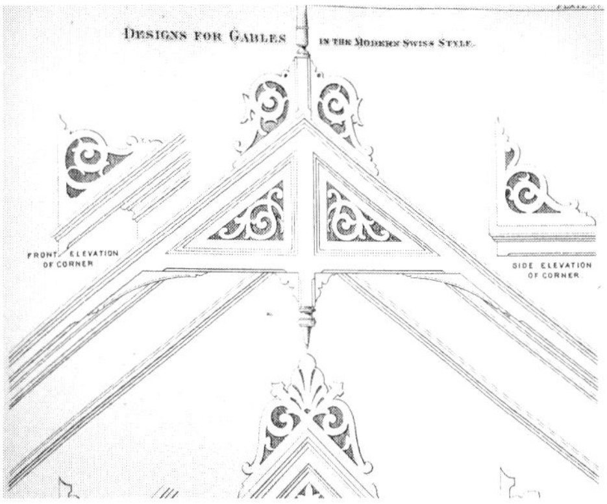

図 2-35　Plate 37,‘Designs for gables.’

図 2-36　永山武四郎邸額縁

図 2-37　Plate 45, ‘D’

の詳細については，バルーンフレーム構法など技術的側面からの考察と併せて，次章で詳述する。

第５節　民間の市街地建築に見るパターンブックの影響

5-1　水原寅蔵店舗（1877 年）

水原寅蔵店舗 34) は，1876 年 9 月の開拓使の家屋改良の告諭を受けて建設された，札幌における民間洋風建築の嚆矢として知られ，1877 年 10 月には，開拓使により賞状が授与されている。

先に，遠藤明久は「水原寅蔵の洋風住宅（明治 10 年）」35) において，水原家所蔵の写真（図 2-40）と北海道立文書館所蔵の開拓使関連簿

34）
この建物の呼称については，遠藤は「洋風住宅」を用いているが，水原家の呼称は「本宅」であるという。また，越野は前掲書の中で「店舗」と称している。図 2-42d に示す配置図より店舗棟であることが判明したため本論では「店舗」の呼称を採用することとした。

35）
遠藤明久「水原寅蔵の洋風住宅（明治 10 年）」（『日本建築学会北海道支部研究報告集』No.43，1975 年 3 月），pp.247-250。

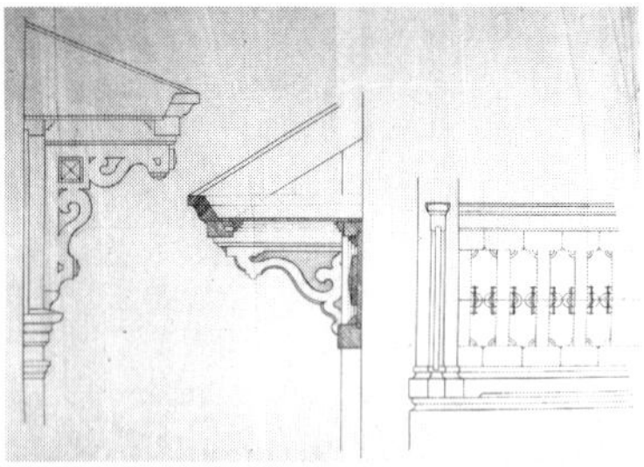

図 2-38a　持ち送りとポーチ手摺

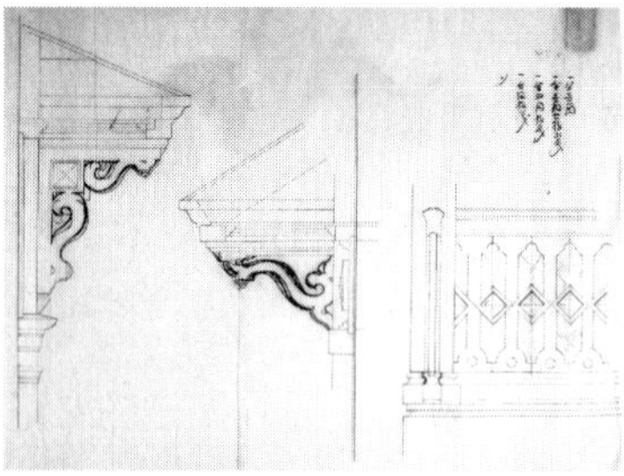

図 2-38b　持ち送りとポーチ手摺

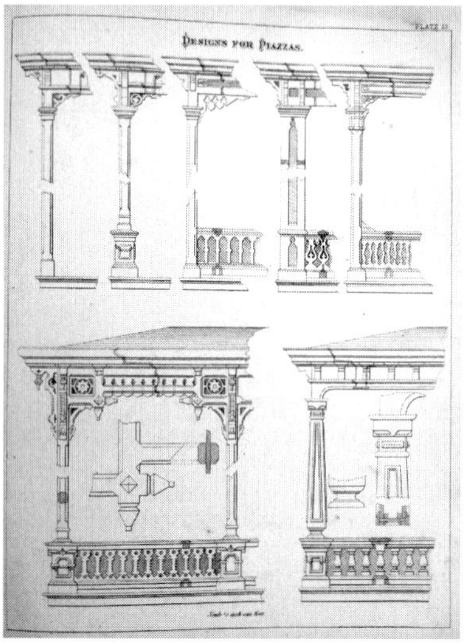

図 2-39　Plate 23,‘Designs for piazzas.’

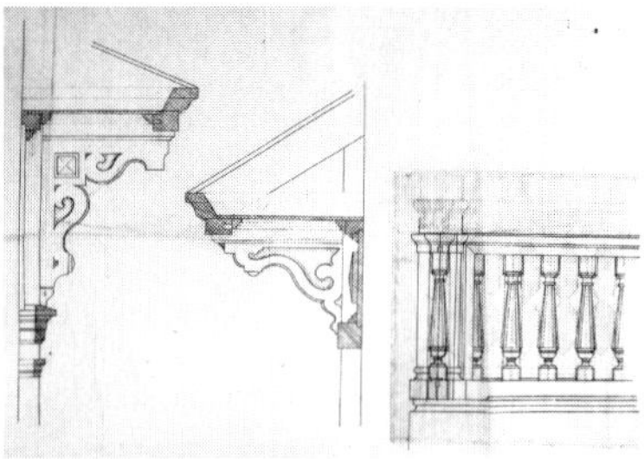

図 2-38c　持ち送りとポーチ手摺

図 2-38d　図 2-38c の裏面

図 2-40　水原寅蔵店舗

図 2-41　高崎龍太郎編『札幌繁栄図録』（1887 年）掲載の水原寅蔵店舗

書から，この建築の実像の究明を試みている。越野武も前掲書の中で，銅版画に描かれた絵図（図 2-41）から細部意匠を読み取っているが，遠藤の考察の域を超えていない。

遠藤は前掲報告中，この建築に対する評価を記した簿書の全文を引用している。そこには「西洋形ニ模擬新築候ニ付一覧候処大約別紙絵図面ノ通ニ有之」の記述が見られるが，遠藤は図面の存在について一切ふれていない。しかし，筆者は当該建築の図面一式（図 2-42a, b, c, d，図 2-43）を，北海道立文書館所蔵の開拓使簿書中および北海道大学附属図書館北方資料室所蔵資料中に発見した。民間による建築であるため，前節まで考察してきた開拓使の営繕事業とは別に節を立てることにしたが，その細部意匠には，明らかに開拓使札幌本庁における営繕事業や同使旧蔵船載建築書との関連が認められる。

図 2-42a　水原寅蔵店舗正面図

図 2-42b 「西洋形建家妻之図」

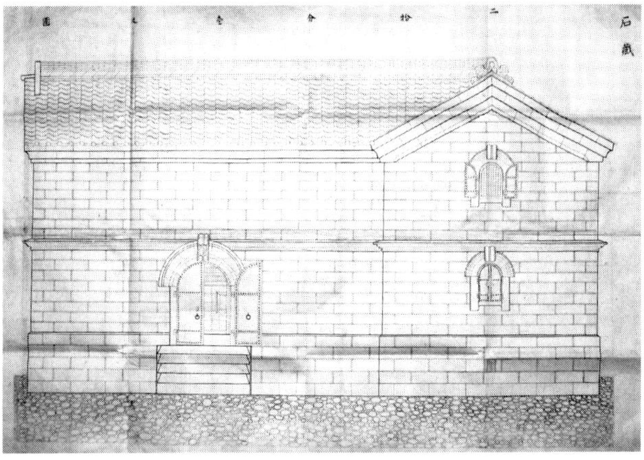

図 2-42c 「石蔵 二拾分壱之図」

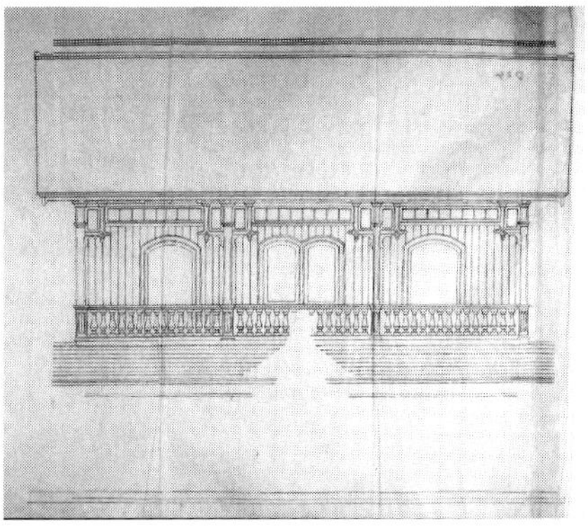

図 2-43　水原寅蔵店舗正面立面図描き損じ

5-2　遠藤明久による水原寅蔵店舗についての考察

遠藤は前掲の報告中で，図 2-40 に示した写真と，1877 年 8 月 4 日付けの「西洋形建家壹棟六拾三坪一合一勺五才並ニ石庫壹棟建坪拾五坪共入費調書」36)（以下，「入費調書」）に記載の内容を比較しながら，主棟の正面と左側面，石蔵の外観意匠，主棟の内部の様子について，特にガラスの使用に着目して考察を加えている。

遠藤による考察は要約すると以下のようになる。

主棟 1 階外部：正面中央の玄関は 1 間幅で，両開きのガラス扉を建て込み，左右は腰までパネルとし，ガラス窓建具を 4 枚ずつ入れる。ガラス窓には重ねが見えないため，嵌め殺しか一本引き，あるいは戸袋が見当たらないので折り畳み戸の可能性もある。

36）
『明治十年 長官伺書録 副 公文課』簿書 1951，北海道立文書館所蔵。

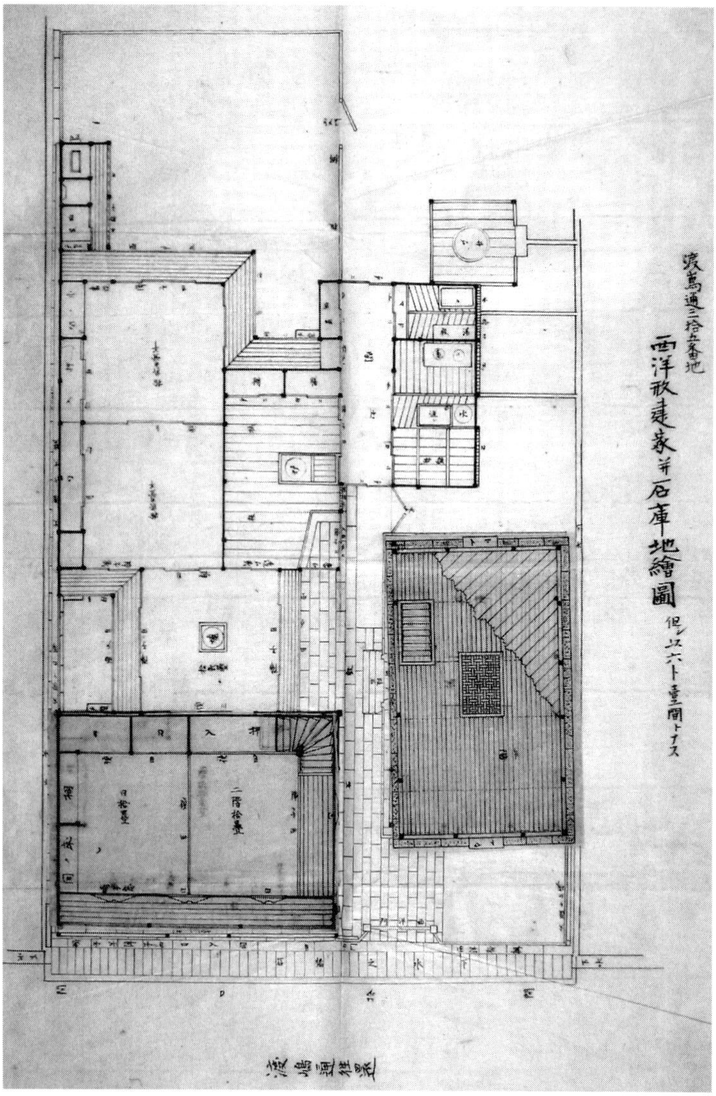

図 2-42d 「渡島通三拾五番地 西洋形建家并石庫地絵図」

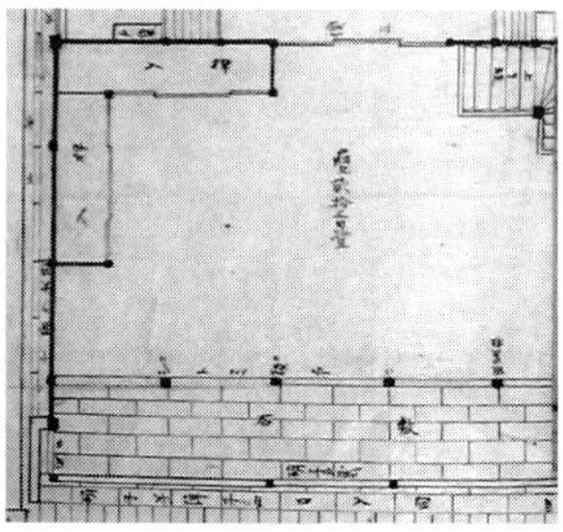

左：全体配置図
上：主棟 1 階平面図（部分）

主棟2階外部：屋根大棟の上に載るのは洋風デザインの天水桶である。玄関屋根に施された妻飾りと破風板は，すぐれたデザインである。ベランダを三分する2本の柱は通し柱ではなく，この柱上部から欄間にかけての装飾は開拓使建築には類例を見ない。2階前面に建て込まれたガラス窓建具は手摺子・柱の背後に一本引きで建て込む。屋根妻面に見えるリングと直線を階段状に繋ぐ意匠は開拓使札幌女学校教師館（図2-9）のそれと同じである。

主棟の内部：背後には縁側があり，外部開口部は縁側を含め全てガラス建具であろう。「入費調書」の畳82枚，襖40枚の記述と延坪との比較から，室内は日本座敷で構成されていた。

設計者：妻面の破風飾りの意匠が共通する札幌女学校の工事を水原が請け負っていた関連もあるが，水原またはその配下棟梁の能力でまとめ得たものとは解し難く，開拓使工業局営繕課技術者，中でも札幌女学校の設計図に捺印を認められる安達喜幸自身，またはその指導による設計の可能性が高い。

5-3　開拓使文書中の図面資料

水原寅蔵店舗の設計図と推察される図面は，北海道立文書館に4枚，北海道大学附属図書館北方資料室に1枚所蔵されている。

北海道立文書館が所蔵する図面は，主棟と石蔵の正面図（図2-42a），主棟の右側面図（図2-42b），石蔵の正面と側面を並列して描いた立面図（図2-42c），そして主棟と石蔵の2階平面図を貼り込んだ配置図（図2-42d）である。北海道大学附属図書館北方資料室所蔵の図面（図2-43）は，主棟正面図の描き損じのもので，2階の外壁部分に竪羽目を表現したと思われる線が描き込まれている。図面右端の切断部分が図2-42aの継ぎ足し部分に一致するので，当初は，この図2-43と図2-42aの石蔵部分が1枚の紙で描かれ，仕様の変更あるいは描き損じにより，主棟部分だけを切り取り，新たに継ぎ足した紙に主棟部分を描いたのであろう。なお，図2-43の図面は，開拓使関連の他の図面に混入していた。

ここに示した建築図面と，図2-40に示した写真とを比較すると，明らかに違いが認められるので，まず，相違点を指摘しておきたい。

正面入口の玄関屋根の意匠が全く異なっている。2階全面に見られるガラス窓建具はなく，代わりにその奥にある櫛形アーチの窓を確認できる。屋根大棟上の天水桶は描かれていない。この3点を除けば，ガラス欄間の桟の割り付けや，2階ベランダの手摺子の形状が若干異なる程度で，ほぼこの設計図の通りに建築されたといえる。

側面図は，正面図に比べると図面としての繊細さに欠け，屋根大棟上の棟飾りの形状と大きさが正面図と異なっていたり，軒高や，

1階の庇高さなど正面図との齟齬が多い。

次いで，遠藤の考察を検証していきたい。

1階のガラス窓建具は正面図の表記から明らかに引き違いである。2階のガラス建具は図面に記載がないため詳細は不明のままである。配置図を見ると，主棟背面には縁側はなく，背後に延びる附属屋に坪庭を設け，そこへ縁側を配している。また，裏面には塀で囲んだ庭を設け，そこへは雁行型の縁側を設ける。背後の附属屋の存在を知らなかった―図2-41の銅版画には，棟が見えるにもかかわらず―遠藤は，主棟の背面に縁側があったと取り違えたのであろう。なお，配置図には床仕上げや建具の表記もあり，諸室は全て畳敷き，建具もほとんどが襖であることがわかる。図2-42bの右側にわずかに描かれる附属屋の立面図を見ると，雨戸は腰より上にガラスを入れ，さらにガラス欄間も建て込んでいる。遠藤が「すべてガラス建具であろう」と間違えたのは，この特異な仕様ゆえ，致し方ないことである。

5-4 開拓使の洋風建築ならびに開拓使旧蔵舶載建築書との比較

遠藤が指摘したように，主棟の屋根妻面の破風装飾は，開拓使札

図2-44 洋造大主典邸部分

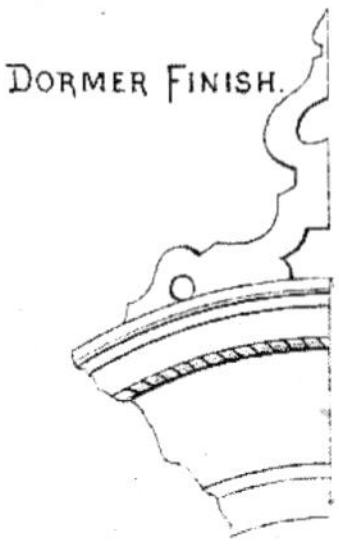

図2-45 Plate No. 62 'Dormer finish.'

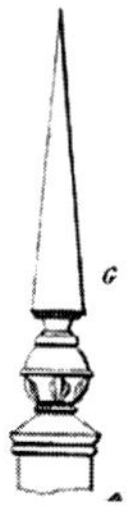

図2-46 Plate 29 'G.'

図2-47 水原寅蔵店舗玄関破風

図2-48 Plate 50 'Design for suburban residence.'

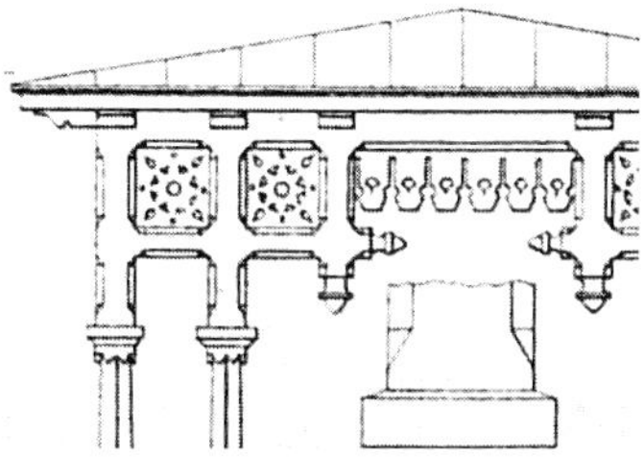
図 2-49　Plate No. 88

幌女学校教師館からの引用である。さらに遡れば，開拓使本庁分局庁舎（図 2-4）にその嚆矢があり，これは，開拓使旧蔵書である Woodward 前掲書所載の図版（図 2-6a, b, c, d, e, f）をそっくりそのまま模写したものであった。以下，各部位毎に，開拓使の洋風建築の細部意匠からの引用，および開拓使旧蔵舶載建築書掲載図版との類似を指摘していきたい。

2 階窓に共通して見られる櫛形アーチを上部に頂いた額縁は開拓使本庁庁舎（図 2-1）の 1 階窓と同じであり，石蔵の窓に見られる半円筒型のキーストンを配した半円アーチ窓額縁もまた，開拓使本庁庁舎の 2 階窓額縁とデザインを同一にする。

側面図の左脇に配置される脇玄関の扉建具は，プロポーションは異なるものの，上部に襷掛け状のパネル "X" braced panel をつけ，Woodward 前掲書の図版（図 2-6a）の正面出入口の建具意匠を引用したといえる。起り屋根の上に載る棟飾り finial は，大主典邸・少主典邸（1874 年，図 2-44）の屋根大棟に載るものと同じであり，そのデザインルーツは Hussey, *National cottage architecture.* の掲載図版（図 2-45）に確認される。形状の似た櫛形アーチの上に載っている点も興味深い。玄関屋根の棟飾りは開拓使工業局庁舎（図 2-14）のそれに類似する。この棟飾りもまた，デザインルーツは米国出版のパターンブックにあるものである。また，正面図の主棟大棟上に描かれる矛状の棟飾りは Cummings & Miller 前掲書の図版（図 2-46）に一致する。実現はしなかったが，図 2-42a の玄関屋根の破風飾り（図 2-47）にほぼ一致するデザイン（図 2-48）が，Bicknell 前掲書に掲載されていた。

遠藤が考察の中で「開拓使建築には類例を見ない意匠」と評した主棟 2 階ベランダの支柱上部の装飾も，ほぼ同じデザインを Woodward 前掲書に見ることができる（図 2-49）。図面には描かれていないが，写真（図 2-40）に確認できる屋根大棟上の洋風の天水桶囲いは，そのフォルムだけを Woodward のデザイン（図 2-6a）の煙突に求めたと見ることもできるのではないだろうか。もっとも，門扉だけは，伝統的な塀重門の意匠を見せている。

5-5　旅籠屋加藤直吉による「西洋造家作」建築費貸与願

水原寅蔵店舗が建てられた翌年，1 町隔てた同じ通り沿いで旅籠屋を営んでいた加藤直吉が，開拓使高官，官員ならびに外国人の宿泊時に不手際のないよう，「西洋造家作」の建築を計画し，開拓使へ月賦払いによる官費の貸与を希望した [37)]。

37）
『明治十一年 取採録 営繕課』簿書 2523，北海道立文書館所蔵。

奉願候書附

私儀

去ル明治四年ヨリ御当所ヘ加籍仕旅籠屋渡世ヲ以営業届有候然ニ官員様并外国人御止宿相成候都度不体裁ノ義モ有之且（ママ）ハ御趣意ニ基キ渡島通廿壱番地私有地ノ内ヘ西洋形家作取設度兼テ志願ノ処何分建築資自力ニ行届兼罷有候処今般御当所爾志通ヘ西洋形御家作御取設ニ相成届ノ（ママ）有之月賦上納ヲ以御払下ケ被仰付候様昨十年十一月御布達ニ付難有御趣意ヲ奉戴仕候就テハ年来ノ志願ニモ有之且（ママ）ハ高官々（ママ）官員様并外国人何時御止宿相成候テモ御指差（ママ）無之様営業仕度ニ付今般爾志通ヘ御設ケノ家作月賦上納ノ振合ヲ以別紙絵図願ノ家作官費ヲ以御建築ニ相成候様奉願上候就テ者上納金皆納迄ハ新築ノ家作ハ勿論私有地并在来ノ家作共為抵当ト奉差上置候間何卒特別ノ御（ママ）御詮議志願ノ通御聞届被成下度別紙絵図相度此

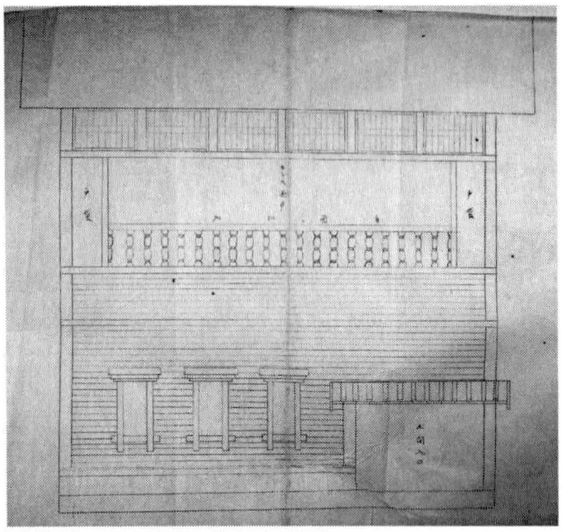

図 2-50a　加藤直吉による「西洋造家作」正面図

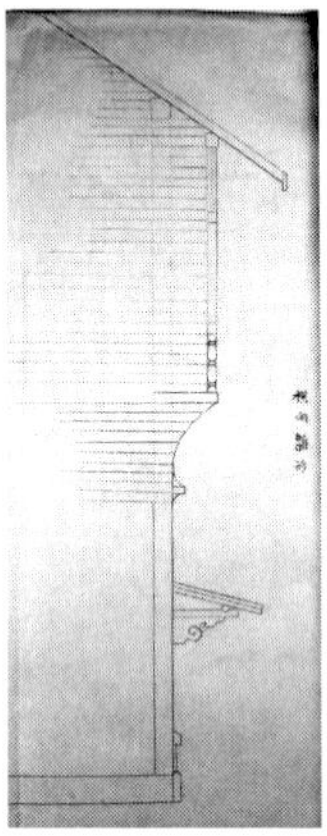

図 2-50b　横向雛形

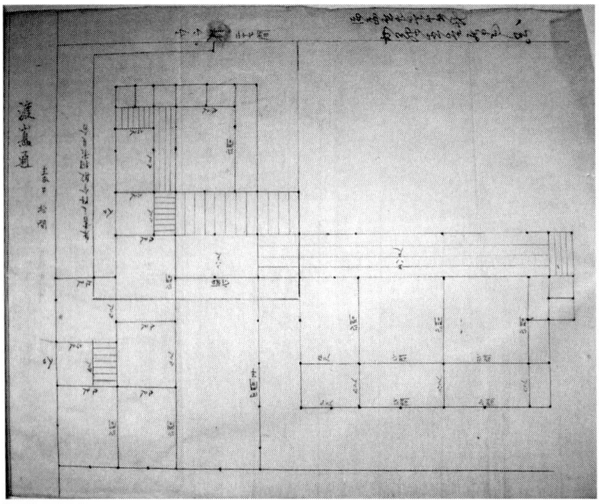

図 2-50c　加藤直吉による「西洋造家作」配置図

段奉願候也

渡島通廿壱番地平民

明治十一年三月六日　職人 加藤直吉

仝廿四番地平民

保証人 小田部三郎兵衛

これを受けた同年3月14日付の文書によると「願之趣難聞届事」として，この嘆願は却下されたが，文中の記述にあるように，この簿書には絵図面が添付されている。正面を描いた立面図と，「横向雛形」と題した矩計図（図2-50a, b），単線で描いた配置図（図2-50c）である。2階部分をオーバーハングさせるなど独自の工夫もあるが，基本的には，水原寅蔵店舗や他の開拓使による洋風建築を「見よう見まね」で写し取ったともとれる2階軒下のガラス欄間，2階ベランダの轆轤引きの手摺子，1階の上げ下げ窓が入るであろう縦長の窓開口，見付の細い下見板張りなど，いわゆる「擬洋風建築」に特徴的な，洗練されない雛形[38)]を見ることができる。1階の庇の持ち送りに至っては，明らかに和風意匠である雲形の肘木を入れる。配置図は，単線で描かれたと表現したが，どちらかといえば，木割図に近いものでもある。西洋建築の素養のない大工棟梁が，「見よう見まね」の「擬洋風建築」を造ろうとした時には，このような図面が描かれるのであろう。前掲の水原寅蔵店舗の一連の図面と比較すると，あからさまな違いを見てとれる。

第6節　小括

札幌には，未だ原野が広がっていた1872年，安達喜幸をはじめとする開拓使の営繕技術者達は，本府建設のため，東京から札幌へ居を移した。本章で考察してきたように，1873年に竣工する多くの建築には，米国から購入したパターンブックの模倣が見てとれる。つまり，開拓使において—目的はともあれ—初期に購入したパターンブックは，営繕技術者とともに，東京から札幌へ移送され，本府建設に大いに役立ったことになる。お雇い外国人技術者の指導があったとはいえ，建築を専門とする技術者は一人もいない状況である。開拓使顧問のケプロンあるいは開拓次官黒田清隆の提言により，洋風の都市を建設することが必須であったことも，その背景として見逃せない。否，パターンブックという裏づけがあるからこそ，開拓期の米国を範に，このような政策を邁進できたのであろう。結果として，開拓使営繕技術者達は，パターンブックを頼りに，現代のアメリカ人が見ても遜色のない「アメリカ式」の建築を造りあげた。

開拓使の営繕技術者のパターンブックに依拠した建築設計活動

38）
図2-50bの表題にも示すように，この当時「雛形」には ‘design’ や ‘plan’ の意味があった。『英和対訳袖珍辞書』（文久2年）など，当時の英和辞典のほぼ全てにおいてこのことを確認できる。詳しくは，序第3節を参照。

は，官庁建築に留まらなかった。パターンブックの図版を構成することにより一つの建築―すなわち，1877年竣工の開拓使工業局庁舎―を完成させたのと同じ年，開拓使の建築工事を請け負っていたとはいえ，あくまでも民間人である水原寅蔵の店舗の設計において，工業局庁舎での手法を踏襲するかのように，パターンブックの図版を組み合わせて一つの建築を構成したことが確認された。旅籠屋加藤直吉の「西洋造家作」の図面とは全く異なり，水原寅蔵店舗は端正な「洋風」の細部意匠をまとう。遠藤が考察したように，開拓使工業局営繕課の建築技術者，中でも安達喜幸が設計を取りまとめたと考えるのが，妥当な見解であろう。しかし，付け加えるなら，そこにあった米国出版のパターンブックの存在を忘れてはいけない。水原寅蔵店舗には，他の開拓使建築には見られない，この建築にのみ用いられたパターンブック掲載の意匠―軒下の繊細な装飾や計画のみに終わったが玄関屋根の破風飾り―を見ることができる。このことは，パターンブックの存在を知り，かつ閲覧できる人物が設計したことを物語る。すなわち，パターンブックの所蔵元である開拓使工業局の営繕技術者が設計をしたことの証でもある。

開拓使工業局の営繕スタッフは，正しいプロポーションを常に示してくれるパターンブックを日常的に参考にし，設計活動にあたれる状況にいた。だからこそ，安達をはじめとする彼ら営繕技術者達は，他の都市に類を見ない端正な「洋風建築」を創出することができたのである。

開拓使旧蔵のパターンブックには，手垢，墨書あるいは鉛筆など，130年前の営繕技術者達の努力の跡がありありと残っている。開拓使本庁分局庁舎に見るように，最初は全くの模倣建築を造ることから，彼らの「西洋建築」の学習は始まった。次いで，パターンブックに掲載の図版を個々の部位に切り離し，一構成要素として扱っていく。数多の図版を組み合わせて建築が構成され，逆に建築の様式が部位毎に解体され自立する[39]。このことは洋の東西を問わず19世紀後半という時代において，同時代的な傾向であった。こうした背景，そして営繕技術者の高い建築技術があったからこそ，西洋の建築様式・技術の移植・融合が可能であった。

これまで，開拓使の洋風建築には，同時代的な擬洋風的建築要素が目立たないとされてきた。本章で考察したパターンブックの意匠を参照して組み立てた洋風建築こそ，北海道における「初期洋風建築」であるといえる。

39)
中谷礼仁は「ひながた主義との格闘」(『カラー版日本建築様式史』，美術出版社，1999年)，pp.127-153において，自らが定義する「ひながた主義」という概念の下，「和洋双方のひながたが時には交換されつつパッチワークのように連結」すると述べている。

第3章　開拓使によるバルーンフレーム構法と米国式家畜房の導入

第1節　はじめに

ここまで，第1章において，開拓使がかつて所蔵していた建築関連洋書について，その購入ならびに移管の経緯を明らかにし，さらに第2章において，開拓使の洋風建築の意匠との関連について考察してきた。しかしながら，具体的な建築との比較において，市街地建築の細部意匠に着目していたため，開拓使の建築に特徴的なバルーンフレーム構法 balloon frame construction や，モデルバーン model barn（旧札幌農学校第二農場模範家畜房：重要文化財）の導入過程など，技術的側面からの建築関連洋書の参照についての考察はあえて行なわずにいた。

本章では，バルーンフレームおよび米国式模範家畜房（通称モデルバーン）の導入過程を，北海道大学附属図書館貴重資料室札幌農学校文庫所蔵の開拓使旧蔵の洋書ならびに，その導入に深く関わったといわれる札幌農学校初代教頭 W・S・クラーク Clark, William Smith（1826-1886）と同第2代教頭 W・ホイラー Wheeler, William（1851-1932）との関連を繙きながら考察していくことにする。

バルーンフレームとモデルバーン，この2点については，遠藤明久の研究に遡及する。遠藤は『開拓使営繕事業の研究』において，札幌農学校演武場（札幌時計台：重要文化財）の小屋組がカラービーム color beam を用いたバルーンフレーム構造である可能性を示すとともに，札幌農学校に建設された家畜房について，お雇い外国人教師の指導の下に，開拓使の日本人建築技術者が絵図，仕様を作成したことを考察している[1)]。また，越野武は『北海道における初期洋風建築の研究』の中で，主にバルーンフレームの導入とその影響を指摘している。遠藤が札幌農学校演武場の小屋組にのみバルーフレーム構法を見出したのに対し，越野は札幌農学校の演武場と模範家畜房の基本設計の架構に加え，その他いくつかの市街地建築の小屋組に，バルーフレーム，あるいはバルーンフレーム風の構法を導入したことを示唆している[2)]。しかし，両者ともに，クラークやホイラー，W・P・ブルックス Brooks, William P.（1851-1938）らお雇い外国人教師の指導を示すものの，その導入過程に舶載書が関与した可能性は示していない。

日本の近代建築についての通史の中では，バルーンフレームとモデルバーンについてふれるものは少なく，例えば村松貞次郎は『日本近代建築技術史』で，「北海道の初期の建築は，内地における和・

1)
遠藤明久『開拓使営繕事業の研究』（私家版，1961年），p.259 ならびに pp.283-286。

2)
越野武『北海道における初期洋風建築の研究』（北海道大学図書刊行会，1993年），p.136, pp.181-188, p.214, p.223, p.267, p.274。

洋の二つの流れとまた別な一天地を形成していた」とし，「内地の建築にはほとんど影響をおよぼさなかった」と結論づけている[3)]。

米国式建築技術に端を発するバルーンフレーム構法と，米国式農業技術移植の一環として導入されたモデルバーンは，辺境の地，北海道においてのみ咲いた徒花であったのか。明治初期に米国出版の建築書が，開拓使に限らず，明治新政府の各省庁や前身の工学寮を含む工部大学校においても購入されていた[4)]のと同様に，米国式の建築技術と農業技術は，中央においても導入が試みられていた。開拓使におけるバルーンフレーム構法と米国式家畜房の舶載書を通じた導入過程に加え，中央への波及ならびに同時代的な米国からの建築に関わる技術の移植過程も併せて考察していきたい。

第2節　クラークの寄贈書

札幌農学校教頭クラークは1877年に日本を去るに際し，本国から持ち込んだ書籍のうち19冊を，開拓使の買い取りにより札幌農学校へ残していった。簿書には，その際の購入金額と目録が記されている[5)]。

上局　　　　　　　札幌農学校
　　　　　　検査課
　　　　　　外事課
金五拾八円五拾銭
右者別紙書目之通り教師クラーク氏本国ニおいて購求持越候分当校要用書籍ニ付御買上相成度相伺候也
　十年二月
［別紙］
　　千八百七十七年二月廿二日於札幌開拓使
一　モルトン氏　農業学術総論　弐巻　金拾六円
一　ルウミス氏　気象学　一部　金壱円五十銭
一　テエロルス氏　日本近世史　〃　金壱円五十銭
一　スケエヤス，ブロパイプ，マニウル三部　金拾円
一　ハイズ氏　農業書　壱部　金壱円
一　スタアートヴァンツ，デエリー，カウ，エイルシヤ
　　壱部　金壱円五十銭
一　ヒチコツク氏　農学教訓報文　壱部　金弐円
一　ウエケルス氏　経済書　壱部　金弐円
一　シルマン氏　医術原論
一　ベルリース，フリウト，ガアデン　壱部　金壱円
一　トヲマス，アメリカ，フリウト，ガアデン

3)
村松貞次郎『新建築技術叢書―8 日本近代建築技術史』（彰国社，1976年），pp. 33-35。この他，村松貞次郎，山口廣，山本学治編『近代建築史概説』（彰国社，1978年），p.190や，藤森照信『日本の近代建築（上）―幕末・明治篇―』（岩波新書，1993年），p.39などで，バルーンフレームに関して概略ふれられる程度である。
4)
第4章参照。
5)
『取裁録　明治十年一月以降』札幌農学校史料054，北海道大学大学文書館所蔵。『北大百年史』札幌農学校史料（一），pp.278-279。

壱部　金壱円五十銭

一　ジヨンソンス，ハウ，クロプス，グローエンド

ハウクロプスフエド　　　　壱部　金弐円

一　ペントレトンス氏　農学書　壱部　金壱円五十銭

一　ビクマン氏　農業書　　　壱部　金三円

一　ウエリンク氏　農夫手帳　　〃　　金三円

一　同氏　農業并機械術手帳　　〃　　金三円

一　ドロペルスヲルピングハンズホルアメリカホーム

壱部　金三円

一　トヲズカントリーホームス　壱部　金三円

共計金五十八円五十銭

右金員請取申度候也

ウルリヤム，エス，クラーク

ここに示すうち，農学校文庫内に 17 冊[6]の現存が確認され，書籍番号[7]は 600 番台の前半であった。さらに，そのうちいくつかにはクラーク直筆のサイン（図 3-1）や，クラークのマサチューセッツ農科大学学長時代の 'WILLIAM S. CLARK, PRESIDENT MASS. AG. COLLEGE' の陽刻（図 3-2）を見ることができる。

簿書には「当校要用」とあるが，果たして誰がこれら書籍を必要としたのであろうか。「当校」とある以上，開拓使の官吏ではなく，札幌農学校の教師，すなわちお雇い外国人教師が必要としたと考えるのが妥当である。1877（明治 10）年 2 月の時点で，札幌農学校に着任していたのは，クラークが招聘したホイラーと D・ペンハロー Penhallow, David P.（1854-1910）の 2 名のみである。この 2 名のうち，ここでは，ホイラーに着目して，クラーク舶載書を必要とした可能性を考察していきたい。

ホイラーは，クラーク離札の 2 年後の 1879 年 12 月に離任するが，彼もまた退任に際し，多くの舶載書を札幌農学校へ寄贈していった。『明治 11 年英籍目録』[8]の中に「明治十二年十一月教頭ホエラ献納書」として 52 冊の書名を見ることができる[9]。このホイラー寄贈

図 3-1 クラークのサイン

図 3-2 クラークの陽刻

6)
目録上は 18 冊であるが，「ジヨンソンス」Johnson, S. W. の書籍は「ハウ，クロプス，グロー」*How crops grow.* と，「ハウクロプスフエド」*How crops feed.* の 2 冊であり，19 冊になる。「テエロルス」と「ペントレトンス」の書籍が所在不明。

7)
第 1 章表 1-2 参照。

8)
『明治 11 年英籍目録』札幌農学校史料 069，北海道大学大学文書館所蔵。『北大百年史』札幌農学校史料（一），pp.388-425。

9)
当該目録の表題は明治 11 年であるが，編纂後も追記が行なっており，明治 15 年時点までの受け入れ図書を記載している。

書とクラークから購入した書籍を比較すると，1冊たりとも重複がない。このことから，ホイラーが所持せず，かつ札幌農学校の教育・運営にホイラーが必要と感じた書籍を，ホイラーが開拓使を通じてクラークから買い取ったと推察できるであろう。なお，ペンハローについては，同人の舶載書が詳らかでないため，ホイラーと同様の考察を行なうことは困難である。

クラーク献納の書籍はタイトルからわかるように，農業書が大半を占める。ここで，目録の末尾に列記される4冊の書籍に着目したい。原書に記載の著者，タイトルなどを示すと以下のようになる。

Waring, Geo. E. Jr., *The handy-book of husbandry.* New York, 1870
Waring, *The farmers' and mechanics' manual.* New York, 1869
Draper, L. C., *Helping hands for American homes.*[10)]
Todd, S. E., *Country homes and how to save money.* Hartford, 1870

ウェーリングWaringの2冊の書籍は農業書ながらも，農場施設建築のための詳細な記述と図版が掲載されている。ドレーパーDraperおよびトッドToddの書籍は住宅建設の手引書で，第2章で考察したようなパターンブックではないものの，構法や仕様についての記述や図版を豊富に掲載している。

第3節　バルーンフレーム構法の導入

バルーンフレーム構法の特徴や，アメリカ本国における成立過程については，Giedion, S., *Space, time and architecture.* に大きく取り上げられて以来，一般に知られることとなった[11)]。

日本―厳密には北海道―への導入過程については，越野が前掲書の中で，ホイラーが模範家畜房の基本設計に際し「米国風の屋架」の投象図を開拓使の建築技術者に提示した記載が『札幌農黌第一年報』にある[12)]ことを指摘している。少々長いが該当部分を英文，和文ともに全文以下に引用したい。

With these principles in view a design for a model barn for the College farm was prepared, and plans and specifications on accordance therewith furnished by professor Wm. Wheeler. He also made an isometric drawing of the frame in American style by which a great saving of timber and labor is effected in the construction, and a better building secured than is possible in the Japanese mode of framing. The working plans were skillfully drawn by Mr. Adachi, the chief carpenter of the Department, who manifested much interest in learning how the

10)
表紙欠損のため，出版地，出版元，出版年などを特定できないが，アメリカ合衆国議会図書館The Library of Congrassのオンライン・カタログ（http://catalog.loc.gov/）で検索される，Draper, Lyman Copeland, *A helping hand for town and country: an American home book of practical and scientific information.*, Cincinnati & New York, 1870が，この本に相当すると考えられ，同館所蔵の当該書を閲覧したところ同一書であることが確認できた。

11)
Giedion, Sigfried, *Space, time and architecture; the grouth of a new tradition.* Cambridge & London, 1941. 日本語訳として，太田実訳『空間・時間・建築 / ジークフリート・ギーディオン著』（丸善，1955年）がある。原著・訳書ともに幾度も版が重ねられている。

12)
英文はKaitakushi, *First annual report of Sapporo Agricultural College.*, 1877. pp.15-16. より。翻訳文は『札幌農黌第一年報』（1877年），p.25。

work was to be done and in superintending its exection.

校園家畜房ノ図ハ其主義ヲ眼目トシテ教師「ウイルリヱム，ホイーレル」之ヲ製シ其計画及ビ仕様書モ亦タ同氏之ヲ縮メ且ツ米国風の屋架ノ切組絵図モ亦タ同氏ノ手ニ成リ為メニ大ニ材木ト工費ヲ省減シ又タ為メニ日本風ノ屋架法ニ依レバ或ハ得難カルヘキ程ノ良屋ヲ築クコトヲ得タリ実業図ハ本使ノ木工長安達氏巧ミニ之ヲ製シ且ツ同氏ハ其工業ノ仕法ヲ質問シ又タ其施業ヲ監督スルニ最モ執着ノ様子ナリキ

この表現からはホイラーがバルーンフレーム構法をもたらしたように読み取れ，事実，本章第1節に示した通史においても，バルーンフレームについて記述のあるものは全てホイラーによるものとの記述になっている。

しかし，1876年9月20日付のクラークが開拓長官黒田清隆に宛てた模範家畜房建設嘆願の中にも，バルーンフレームに関する記述を見ることができる[13]。

Sapporo, Sept. 20, 1876

His Excellency

Kaitaku Choukwan,

Kuroda Kiyotaka:

Sir:

I have the honor here with to transmit an isometric drawing by Prof. Wheeler, representing the foundation and frame of the barn which is needed on the Sapporo College Farm...

この書簡からは，ホイラーにより描かれた家畜房の基礎と軸組を表現した等測投象図（通称アイソメ図）を同封していたことを読み取れる。これまで，このアイソメ図に相当するものとして Woodward, Geo. E., *The architecture of country houses.* New York, 1869 掲載のバルーンフレーム構造図が引き合いに出されてきた[14]が，この書籍は札幌農学校文庫には含まれていない。

そこで，札幌農学校文庫のうち，この書簡が出された時点以前に購入，あるいはお雇い外国人教師の舶載書を精査したところ，2冊の書籍にアイソメ図で描かれたバルーンフレーム構造図を見つけることができた。一つは Draper, *Helping hands for American homes.* 所載の図（図3-3）で，Woodward 前出書掲載の図版を転載し，さらに仕様も引用している。軸組構造の明快なアイソメ図であるが，

13）
クラーク書簡032，北海道大学附属図書館北方資料室所蔵。
14）
越野前掲書，p.188。

基礎が描かれていない。いま一つは Todd, *Country homes.* 所載の図（図 3-4）である。図 3-3 に比べると，特に小屋組においてバルーンフレーム構造図としての明快さに欠けるが，堅固な基礎を描き，さらにその施工方法も解説している。そして何より，この 2 冊はクラークが米国より持ち込み，帰国に際し札幌農学校へ献納した書籍である。前者は表紙が失われているが，後者の中表紙にはマサチューセッツ農科大学学長時代のクラークの陽刻が認められる。

バルーンフレームの構造図は，ホイラー寄贈書やその他農学校文庫のどこにも見つけることはできない。だからこそ，「当校要用書籍」として，クラークから買い取る必要があったのであろう。つまり，この 2 冊こそが，クラークとホイラー，2 人のお雇い外国人教師を通じて，バルーンフレーム構法を日本にもたらした書籍といえる。

第 4 節　米国式家畜房 American barn の導入

4-1　バーン barn という建築種別

バーンは「小麦の場所」bere aeren を意味するアングロサクソン語を語源とし，広義には農場建築の施設一般を意味する。しかし，ここではクラークの言葉を借りて[15]，家畜のねぐらと飼料を確保し，給餌する機能を有する農場建築とすることにしたい。

米国のバーンは 17 世紀の入植以来，入植者の母国の伝統に基づ

15）
Kaitakushi, op. cit., p.5. "Good barns, therefore, are requred for the protection of animals, crops and manure from the injurious effects of the weather."

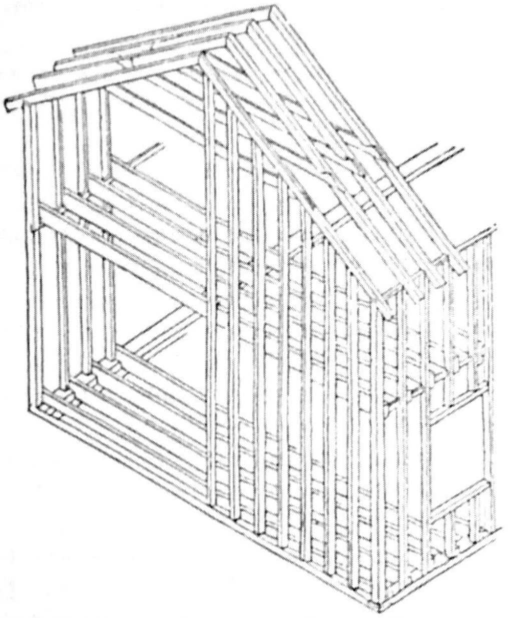

図 3-3　'Perspective view of the balloon frame'

図 3-4　'A balloon frame'

いて建設され，入植地の風土に適応するよう改良された。さらに他地域のバーンの良い点を取り入れることで，新たなバーンが生み出されていった。形態は地域によって異なり，19 世紀中頃には多様な種類のバーンが見られるようになった[16]（図 3-5a, b, c, d）。

バーンはアメリカの風土を象徴する建物として広く認識されている。

16）
Arthur, E. & Witney, D., *The barn.* Greenwich, 1972. Vlach, J. M., *Barns.* New York & London, 2003. Ensminger, R. F., *The Pennsylvania barn.* Balimore & London, 2003. など。

図 3-5a　ニューイングランド地方に見られるバーン

図 3-5b　北米に見られるバーン

図 3-5c　オランダ式の茅葺きのバーン

図 3-5d　テキサス地方のバーン

図 3-6　札幌農学校モデルバーン

図 3-7　真駒内牧牛場家畜房

図 3-8　七重勧業試験場第一家畜房

図 3-9　‘Sapporo Agricultural College barn’

4-2　開拓使建設のバーン

1877年9月に建設された札幌農学校のモデルバーン（図3-6）は，日本における近代農業の実践のためクラークが導入し，ホイラーが設計したことは従前いわれてきた通りである[17)]。開拓使建設のバーンは，モデルバーンに続き，開拓と畜産の成功に不可欠な施設として，1878年3月には札幌郊外の真駒内牧牛場，同年8月には函館近郊の七重勧業試験場においても建設された（図3-7, -8）。また，札幌農学校において1879年6月にモデルバーンの増築が行なわれ，七重では，1881年6月に第二家畜房が建設されている。さらに開拓使は，北海道でバーン建設に一応の成功を修めた後，1881年6月には東京農業第三官園試験場（麻布笄町）においても米国式のバーンを建設した。

これら開拓使が建築した各バーンの詳細を，一覧として表3-1にまとめた。また，詳細は後述することにするが，クラーク献納書であるWaring, *The handy-book of husbandry.* に掲載のOgden farmのバーンも併記している。

いずれも，規模こそ違うものの，最下層を地下あるいは一部地下構造とした三層構成の矩形平面で，下層を肥料貯蔵庫・根菜貯蔵庫，中層を牛馬の豢養に充て，上層の乾草貯蔵所へ至るための斜路を設けている。米国北東部に特徴的に見られる“side-hill barn”[18)]に類似しており，クラークが母校において建設したものを基に，モデルバーンとして示した版画（図3-9）と構成を同じくするものである。

札幌農学校のバーンについては，遠藤が前掲書の中で，『開拓使事業報告』や『札幌農学校年報』，あるいは北海道立文書館所蔵の開拓使関連の簿書から考察を加えているが，真駒内，七重のバーンについては，写真と平面図を掲載する程度で，ほとんどふれていないに等しい[19)]。

今回，新たに，七重勧業試験場第二家畜房の建築一件書類と，東京においても米国式のバーンが建設された事実を発見した。真駒内と七重のバーンに関して得られた新たな知見を合わせて，特徴を述べていくことにしたい。

4-3　真駒内牧牛場家畜房

真駒内牧牛場の家畜房については，田辺安一が『お雇い外国人エドウィン・ダン』[20)]の中で，北海道立文書館所蔵の簿書を基礎史料に，ダン Dann, Edwin（1848-1931）の業績の一つとして若干の解説を加えている。そこには，簿書と書簡の読み下し文が豊富に掲載されており，ここから，家畜房建設の経緯と特徴を読み取ることができる。

ダンは1876年に，開拓使少判官調所広丈に宛てた書簡[21)]の中で，

17）
Barns and out-house: Building plans. Co-operative Building Plan Association, 1883に掲載の図版タイトルに ‘A model farm barn.’ と ‘A model barn’ の記述がある。札幌農学校で建設されたバーンに非常によく似た外観をしている（下図参照）。

図3-付　‘NO.9 A model farm barn.’

18）
Stephens, Henry, *The book of farm buildings, their arrangement and construction.* Edinburgh & London, 1861. p.517. Harney, George E., *Stables, outbuildings and fences*. New York, 1870. Plates No.30, 31 ‘A farm barn’‘side-hill barn.’

19）
遠藤前掲書，pp.283-286。

20）
田辺安一『お雇い外国人エドウィン・ダン：北海道農業と畜産の夜明け』（北海道出版企画センター，1999年）。

21）
英文はダン書簡092，北海道大学附属図書館北方資料室所蔵。翻訳文は，『明治九年 外国人贈答録 乙号 外事課』簿書1568，北海道立文書館所蔵。

表 3-1　開拓使建設のバーンおよび洋書記載バーンの比較表

	農場名	札幌農学校		真駒内牧牛場	七重勧業試験場		東京農業第三官園試験場	Ogden farm
	バーン名称	モデルバーン	同左増築	家畜房	第一家畜房	第二家畜房	第三官園家畜房	barn
概要	所在地	北 11 条西 5 丁目	同左	豊平町真駒内	七重町	七重町	東京麻布笄町	New Port, Phode Island
概要	起工[1]	1876 年 10 月	1877 年 6 月	1877 年 7 月	1878 年 4 月	1880 年月不詳	1880 年 4 月	不明
概要	竣工[1]	1877 年 9 月	1879 年 6 月	1878 年 3 月	1878 年 8 月	1881 年 6 月	1881 年 6 月	不明 (1870 年以前)
概要	設計者	Wheeler, Wm.	開拓使営繕課	Dann. Edwin	開拓使営繕課	開拓使営繕課	開拓使営繕課	Waring, Geo. E. Jr.
概要	施工費	4,813 円 988	2,325 円 395	4,470 円 480	9,609 円 727	21,556 円 255	5,166 円 329	記載なし
概要	平面規模[2]	100 × 50 ft	80 × 30 ft	108 × 51 尺	132.72 × 50.7 尺	136.32 × 50.7 尺	73.5 × 39 尺	約 90 × 40 ft
概要	建築面積[3]	462.1 m^2	221.8 m^2	505.8 m^2	617.9 m^2	634.7 m^2	263.2 m^2	332.6 m^2
概要	面積単価[4]	10.41 円／m^2	10.48 円／m^2	8.84 円／m^2	15.55 円／m^2	33.96 円／m^2	19.63 円／m^2	—
概要	棟高[5]	15.9 m (52.1 ft: 写真)	23.5 ft	60 尺	14.5 m (48 尺 : 写真)	14.9 m	不明	45.5 ft
概要	構造	木造 3 階 (下層は一部地下)	木造地上 2 階 ・地下 1 階	木造 3 階	木造地上 2 階 ・地下 1 階 (石垣積)	木造地上 2 階 ・地下 1 階 (石垣積)	木造 3 階 (下層は 3 面石垣積)	木造地上 2 階 ・地下 1 階 (組積造)
斜路	用途	牧草を上層に運ぶ道	なし	牧草を上層に運ぶ道	牧草を上層に運ぶ道	牧草を上層に運ぶ道	牧草を上層に運ぶ道	牧草を上層に運ぶ道
斜路	構成構造	両妻面に設置 盛土・木造橋	—	両妻面に設置 盛土・木造橋	両妻面に設置 盛土	両妻面に設置 盛土（芝張）	記載なし	片妻面に設置 盛土・木造橋併用
上層	構成概要	乾草貯蔵所（100t 以上），車路，乾草落下口，備品置場	乾草貯蔵所，乾草落下口，飼料倉庫，風車，水槽	乾草貯蔵所（100t），車路，乾草落下口	乾草貯蔵所（130t），乾草落下口，釣上口	乾草貯蔵所，乾草落下口，車路，器械置所，飼料置所	乾草貯蔵所，車路	乾草貯蔵所（120t），車路，乾草落下口，釣上口，水槽，作業上場，備品置場，乾草切断機，竃
中層	構成要素	牛圏，馬圏，飼葉桶，根菜落下口	牛圏，馬圏，飼葉桶，根菜落下口，竃，屠殺室	牛圏，馬圏，飼葉桶，犢追込場（角屋）	牛圏，馬圏，飼葉桶，搬牛房（角屋）	牛圏，馬圏，飼葉桶，搬牛房（角屋）	牛圏，馬圏，胎牛産室	台車の軌道，牛圏，馬圏，水桶
中層	家畜収容数(頭×列)	牛圏（12 × 3），産牛・胤牛圏（10 × 2），耕馬圏（6 × 1）	記載なし	牛圏（11 × 3），胤牛圏（9 × 2），耕馬圏（9 × 2）	殖牛圏（12 × 3），耕牛圏（12 × 1），産牛・胤牛圏（5 × 1），耕馬圏（10 × 3）	牛圏（12 × 2），馬圏（10 × 1），函圏（5 個 × 5 列）	胤牛 18 頭（列数不明），農馬 7 頭（列数不明），函圏 4 個（胤牛圏 1 個，胎牛産室 3 個）	記載なし
下層	構成要素	根菜貯蔵庫，肥料貯蔵庫，豚圏	根菜貯蔵庫	根菜貯蔵庫，肥料貯蔵庫，豚圏	根菜貯蔵庫，肥料貯蔵庫，豚圏	糞落し土間，穴蔵種物置所	根菜貯蔵庫，肥料貯蔵庫，豚圏	根菜貯蔵庫，肥料貯蔵庫，豚圏
	附属風車用途	—	揚水	揚水	—	—	—	揚水

各バーンの詳細は『開拓使事業報告』，『札幌農学校年報』，『略輯開拓使会計書類 第四号 第三百卅八冊（本庁伺録 明治十二年）』，*Annual report of Sapporo Agricultural College.*, *The handy-book of husbandry.* による。

1. 起工年月，竣工年月ともに史料により諸説ある。ここでは，相対的に最も適当と思われる年月を記載した。
2. 上記史料に表記の通り。ただし，間で表記の場合は，1 間＝ 6 尺に換算して表記した。
3. 平面規模に表記の数値をメートルに換算して算出した。桁行 × 梁間の数値であり，附設する角屋などは算入していない。
4. 史料に記載される金額を上記面積で単純に割った。したがって，正確な面積単価にはなっていない。なお，七重の第二家畜房は見積では 10,000 円であるが，『開拓使事業報告』には倍以上の金額が記されている。しかしこの数値は家畜房単体ではなく，その他敷設工事を含んだ金額と考えるのが妥当であろう。
5. 上記史料に記載のないものは，写真を透視図に見立てて，図法解析により算出した。末尾に（写真）と表記した。

以下のように述べている。

At Makomanai a good, large barn, is almost absolutely necessary, and I trust by the end of next year, it will have been completed.

同所（引用者註：真駒内）に一大農倉ヲ取建ツルヲ至要トス　明年ノ末ニ其ノ倉ノ落成センコトヲ余ハ偏ニ企望スル所ナリ

さらに，こう続く。

In addition to the above I will say, that a <u>barn</u> such as President Clark, is having built for the use of the College farm, would answer every purpose for Makomanai.

余ハ茲ニ加言セント欲スルコトアリ　教頭クラーク氏ノ校園用ノ為ニ建設セシ所ノ<u>農倉</u>ノ如キ者ヲマコモナイニ作ラバ諸般ノ目的ニ相応スベシ（下線：引用者）

真駒内の牧牛場には大規模なバーンが必要であること，そしてその見本がクラークによって既に札幌農学校に建設されていることを指摘している。バーンに対する「家畜房」の訳語が定まっていないことも興味深い。

ダンのバーン建設に対する情熱は，開拓長官黒田清隆の理解を得て[22]，翌1877年7月に着工の運びとなった。

昨九年長官殿（黒田清隆：引用者註）当地（真駒内牧牛場：引用者註）駐在ノ節ニモ親シク該場ヲ巡視セラレ牧畜教師ドン氏ニ諭スニ百事同氏ノ意見ニ従ヒ欧米ノ牧法ヲ斟酌シ数年ヲ出スシテ該場ヲ修治整頓スヘキヲ以テセラレ（中略）目下急要中ノ最モ急要ナル者ハ該場内ニ一ノ家畜房ヲ建築スルニ在リ　是実ニ牧畜経済上片時モ欠クヘカラサル者ニ有之候条是非トモ本年ニ於テ建設候

22）『略輯旧開拓使会計書類 第四号第二百八十六冊（明治十年六月 札幌往復）』簿書6411，北海道立文書館所蔵。

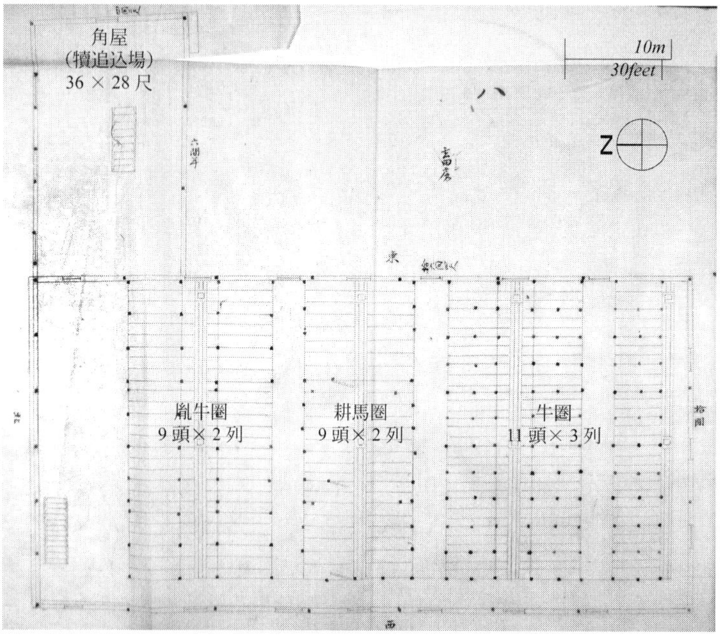

『開拓使事業報告』記載内容を図に併記

図 3-10　真駒内牧牛場家畜房中層平面図

様致度…

ダンは当初，100 × 50 ft の規模を想定していた[23] が，実際には，108 × 51 ft となった（図 3-10）。3 尺グリッドを基準とする日本式の寸法体系を考慮しての変更かもしれない。1878 年 3 月に竣工し，当年度の家畜の病死はなく，事故死が 1 頭のみであったという[24]。竣工当初はダンの期待通りの成果を修めていたが，1883 年暮れに予想外のトラブルが真駒内のバーンを襲う。

本所（札幌農業事務所：引用者註，開拓使廃止後の勧業課農事係の後身）々轄真駒内牧牛場家畜房下ハ牛馬ノ失糞ヲ放棄シ牧豚ヲ飼養致来候処柱根蒸熟之為メ腐朽追々甚シク牛馬及飼料秣等ノ如キ重量ヲ支フル甚タ困難ニシテ目下一日モ難差延頗ル危急ノ場合ニ立至伺定ノ暇無之候間処務条項第二条十三項ニ準シ別帋仕様目論見帖之通礎ヨリ高サ三尺丈堅石ヲ以修繕取計候条此段上申候也

明治十六年十一月廿日　　所長代副長

真駒内バーンの下層の仕様に関して詳らかな記述は管見では見当たらないが，ダン自身が “very similar”[25] と評した札幌農学校のモデルバーンについて「飼料ハ（中略）二階下ニ墜下シ槽ニ入ルノミ糞窖ニ落チ糞尿トモニ一様ノ温度ヲ保チ家猪鼻ニテ攪拌シ又ハ蹂躙シ或ハ人手ヲ用フルコトアルモ直ニ田圃ノ肥料トスヘシ」[26] とあり，おそらくこれと大差のない使われ方をしたと思われる。本来であれば，余剰の飼料と家畜の糞尿が豚により混ぜ合わされ，醗酵したものを肥料として用いるところ，高温多湿が醗酵に作用せずに，木製の支柱（束に相当）を腐朽に至らしめてしまった。構造的に脆弱になったことと，その後の腐朽防止を鑑み，3 尺の長さの堅石（安山岩系の通称札幌硬石を指すと思われる）の束石に取り替えられた。

4-4　七重勧業試験場第一家畜房

1872 年の農学校の設立計画が，七重における開拓使農業政策の嚆矢である。翌年には諸施設を建設し，東京官園農事係の直轄により農場の経営が始まった。1873 年 4 月に七重農業試験場として独立するが，その際，マサチューセッツ農科大学への留学経験がある湯地定基[27] が場長として就任した。留学中の恩師の一人がクラークであることも，湯地の着任と関係があろう。事実，クラークは来日中に 2 度，七重を訪れている[28]。バーン竣工直前の 1878 年 7 月に，七重勧業試験場と改称した。

七重に建設されたバーンについては，『七飯町史』[29] 掲載の写真や，

23）
ダン書簡 108，北海道大学附属図書館北方資料室所蔵。同書簡中には，札幌農学校のモデルバーンと真駒内で建設予定のバーンを比較した，“This barn will be very similar to, but different in many respects, from the barn on the College farm; The advantages of this barn are manifold, …” という一文がある。田辺は前掲書 p.54 で，ダンに対する贔屓目からか ‘advantages’ を「この家畜房は農学校のそれに優っている」と解釈しているが，引用文の以降では，農学校のそれにも共通する，この形式のバーンの一般的な特徴を述べているに過ぎないので，普通に「長所」と解釈するのが無難であろう。

24）
ダン書簡 143，北海道大学附属図書館北方資料室所蔵。
“The health and condition of the live stock at Makomanai during the year has been all that could be wished. There has been no loss whatever from disease, and only one death from accident.”

25）
註記 24 に同じ。

26）
前掲『札幌農黌第一年報』，pp.32-33。

27）
1843-1928。手塚晃，国立教育会館編集『幕末明治海外渡航者総覧』（柏書房，1992 年）によると，湯地のマサチューセッツ農科大学への留学期間は 1870 年 9 月から，同年 12 月 27 日まで。帰朝後，開拓使八等出仕となっている。

28）
札幌に来る前の 1876 年 4 月と，帰国のために札幌を離れた後の 1877 年 4 月。

29）
『七飯町史』（1976 年）。

『開拓使事業報告』などに記述される詳細な構成から，札幌農学校や真駒内のそれと同じ「米国善良ノ「ハーン」ニ擬シテ」[30]建設されたことが知られている。真駒内のバーンとは桁行と梁間の比は大きく異なるが，牛馬圏の配列や角屋を設けるところなど，共通点も多く見られる。『開拓使事業報告原稿』[31]によると，桁行が22.12間，梁間が8.45間，南東角に附属する角屋は桁行6.565間，梁間4.5間である。桁行40mを超す巨大なバーンであった。

加えて，このバーンで注目すべきは，下層の仕様である。「最下層ハ牛馬糞窖ニテ石ヲ用テ之ヲ囲ム」[32]もので，その施工中の様子を示す写真（図3-11）があり，石垣状に大石を積んでいる様子がわかる。面積単価が，札幌農学校や真駒内のバーンに比べ割高なことも，堅固に石を積んだことに起因するのであろう。

4-5　七重勧業試験場第二家畜房

七重勧業試験場に建設された第二家畜房については，これまでいずれの史料にも詳細な記述はなく，概要すら把握できなかった。しかし開拓使簿書中に，この家畜房に関する建築一件書類と建設にあたっての往復書簡を発見した[33]。ここでは，これら史料から建設に至った経緯と建築概要について考察していきたい。

1879年2月の七重勧業試験場動物主務から湯地定基に宛てた書簡では，第一家畜房を「殊ニ便利ニシテ労力ヲ節倹シ最少時間ト少人力トニテ巨大ノ仕業ヲナシ得」と評価し，併せて新しいバーンの増設を懇願している。これを受け湯地は黒田清隆に宛て，バーン新築の入用積書と仕様書，設計図面を添付した「ハーン建設之義伺」を提出した[34]。ここに添付された建築一件書類は，開拓使が建設したバーンの詳細を知り得る唯一の史料として貴重である。

30）
『開拓使残務処理 開拓使事業報告書 全 七重勧業試験場』簿書7194，北海道立文書館所蔵。
31）
『開拓使事業報告原稿』簿書7168，北海道立文書館所蔵。
32）
大蔵省編『開拓使事業報告 第二編 勧農・土木』（大蔵省，1885年），p.371。
33）
『略輯開拓使会計書類 第四号 第三百卅八冊二分割ノ一（本支庁伺録 明治十二年）』簿書6463，『略輯開拓使会計書類 第四号 第三百卅八冊二分割ノ二（本支庁伺録 明治十二年）』簿書6464，北海道立文書館所蔵。建築一件書類は前者に含まれる。
34）
これに対し黒田は，米国式家畜房建設の妥当性について納得しながらも，費用の不足を理由にバーン建設を先送りとする。しかし，湯地は同年8月に改めてバーン新築の正当性を「至極便利ニシテ将来」ニ利益ヲ得ルノ見込有之」と熱心に主張し，最終的に黒田が翌9月にバーンの新築に同意した。しかしながら，予算については全く未定であったため，同年度は準備期間とし，翌1880年からの工事着手となった。

図3-11 「七重村バーン建築中ノ図」

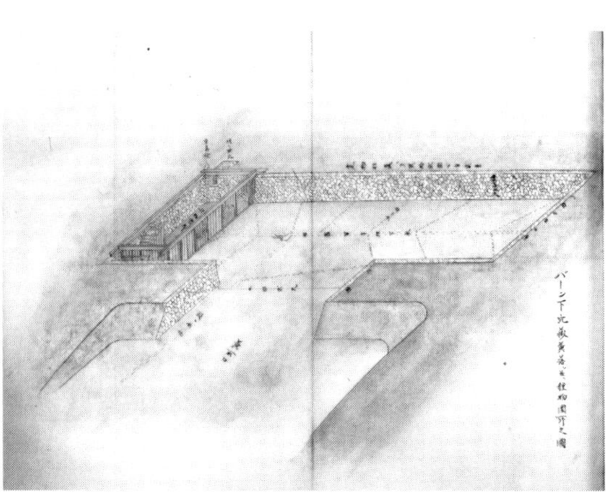

図3-12 「バーン下穴蔵糞落シ并ニ種物置所之図」

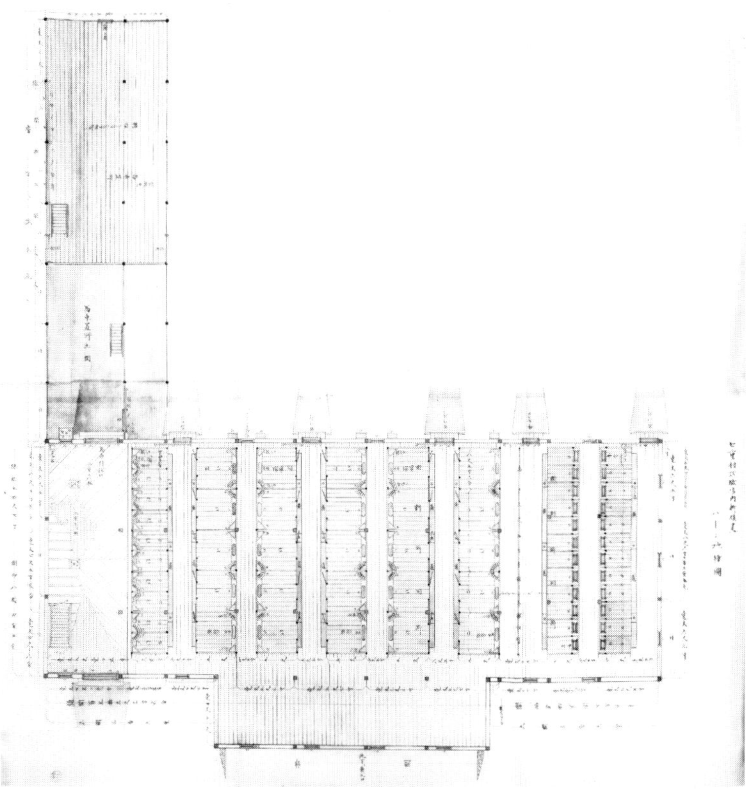

図 3-13 「七重村試験場内新規建バーン地絵図」

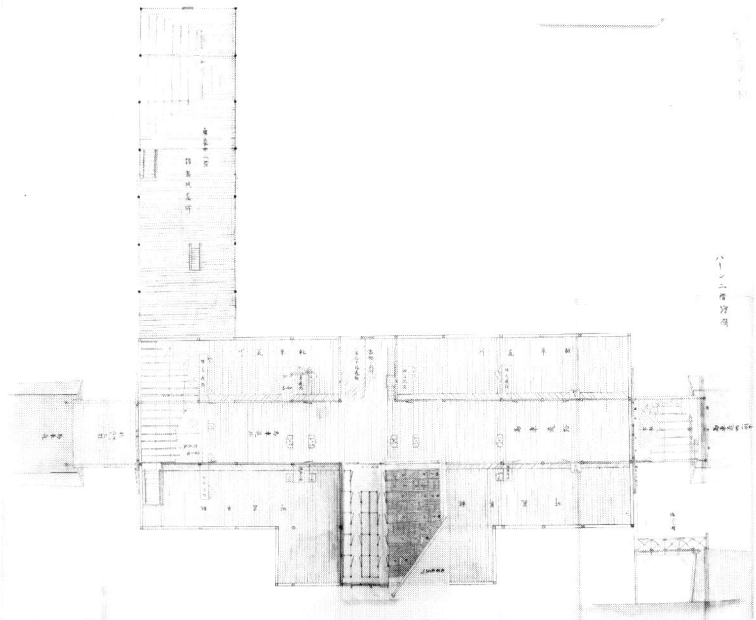

図 3-14 「バーン二階絵図」

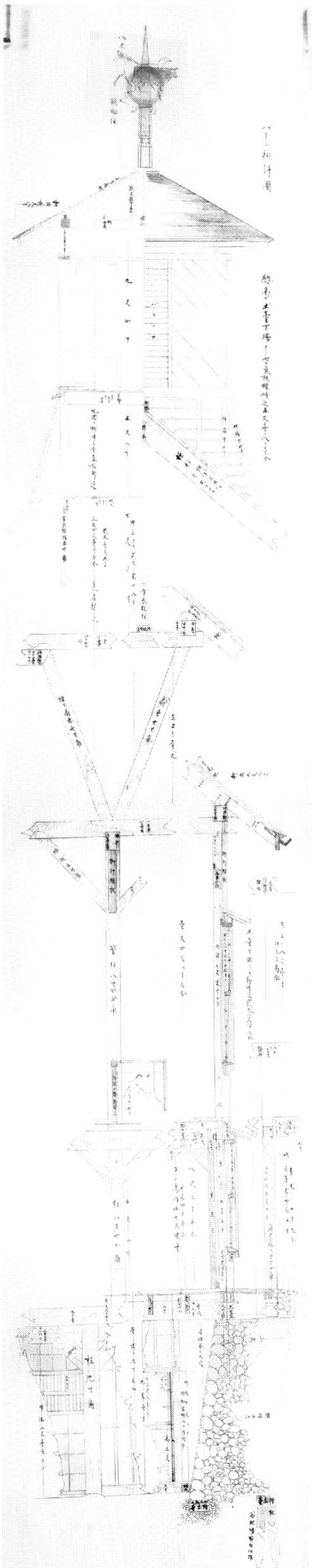

図 3-15 「バーン矩計図」

設計図面は，下層の俯瞰図（図 3-12），中層平面図（図 3-13），上層平面図（図 3-14），矩計図（図 3-15）の他，各部詳細図など計 8 枚からなり，いずれも彩色を施した詳細なものである。具体的にその特徴を見ていきたい。

下層の俯瞰図からは，第一家畜房と同様の石垣積の仕様が見て取れる。真駒内での失敗の反省も込められているのであろう。中層の畜房の構成は左から馬圏（10 頭× 1 列），函圏（5 個 ×5 列），牛圏（12 頭× 2 列）となっているが，函圏の具体的な用途は仕様書には記されていない。上層には斜路（馬車道）から繋がる木橋が描かれる。矩計図に描かれる小屋組は和小屋でもキングポストでもない特殊なトラスを組んでいる。空気抜塔頂部の「天狗束」には「風見鉄板製牛馬」を取り付ける。この風見牛馬は，一つ屋根の下，上層を馬車が通り，中層には牛馬，下層には豚を飼養するという，まさしく開拓使が建築した米国式家畜房の構成を示している。また，側柱や管柱など主要構造材に 8 寸 4 分角の部材を用いる。8 寸 4 分は 10 インチに換算することができ，部材断面の多くがヤード法に則って設計されたと推測できる [35)]。

4-6　東京官園家畜房

東京官園は 1871 年に開設され，開拓技術者の養成と洋式農法ならびに英国式の産業技術の導入を図っていた。しかし，1872 年には 100 頭余の牧牛が伝染病により斃死している [36)]。その後も飼畜は捗々しくなかったようで，1880 年に「牛馬舎在来の家屋ヲ用ヰ或ハ増築スルモ其結構豢養ニ便ナラス因テ米国製家畜房ニ模シ八月新築ニ着手」[37)] した。この記述から，第三官園でそれまで使用されていた牛馬舎に問題があり，家畜の生育不良がおこったため，北海道で成功していた米国式バーンの建設を決めたことが読み取れる。

七重の二つのバーンと同様に，このバーンでも「最下層ハ牛馬糞窖ニシテ三面石垣ヲ築」[38)] いた。そのため面積単価が非常に高くなっている。また，工事契約に関わる簿書 [39)] が残されており，石垣を含む石工事全般の見積り，入札，落札の様子を詳細に知ることができる。全施工費 5,166 円 329 のうち，石工事に関わる経費が 1,675 円 516 で，実に 3 割を占める。中でも人件費が非常に嵩み，実際には行なわなかったようであるが，監獄収監の懲役人を雇い入れることにより経費の削減を図ろうとしたことも読み取れる。

管見では，このバーンの平面図や写真は発見でき得ていないが，簿書に所収される簡略に描かれた単線の配置図（図 3-16）から，真駒内や七重と同様の角屋を設けていたことがわかる。2 間半 ×4 間の「馬車置及牛馬洗足場」であった。

35）
伊藤桜『開拓使の米国式家畜房に関する研究―札幌官園牛舎（明治 8 年）と七重勧業試験場第二家畜房（明治 14 年）の比較を通じて―』（2007 年度北海道大学卒業論文）では，建築一件書類に基づき復原断面図を作成し，特に構法について詳細な考察を加えている。

36）
『太政類典・第二編・明治四年～明治十年・第百二十一巻・地方二十七・特別ノ地方開拓使一』国立公文書館所蔵。「六年五月廿四日　開拓使牧牛伝染疫ニ罹リ百余頭斃ル」。

37）
前掲『開拓使事業報告 第二編 勧農・土木』，p.424。

38）
前掲『開拓使事業報告 第二編 勧農・土木』，p.425。

39）
『略輯旧開拓使会計書類 第九号 第二百五十六冊（明治十三年一月ヨ里 バーン新築御入用留 用度係営繕専務』簿書 6977，北海道立文書館所蔵。

図 3-16　東京官園家畜房配置図

4-7　開拓使旧蔵舶載書に見られるバーン

開拓使旧蔵舶載書の中には，米国北東部に特徴的に見られるバーンに関する図版や記述を含むものがいくつか見受けられる。出版年順に列挙すると以下のようになる。

Wheeler, G., *Homes for the people.* 1867 [40)]

Allen, R. F., *New American farm book.* 1869

Waring, G. E. Jr., *The handy-book of husbandry.* 1870

Todd, S. E., *Country homes.* 1870

Thomas, J. J., *Rural affairs. vol. 3.* 1876

この中で注目すべきは，Waring, *The handy-book of husbandry.* で，2冊の存在が確認されている。1冊は前述のクラーク舶載書で，ここでもマサチューセッツ農科大学学長クラークの陽刻が確認できる。もう1冊は，開拓使官園に端を発する札幌育種場から移管を受けたもの[41)]である。2冊ともに，手垢の跡や鉛筆による書き込みが見られ，よく読まれた本であったことが窺える。

著者であるWaring, Geo. E. Jr.（1833-1897）は，米国の農業，公衆衛生，排水設備の分野で功績をあげた人物で，この本は当時の米国で高い評価を得ていた[42)]。農場経営の方法から家畜の飼育方法に至るまで，農業を成功させるための実践的な手法が解説されている。とりわけ，バーンに関する記述は豊富で，米国北東部のNew England地方Rohde Island州において，著者自身が経営したOgden farmという農場に建設したバーン（図3-17）を実例に，バーンの

図3-17　Ogden farmのバーン

40）
この本は教科書として使用されたらしく，多数の現存が確認される。また，そのうちの1冊は札幌農学校雇い外国人教師ホイラー Wheeler, Wm.（著者のWheeler. G. とは別人）の寄贈書である。中表紙には“Wheeler, Wm.”と，直筆のサインが残されている。

41）
この本の表紙は欠損しているが，『明治十九年 札幌育種場引継目録』（札幌農学校史料265，北海道大学大学文書館所蔵）に記載されている「ゼ ヘンドブツク オフ ハスバンドリー ウオリング氏著」が相当すると考えられる。

42）
The atlantic monthly. vol.26, issue 157, November 1870. ‘Making of America’（http://cdl.library.cornell.edu/moa/）より。

設計理念と建設方法に関して，平面図，断面図，透視図，仕様と併せて，詳細な説明を加えている。

4-8 開拓使建設のバーンと Ogden farm のバーンの比較

開拓使建設の 4 つのバーンは，表 3-1 に示したように基本的な構成と使い方がよく似ている。そこで，開拓使によるバーンのルーツであり，かつ模範として建てられた札幌農学校のモデルバーンと，Ogden farm のそれとの構成を比較し，図 3-18 に示した。

夏に飼料用の乾草を上層に貯蔵し，床に開けた落し口から階下（中層）に落とす。中層で飼育される牛馬が出す糞尿を，剰余の飼料とともに床の落し口から落とし，下層で豚により攪拌，醗酵することにより，翌春牧草を育てる際の肥料ができる。下層では根菜もともに貯蔵する。斜面や地面の起伏を利用して，各層毎にバーンへ直接出入りする工夫がある。上層へは，地上から延びる土盛りの斜路を経て，乾草を積んだ馬車が容易に到達できる。飼料としての乾草の搬入に始まり，それを家畜へ給餌し，最終的には肥料として活

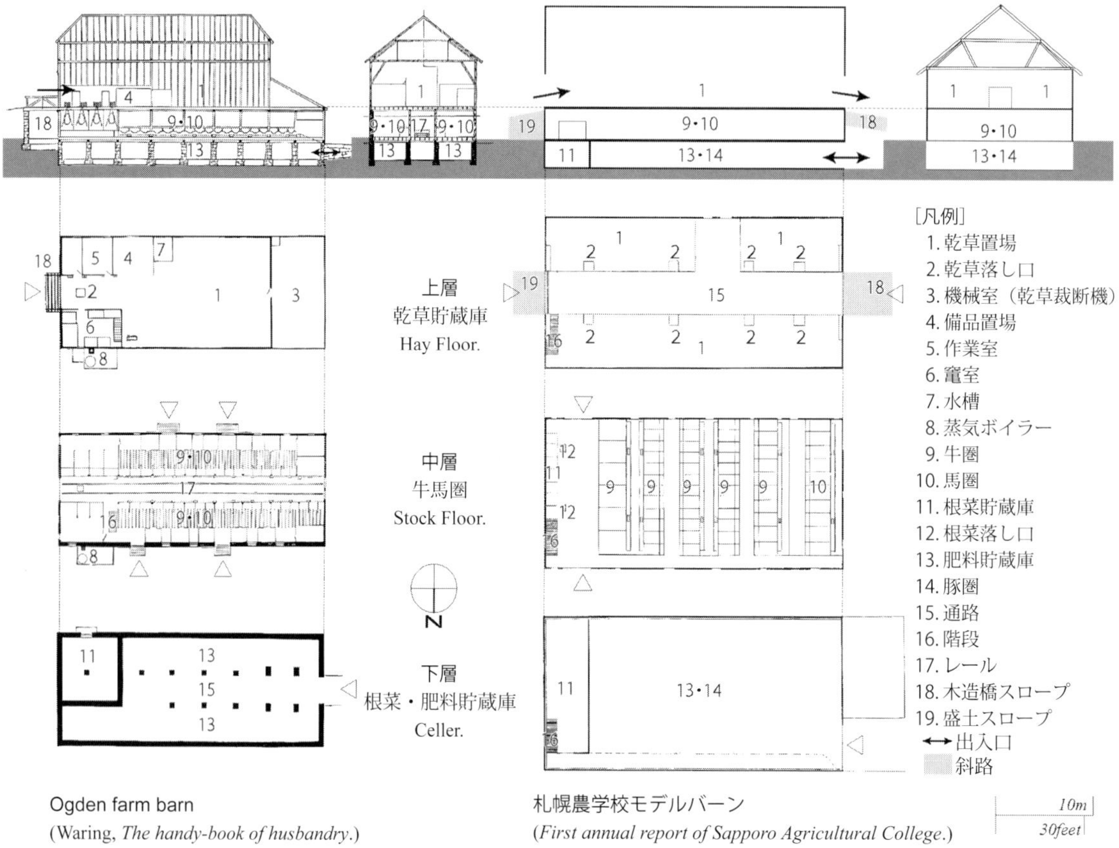

Ogden farm barn
(Waring, *The handy-book of husbandry*.)

札幌農学校モデルバーン
(*First annual report of Sapporo Agricultural College*.)

図 3-18 Ogden farm のバーンと札幌農学校モデルバーンの比較

用するまで，無駄なく，かつ畜力を有効に使い，効率よく農作業を行なう完成したシステムが，両者のバーンに見られる。

しかし，モデルバーンは斜路を両妻面から延ばして馬車を通り抜けできるようにしているのに対し，Ogden farm のバーンは斜路が片妻面にしか接続していなく，乾草を運搬する馬車が通り抜けできないため，バーン上層内で方向転換をしなくてはいけない。また，上層の乾草落し口の数や，中層内の各房の向き，下層の構造（支柱の本数)，など，若干の相違点も見受けられる。

ここで見てきた米国北東部をルーツとするバーンは，土地の起伏条件を有効に活用し，かつ，その飼畜規模により牛馬各圏をアレンジすることにより構成されている。しかし，このことは，互いの相違点を浮き彫りにするのではなく，一つの規範に則った上での，創意工夫されたバーンの発展，進化の形態を現している。

第5節　揚水風車

札幌農学校のモデルバーンと，真駒内のバーンのそれぞれ増築部分には，小屋組に組み込まれた揚水風車が設置されていた。これは，家畜の飲料水を，地下からバーンの上層に設置している水槽に引き込み，バーン全体に供給するためのものである。札幌農学校のそれは *Third annual report of Sapporo Aguricultural College.* [43] の口絵銅版画（図 3-19）に，真駒内のそれは 1877 年頃に撮影の写真（図 3-20）に，それぞれその姿をわずかに確認できる。

また，Waring 前掲書にも揚水風車の記述があり，農業への必要性や設計概要が図版（図 3-21,-22）と併せて解説されている。

札幌農学校の風車に関しては「壱号園家畜房増築」と題した設計図（図 3-23）が残されており，風車土台の構造や小屋組との取り付きの様子を詳細に知ることができる。図面では棟の中心に風車土

43）
Kaitakushi, *Third annual report of Sapporo Agricultural College*. 1879。ただし，同年発行の日本語版の『札幌農黌第三年報』（開拓使，1879 年）には，この銅版画の所載はない。

図 3-19　札幌農学校モデールバーンの銅版画（図中○内が風車）

図 3-20　真駒内牧牛場バーン（図中○内が風車）

台を建てているが，別の図面では，棟木を外して，屋根面に土台を据えているものもある。図 3-19 からは，どちらの仕様で造られたかは判断できないが，増築部分に揚水風車が据えられたことは，ブルックスによる報告からも確認できる [44]。

The water is pumped into this reservior from the stream of pure spring

44) Brooks, W. P., ‘Report on the college farm.’(Kaitakushi, *Third annual report of Sapporo Agricultural College*. 1879), p.50.

図 3-21　洋書に掲載の揚水風車

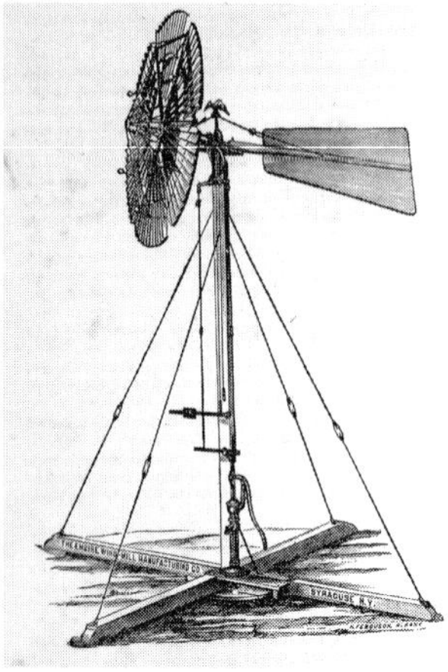

図 3-22　洋書に掲載の風車

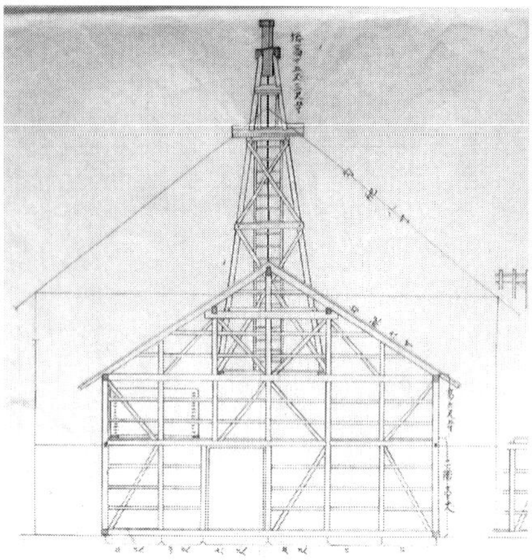

図 3-23　「壱号園家畜房増築」（部分）

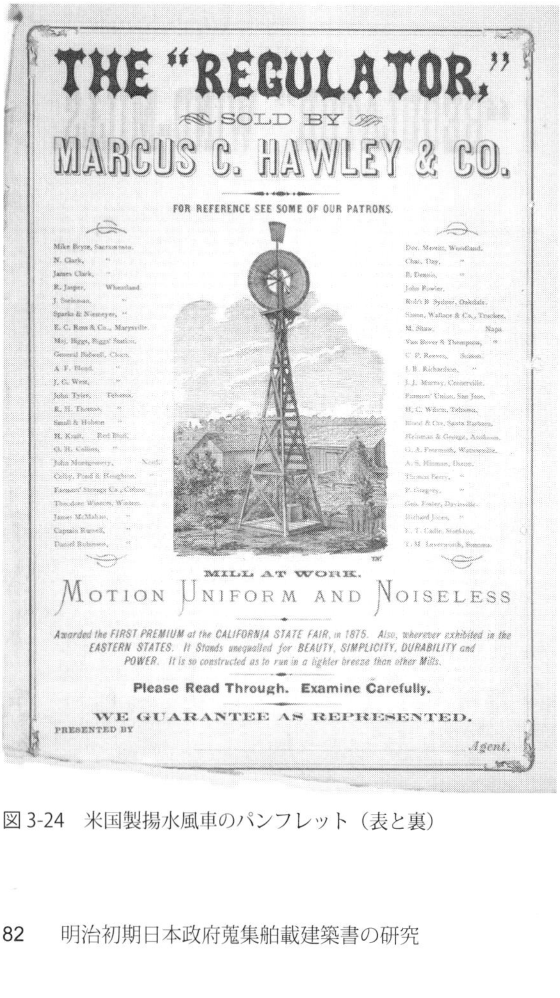

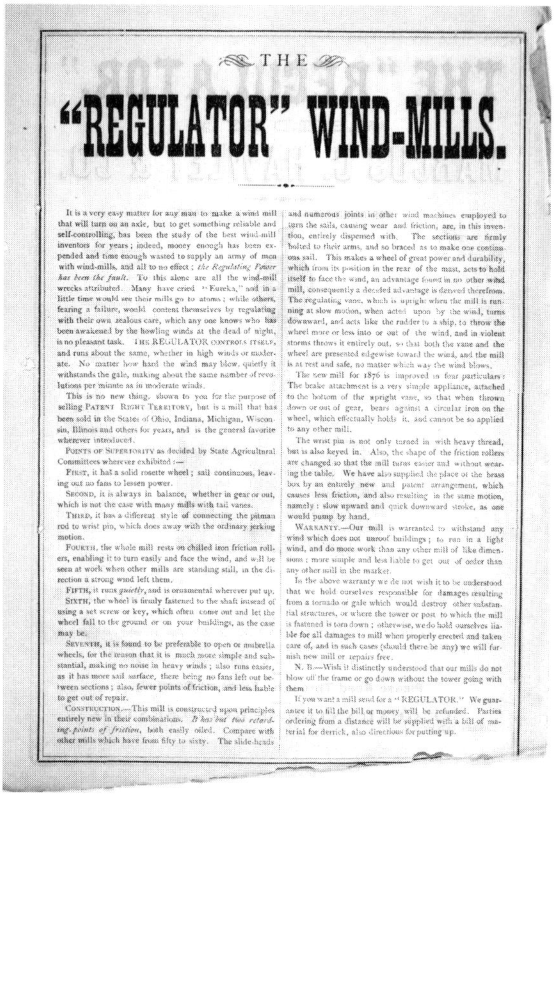

図 3-24　米国製揚水風車のパンフレット（表と裏）

water which flows near the barn by a wind-mill which is placed upon a tower built on this building.

上記引用文中 ‘wind-mill’ は風車を指し，バーンの付近を流れる湧水[45] を汲み上げる仕様であることが読み取れる。

真駒内牧牛場では，開拓使営繕課が同場の勧業課に，米国製揚水風車のパンフレット（図 3-24）を模して，バーン増築部に付随する風車を設計するよう指示していた[46]。

真駒内牧牛場ヘ風機ポンプ台壱個新規出来候ニ付テハ貴課ニ於テ其職工ノ者ヘ御申付別紙絵図面ニ倣ヒ入費積為致御来示相成度此段及御依頼候也

パンフレットでは，自立する風車が描かれているが，前掲の写真（図 3-20）より，札幌農学校のそれと同様，小屋組に組み込まれて建設されたことがわかる。

加えて，明治 10 年に東京上野公園で開催された内国勧業博覧会では，内務省勧農局から農業用の米国製揚水風車（図 3-25）が出品されていた[47]。この当時，内務省勧農局において，米国の農業事情に詳しい者として岩山敬義（1839-92）をあげることができる。岩山は 1868（明治元）年に民部省に出仕，後，岩倉使節団に随行し，1871-1873 年の間，米国において園芸・牧畜を研究した[48]。留学中，大久保利通に呼び寄せられ帰朝[49]，明治政府の勧農畜産政策を担った人物であり，駒場農学校（東京大学農学部の前身）の創設者としても知られる。岩山の存在により，明治政府が米国を範とした農業設備の導入を試みていたことにも納得がいく。

それぞれの揚水風車の出自を検討すると，バーンの時のように互いを参照したのではなく，米国から直接，技術を導入していることがわかる。札幌農学校の風車はいうまでもなくクラークが持参した Waring の本の参照であるし，真駒内のそれは，米国から直接入手したパンフレットであった。内国勧業博覧会の風車は，『明治十年 内国勧業博覧会報告書』によれば，札幌農学校や真駒内牧牛場に見られるのと同形の櫓上に組まれる風車で「米国牧場風機会社」の製造である。また，Waring 前掲書に見られるものに類似する「第六十八図」の風車は米国で購入して持ち帰ったものであり，前年には同形の「紐育府オーレン会社」の風車の図面を偶々入手し，情報が図面のみと限られた中で模造試作を行なっていたという[50]。

45）
正確には湧泉（アイヌ語で「メム」）のことを指す。扇状地である札幌は各所に地下水が湧き出るメムがあった。
46）
『明治十一年自一月至六月 諸課文移録 第一勧業課』簿書 A4-91，北海道立文書館所蔵。
47）
『明治十年内国勧業博覧会出品解説 第四区機械 第九類動源』（内国勧業博覧会事務局，1878 年）。
48）
手塚他前掲書。
49）
勝田孫弥『大久保利通伝 下巻』（同文館，1911 年），pp.489-490。
50）
『明治十年 内国勧業博覧会報告書』（内国勧業博覧会事務局，1878 年）。

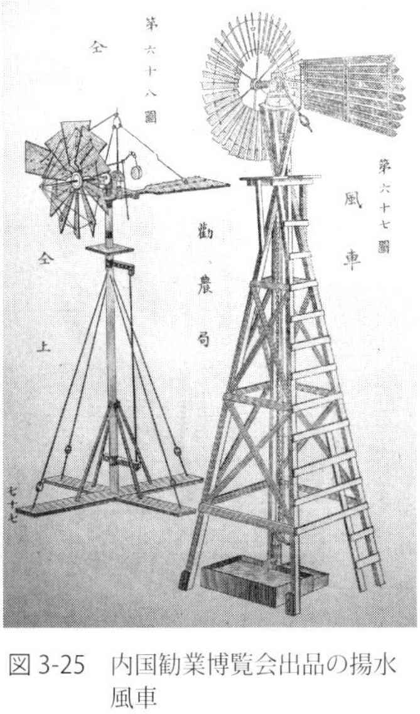

図 3-25　内国勧業博覧会出品の揚水風車

勧農局ノ（中略）風車モ亦米国ヨリ購帰スル所ニシテ就中上野公園ニ建設セシモノヲ以テ最簡便ナリトス（中略）蓋シ前年同局試験場ニテ米国ノ風車ヲ摸造セシモノハ只ニ図式ヲ按シテ製作セシヲ以テ大ニ原機ト差錯シ之ヲ試ルニ及ヒ遂ニ大風ノ為メニ破壊シタリ（中略）故ニ我邦田野高曠ノ地若クハ牧場等ニ在テ適宜ノ風車ヲ設ケ多費ヲ要セズシテ漑田飲水等ノ用ニ資スルヲ得ベシ（下線：引用者）

揚水風車は農業用水を確保するためだけでなく，蒸気機関にも必要とされ，鉄道の発展にも大きな影響を与えた。換言するなら，風車は開拓に必要な設備であるばかりでなく，近代産業技術の導入，発展においても必要不可欠なものであった[51]。

第6節　小括

札幌農学校，真駒内牧牛場，七重勧業試験場に続き，東京麻布笄町の第三官園においても，米国北東部を発祥とする同形のバーンを建設した[52]。これには，従来の牛馬舎が近代的農業の導入と実践には適さず，米国に倣ったバーンを必要とした経緯があった。開拓使が，クラーク，ホイラー，ダンのアメリカ人お雇い外国人教師，そして米国への留学経験のある湯地を通じて，米国から導入したバーンは，その優位性が評価され，開拓使直轄の官園とはいえ，北海道を越え，東京においても建設された。

一方，揚水風車は，近代文明導入過程の明治初期日本において，必要不可欠のものであり，同時代的に，かつ同時発生的に米国を範とする技術導入を模索した証の一つであるといえる[53]。

冒頭，考察したバルーンフレームの導入とあわせると，少なくとも，北海道における近代農業に関わる建築技術の導入に，建築技術者の不在を補完するものとしても，舶載書が大きな存在を占めていたといえる。すなわちクラーク自身がマサチューセッツ農科大学において成功させた，バーンをはじめとする諸施設を建設する際に参考としたであろう書籍を，札幌農学校への赴任にあたり舶載した。これら書籍を用いて学校農園の経営にあたったことは，愛弟子であるホイラーも周知のことであったのだろう。だからこそ，クラーク離札の際に，必要書籍をクラークより購入したと考えることができる。

もちろん，クラーク，ホイラー以外にも，ダン，湯地といった，米国式農業技術を習得した人物の存在も忘れてはいけない。彼らのサポートがあったからこそ，明治初期の北海道に米国式の近代農業が積極的に導入され，モデルバーンが一つの完成を見たのである。

51）
1875年に翻訳され，日本全国の農業関連官公庁に配布された『斯氏農書』（原著は Stephens, Henry, *The book of the farm.*）の著者 Stephens が編集した Slight, S. & Burn, R. S., *The book of farm implements and machines.* 1858には，ここに掲載したのとほぼ同形の揚水風車が掲載されている。ロンドンの出版であるので，アメリカに限らず，イギリスにおいてもこの形態の揚水風車は流行していたことが窺われる。また，福本龍『明治五・六年大鳥圭介の英・米産業視察日記』（国書刊行会，2007年），p.146に1873年1月8日に「寺島大務使と共ニ風車製造局ニ至る」と，大鳥圭介が寺島宗則と共にイギリスで風車工場を見学していたことが指摘されている。

52）
モデルバーン model barn とは，1850年頃に米国東海岸のニューイングランド地方で発明され，19世紀後半に同地方で流行した畜舎形式の呼称であることが，最近の研究により明らかとなった。宮部芳弘『米国におけるモデルバーンの展開と札幌農学校模範家畜房』（2007年度北海道大学修士論文）において詳細な考察が加えられている。

53）
横浜市中区の通称フランス山のフランス領事館跡地に1896年に建設された井戸用多翼式揚水風車の復原レプリカが建っている。写真資料の不足により，厳密な形状がわからず，付近に建っていた「フェリス女学院の赤い風車」と「ヴィラ・サクソニアの風車」を復原の根拠としたという。また，1881年の岡山県主催の博覧会では見せ物として揚水風車が建設されていたが，横浜において実用として建設されていたことは興味深い。

第4章　明治初期中央官庁における建築関連洋書の蒐集

第1節　はじめに

明治初期における西洋建築の導入過程において，お雇い外国人の指導や，日本人大工棟梁による居留地の建築の参照などが，これまで多く報告ならびに検証されてきた[1)]。しかしながら，一部研究者は，その導入過程の一つとして舶載建築書の影響の可能性を指摘しながらも，それを実証できずにいたため，そのことが歴史の中に埋もれてしまった経緯がある。近年上梓された日本近代建築を通史的に記述する書籍[2)]の中にも，その残滓を色濃く読み取ることができる。

村松貞次郎，遠藤明久，越野武の3名は共通して，開拓使営繕と大蔵省ならびに工部省営繕を，対等の中央官庁営繕組織と捉え，その意匠上の特徴として，いわゆる「擬洋風建築」とは異なる端正な洋風要素を用いていることを考察している[3)]。第2章で考察したように，開拓使においては明らかに舶載建築書を参考に営繕活動を行なっていた事実に，村松らの考察を敷衍すると，開拓使以外の中央官庁においても，開拓使と同様，建築書を明治初期に輸入していたことを推察できる。事実，菊池重郎が，このことを英学史の一端として「公刊洋書目録」という形で報告している[4)]。菊池はこう綴る。「幕末明治初期には洋書特に多数の英米書が，にわかに日本にもたらされて欧米文化を伝え，近代化に役立てられたということは改めていうまでもない」。しかも，残念なことに，それら目録に記載される舶載建築書の全貌は明らかにされず，さらには，その書籍群が現存するか否かも，確かめられぬまま現在に至っている。

しかし，その大部分が，国立公文書館ならびに国立国会図書館に所蔵され，かつ現存していることが，筆者の調査により判明した。また，工部大学校の旧蔵書は関東大震災により過半を焼失しているが，前身の工学寮時代も含めて蔵書目録が存在し，そのコレクションがいかなるものであったのかを推察することが可能である。

本章は，明治初期に日本政府の諸官庁が蒐集した建築関連洋書について，国立公文書館が所蔵する太政官文庫旧蔵の建築関連洋書，工部大学校およびその前身組織である工部省工学寮の建築関連洋書のコレクションの様子，そして，国会図書館が所蔵する文部省を主体とする東京書籍館，教育博物館ならびに東京図書館が蒐集した建築関連洋書を整理するとともに，これらに横断的に見られる建築関連洋書の特徴について考察を加えるものである。

1)
例えば，堀越三郎『明治初期の洋風建築』（丸善，1929年，南洋堂書店から1973年に復刻），近藤豊『明治初期の擬洋風建築の研究』（私家版，1961年，理工学社から1999年に出版），稲垣栄三『日本の近代建築［その成立過程］』（鹿島出版会，1979年）など。

2)
例えば，清水重敦『擬洋風建築』（『日本の美術』No.466，至文堂，2003年），八束はじめ『思想としての日本近代建築』（岩波書店，2005年），中谷礼仁「様式的自由と擬洋風建築」（鈴木博之，石山修武，伊藤毅，山岸常人編『シリーズ都市・建築・歴史8 近代化の波及』，東京大学出版会，2006年）など。

3)
村松貞次郎『日本近代建築史ノート』（世界書院，1965年），遠藤明久『開拓使営繕事業の研究』（私家版，1961年），越野武『北海道における明治初期洋風建築の研究』（北海道大学図書刊行会，1993年）など。

4)
菊池重郎「明治初期の公刊洋書目録史考」（日本英学史学会編『英学史研究』第5号「英学の導入と日本の近代化」特集，1972年），pp.153-168。

第２節　菊池重郎による明治初期公刊洋書目録の報告

冒頭述べたように，菊池重郎は「明治初期の公刊洋書目録史考」と題して，建築史学を超え，広く英学史の視点で，明治初期に舶載あるいは請来された英米書の日本の近代化過程における重要性に着目し，公刊された洋書目録の全貌を明らかにした上で，史的展望を述べている[5)]。紙幅の都合から，「概要を述べるにとどめ，詳しいことは次の機会を俟つことにする」と，後の考察—特に専門分野である洋式建築の導入過程[6)]における舶載建築書の影響—を期待させるが，残念ながら，次の機会が訪れることはなかった。

菊池が紹介した洋書目録のうち，特に建築に関わりの深い数点について見ていきたい。

工部大学校の前身組織である工学寮は，1876 年に最初の洋書目録を出版している。菊池は *Catalogue of library.* すなわち蔵書目録がカレンダー *Calendar.* に付載されると述べるが，国立国会図書館などが所蔵するそれには蔵書目録の添付はない。別途，*Library of the Imperial College of Engineering.* Tokei. という蔵書目録を作成しており，1876 年の分が確認できる。1878 年には工部大学校となり，*Catalogue of books contained in the Library of the Imperial College of Engineering.* Tokei. を出版した。工学寮ならびに工部大学校所蔵の建築関連洋書の詳細については，本章第 4 節で考察する。

この他，国立国会図書館の前身組織の一つである文部省書籍館の英仏独書目録 *A classified catalogue of the books in the English, French and German languages of the Tokio Shosekikan or Tokio Library*. Tokio, 1876 や，教育博物館（組織としては国立科学博物館の前身であるが，蔵書は国立国会図書館に継承）の洋書分類目録 *Classified catalogue of the Library of Kiyoiku Hakubutsukan or Educational Museum*. 1881 に加え，東京開成学校の英書目録 *A classified list of the English books. In the Tokio-Kaisei-Gakko.* Tokio: 8th year of Meiji.1875 や，第 1 章で考察を加えた札幌農学校の洋書目録なども紹介している。

そして大尾において，官庁蔵書の洋書目録についてふれる。そこには，「明治 10 年代に（中略）分散した諸官庁所蔵の洋書を統一利用し集中管理しようとした」ため，「経費節約の意味もあって，各省所蔵洋書の綜合目録の作成が計画され」た，とある。ここでは，13 部門を予定していた目録のうち，1882 年に法律書と経済書の 2 部門のみを刊行したに留まったと記述される。目録作成の意図について論じるものの，作成の経緯や目録による管理，太政官文庫として一括管理に至るまでの経緯については一切ふれていない。もちろん，後に内閣文庫として管理した時代に作成された洋書目録についての言及も見られない。

5)
註記 4 に同じ。
6)
菊池重郎『日本に於ける洋式建築の初期導入過程の研究』（東京工業大学学位請求論文，1961 年）。
序でも述べたように，菊池は幕末から明治初期にかけて欧米から導入された建築に「洋式建築」という言葉を与えている。

第３節　太政官蒐集の建築関連洋書

3-1　太政官による洋書目録の作成と管理

現在，国立公文書館が所蔵する洋書約 45,000 冊[7] は，大半が明治政府旧蔵のもので，1884 年，各省庁所蔵の図書一切を蒐集管理するために設置された太政官文庫を淵源とする。

これら洋書の大半は「社会科学ことに政治･法律書で占められ（中略）明治政府の諸機関がどのような欧米文献を参考にして行政を進めたかということを，これらの図書自身が直接かつ具体的に物語」り，「その内容よりはむしろ日本近代史の史料としての観点から再評価されるべき」[8] ものである。しかし，洋書目録作成の経緯はこれまで明らかにされてこなかったので，太政類典，公文録など各種公文書の記述から，その経緯を追っていきたい。

明治政府による諸官庁所蔵の洋書目録蒐集の計画は，1872（明治5）年まで遡る[9]。

五年十月四日
　諸省開拓使ヘ廻達　正院
今般正院ニ翻訳局ヲ被置候ニ付是迄西洋書籍備置候ニ付是迄西洋書籍備置有之向ハ書目取調可差出候也
　　　四年十二月中已ニ翻訳局ノ名ヨリ図籍ノミヲ参考スベシ

この記述から，1872 年には開拓使を含む諸省において，それなりの数の洋書を所蔵していたことが推察できる。その後は 1874 年に，海軍省宛に西洋書目を太政官文書課へ提出すべき文書[10] を確認できるだけで，この他に洋書目録作成，あるいは蒐集に向けた目立った動きは見られない。

太政官は 1880 年に，中央官庁の諸機関が所蔵する洋書の目録を作成，頒布することを目的に，以下に示す通達を出した[11]。

諸省院使所蔵ノ洋書及反訳書漸次増加候趣ニ付テハ此節其書目ヲ太政官ニ蒐集シテ総目録ヲ製シ今後増加ノ分ハ時宜見計一ヶ年一回之ヲ各庁ニ頒付シ甲乙有無流用ノ便ヲ得セシメ候ハヽ旁外国品購求ヲ減スルノ一端トモ相成一挙両便ノ儀ト存候間左按ノ通御達可相成哉相伺候也　　十三年十月十一日
　但目録ヲ調製頒付スルハ有無流用スヘキ旨趣ナルヲ其巻首ニ明掲スヘキ筈ニ候
　　　御達案
其省院使所蔵ノ洋書目録別紙雛形ニ照準シ法律経済政事軍事外交文学理学工芸生産諸報告雑書等ノ類別ヲ以テ取調早々可差出尚今

7)
『内閣文庫洋書分類目録 英書編 下』（内閣文庫，1973 年）の巻末言による。
8)
註記 7 に同じ。
9)
『太政類典･第 2 編･明治 4 年～明治 10 年･第 14 巻』「翻訳局ヲ置キ各庁備置ノ西洋書目ヲ徴ス」。
10)
『太政類典･第 2 編･明治 4 年～明治 10 年･第 45 巻』「海軍各艦寮司備付ノ西洋書目文書課へ差出方」。
11)
『公文録･明治 13 年･第 185 巻･局部（内閣書記官局）』「省院使所蔵ノ洋書目録取調ノ件」。

後増減有之節ハ其時々内閣書記官局ヘ通知可致此旨相達候事
但反訳書ト雖モ全部又ハ其一部訳了ノモノハ本文ニ準シ可取調事
明治十三年十月二十二日

何々国語書目
法律書
何々氏著
一原名何々　何年出版又ハ何年改版　何冊
訳名何々
同書名ノモノ数部アルトキハ其部数ヲ此ニ記載スヘシ以下之ニ準ス

何々氏著
一仝　仝　何冊
仝
合計何冊
経済書
何々氏著
一原名何々　何年出版又ハ何年改版　何冊
訳名何々
何々氏著
一仝　仝　何冊
仝
合計何冊
以下之ニ倣フ

太政官の見込みとしては，相互に流用することにより重複を防ぎ，結果として外国品の購入費用—すなわち洋書を購入することによる海外への円の流出—を削減できるという一挙両得の施策であった。いま一つ注目すべきは，洋書のみならず，翻訳書もまた目録を作成し提出させようと意図していたことである。いずれの書籍についても，雛形に従った目録の提出を求めている。
そこへ，文部省から以下のような問い合わせが寄せられた[12)]。

当省所蔵之洋書目録取調方之儀令第七号ヲ以御達相成候処本省并東京図書館其他所轄各局部等ノ蔵書夥多ニシテ従前之分類目録ヲ其侭謄写候ニモ若干ノ費用ト日子ヲ可要ノ処今回御達ノ雛形ニ拠リ調製候ハ不容易事業ニ有之付而ハ多分ノ月日ト額外費用トヲ要

12）『公文録・明治13年・第38巻・文部省』「所蔵洋書目録取調ノ件」。

シ候儀ニ付可相成ハ従前之目録ヲ謄写差出申度右ニ而御用弁相成間敷哉此旨一応及御問合候也
　十三年十一月十日

東京図書館（国立国会図書館の前身）をはじめ文部省所轄の部局が所蔵する洋書は非常に多く，これまでに作成した目録を写すだけでも時間がかかる上に，今回依頼された雛形に合わせた目録の作成は簡単にはいかないので，時間と費用が必要であるという。

併せて，以下の問い合わせもあった。

追而今回雛形之通調製候ニ者別紙甲号ノ如ク片仮名ニテ可取調哉又ハ乙号横文ノ方可然哉且訳書之儀ハ省中おゐて翻訳ノモノ而已ニ候哉或ハ他ノ訳書ニテモ省中所蔵ノモノハ尽ク取調可申事ニ候哉右訳書之儀ハ原書ノ表題原著者ノ姓名其出版ノ年月等ヲ記載セルモノ往々有之候ニ付一々其原書ニ遡リテ捜索スルハ不容易儀ニテ更ニ許多ノ費用ト日月ヲ要シ可申候得共其レニ拘ハラズ取調可申哉此段モ併セテ及御問合候也

先に示した雛形からは書式のいかんは不明であるが，この文面では，甲号のカタカナと，乙号の横文―アルファベット―表記の二通りが要求されていたようである。また，翻訳書についても，当該省が翻訳したものだけを報告するのか，それ以外のものも含めて省内に所蔵するもの全て報告するのかが問われている。さらに翻訳書の原題や原著者，出版年まで原書に遡って調べるのは難儀であるという。

これに対し，以下の回答がなされた。

御省所蔵ノ洋書目録取調方ノ儀ニ付御問合ノ趣致承知候右ハ御申越ノ通リ従前ノ分類目録ヲ其侭謄写御差出可有之此段及御回答候也
　　十三年十一月十九日
追テ本文書目ノ儀ハ御達ノ形ニハ相違候得共御来示ノ雛形乙号ノ如ク横文ノ方ニテ調製シ且ツ訳書ノ儀ハ御省ニテ翻訳ノモノハ勿論他ノ訳書ト雖トモ御省所蔵ノモノハ在来ノ書名ヲ其侭記裁シ其原書表題著者ノ姓名等謄録無之分ハ一々原書ニ遡リ捜索ニハ不及候条早々御取調御差出可有之候也

従来より作成の目録をそのまま謄写の上，提出してくれるだけでよいが，原書については，アルファベット表記での提出を求めている。また，翻訳書は所蔵のもの全てを報告してほしいが，原書名や原著者名は，原書に遡ってまで調べなくてよい旨を読み取れる。

翌年の元老院との往復文書でも，「横文記載」の儀が取り沙汰される[13]。

［照会］一日書記官宛内閣書記官 御院所蔵ノ洋書目録昨年十月御達ニ基キ御差出ノ分ハ訳名ノミニシテ横文ノ書名無之右御取調書名并著者ノ人名等兼テ御達雛形ニ拠リ横文ニシテ記載御差出可有之此旨及御照会候也

追テ本文ノ横文書目御院ニ於テ既成ノ分有之候ハハ其侭御差出有之度尤謄写相済次第ニ原書ハ返還可申此段モ申添候也

［回答］内閣書記官宛書記官 本院所蔵ノ洋書目録兼テ御達ノ旨ニ依リ進達候処猶横文ノ分御入用ノ趣御照会ノ趣了承依テハ右目録英仏原文ノ分原本取調出来候ニ付即送付候間御用済次第御返却相成度此段及回答候也

書名や著者名を訳文に加え，原文（アルファベット）での提出を求めている。

順調に見える洋書目録蒐集作業であるが，その後の公文書内に，この雛形に則って目録を提出した記録はほとんど確認できない[14]。それどころか，1882 年に法律と経済の 2 部門の目録が上梓された[15]だけで，他の部門の目録が出版されることはなかった。

洋書目録の作成が完了していないにもかかわらず，太政官では，官庁間の中央図書館として和漢書も含めた図書の集中管理を行なう構想が 1883 年にまとめられた。この経緯については，『内閣文庫百年史』[16]に詳しいので，ここで改めて述べることは避けるが，2 点だけ，留意すべきことにふれておきたい。1 点目は，集中管理といいながらも，適応除外を認めていたことである[17]。

官省庁ノ書籍 地方ニ在ル分ヲ除ク ハ一切文庫ヘ蒐集ス但陸海軍省用書籍及各省附属ノ図書館博物館并学校用書籍其他訳書記録類ニ属スル日常必要ノ書冊ハ此限ニアラス尤此種ノ書籍ニ至ル迄其書目ハ詳細太政官ニ届出ツヘキ事

「図書館博物館并学校」のくだりから，明らかに文部省への配慮が窺われる。2 点目は，1885 年と時代は下るが，書籍の購入に関して，重複購入を避けるための規則を定めたこと[18]である。1880 年の通達で意図したことが，ここで初めて制度化された。

13）
『明治 14 年元老院日誌・巻之 10・10 月』「第 835 号 所蔵洋書目録ヘ横文記載ノ儀太政官照会」および「第 880 号 所蔵洋書目録ヘ横文記載ノ儀太政官ヘ回答」。

14）
『公文録・明治 14 年・第 155 巻・海軍省』「洋書目録進呈ノ件」において，海軍省からの洋書目録が報告されている。

15）
『諸官庁所蔵洋書目録 法律之部 英仏独』（1882 年 4 月），『同 経済之部 英仏独』（1882 年 12 月）。この 2 冊については，杉原四郎「明治初期における欧米経済書の伝来―『諸官庁所蔵洋書目録』を中心として―」（関西大学『經濟論集』22 巻，1973 年），pp.33-49 で考察されている。

16）
国立公文書館編『内閣文庫百年史 増補版』（古汲書院，1986 年）。

17）
前掲『内閣文庫百年史』p.7 に読み下し文が掲載されている。

18）
前掲『内閣文庫百年史』pp.262-265。「太政官文庫典籍借覧並購入取扱仮規則」の第 4 条に「甲庁ヨリ典籍購入方請求アルトキハ先ツ目録ニ就キ調査ヲ了シ乙庁ニ於テ其典籍アルハ之ヲ取戻シ甲庁ヘ貸付スルモノトス」とある。

目録の作成・頒布だけでなく，所蔵も含めた集中管理のため，1884 年に赤坂離宮内に太政官文庫（木造 2 階建ての書庫と同平家の事務所棟）を建設した。1885 年 12 月 22 日には内閣制度が創設され，それに伴い，名称も内閣文庫へと変わったが，未だ洋書目録は完成していなかった。1887 年の内閣記録局第一回報告に，洋書目録編纂途中の様子を読み取ることができる[19]。

洋書目録編纂ノ事

一　英書ハ本年ニ於テ諸官庁ヨリ引継タルモノ 5,540 部購買ニ係ルモノ 452 部納本 47 部献本 37 部従前所蔵ノ分ヲ合セ 13,700 部トス而シテ諸官庁ヨリノ引継今猶ホ陸続已マス其数殆ト仏書独書ノ三倍ニ達セリ之カ為ニ目録ノ編纂未タ終結ニ至ラス本年二月ヨリ分類ニ着手シ六月ヲ以テ其類別ヲ竣ハリ更ニ修正ヲ加ヘ十二月初旬始テ繕写ニ着手シ大約全数三分ノ一ヲ了ス

一　仏書ハ本年諸官庁ヨリ引継キタルモノ 238 部 408 冊新ニ購買シタルモノ 232 部 592 冊従前所蔵ノ分合セテ 5,027 部 11,110 冊ナリ本年一月ヨリ其目録編製ニ着手シ先ツ小箋ヲ作リ毎箋一書名ヲ記シテ之ヲ類別シ更ニ繕写シテ印刷に附セリ又之ヲ校正スルカ為メ主任ヲシテ印刷局ニ出張セシメ八月下旬ニ至リテ功ヲ竣フ爾後出納用カードルヲ製シ十月ニ至リテ整頓セリ

一　独逸書ハ本年中ニ台帳ニ登記シ編纂ノ手続ヲ了ルモノ 1,891 部 3,586 冊内 945 部 1,524 冊ハ購買ニ係リ 946 部 2,062 冊ハ引継ニ係リ引継ノ内 527 部 1,760 冊ハ其庁ニ就テ接受編纂スル者ナリ其類別目録編纂ハ一月ヨリ着手シ八月印刷ニ附シ十一月ニ至リ竣功セリ且伊呂波順小札帳三冊ヲ製シ以テ出納ノ用ニ供ス

（部数・冊数のみ漢数字をアラビア数字で表記）

1886 年 8 月には，まず『内閣文庫類別目録 仏書門』が，次いで同年 11 月には『内閣文庫類別目録 独書門』が出版され，1887 年 7 月，ようやく『内閣文庫類別目録 英書門』が上梓された。当初，目録作成にあたり雛形に示されていたカタカナによる記載は全くなく，アルファベットのみで表記した部門別目録である。部門毎にアルファベット順に著者名を並べ，表題，版，出版場所，出版年，巻数を記載している。

この目録の出版以後，明治末まで毎年追録を出版・頒布していたが，その後しばらく途絶えていた。1971 年の国立公文書館開設に伴い同館に包含されることを契機に，洋書目録を改編することになり，1972-73 年に『内閣文庫洋書分類目録　英書編』上下巻を刊行した。こちらは同様の基本情報の他に，出版社，頁数，縦寸法（cm），

19）『記録材料・内閣記録局第 1 回報告・明治 19 年 1 月』「図書課ノ部 洋書目録編纂ノ事」。

整理番号を記載し，蔵書印や図書票簽から特定できる旧蔵省庁も併記している。

3-2　内閣文庫洋書目録に見られる建築関連洋書

1887年と1973年の内閣文庫目録に記載されている建築分野全冊と農学書・工学書・辞書のうち表題から建築関連と判断できるものを抽出し，表4-1にまとめた[20]。全83冊のうち78冊を国立公文書館で閲覧することができた。所在不明の5冊は，関東大震災あるいは戦災で焼失したものと思われる[21]。

ところで，第1章で考察した開拓使工業局の洋書目録に記載されている図書は，内閣文庫の洋書目録に同じ書名のものはあるものの，開拓使の旧蔵図書としては掲載されていない。国立公文書館で閲覧した図書にも開拓使関連の蔵書印は確認できない。太政官が洋書目録を開拓使からも蒐集したのは，当初の目的である「目録による一元管理」からであり，その後の文庫としての蒐集の際には，「地方ニアル分ヲ除ク」[22]の特例により，太政官文庫には移管されず，1887年出版の内閣文庫の洋書目録にも記載されることはなかったと考えるのが妥当であろう。加えて，文部省関連の洋書は皆無であり，工部省関連のそれもほとんど見当たらない。前述のように「図書館博物館并学校」の書籍も太政官文庫への蒐集を除外[23]されており，そのため，東京図書館，教育博物館，工部大学校の蔵書が太政官文庫に移管されることはなかったと考えられる。また，「日常必要ノ書冊ハ此限ニアラス」[24]という除外も認められているので，仮に工部省の営繕関連部局が建築関連洋書を所蔵していたとしても，太政官文庫の一元管理下に収まることはなかったのであろう。もっとも，太政官は，書籍を拠出せずとも目録の提出だけは求めていたので，本章第2節で示したような洋書目録を作成したと考えられる。

国立公文書館旧内閣文庫に現存する全書籍につけられている内閣文庫時代につけられた整理番号は，集中管理以前に所蔵していた各省による整理番号から判断すると，購入順につけたものではなく，内閣文庫（前身の太政官文庫含む）への移管順に付していることがかわる。大蔵省あるいは内務省旧蔵の書籍が大半で，一部，元老院，農商務省の旧蔵書も見受けられる。江戸時代に輸入された蘭書も3冊確認できた[25]。

洋書のほとんどは袋綴じのままで，読まれた形跡すらないが，何冊かには，明らかにページを捲り，書き込みをした痕跡が確認できる。以下，各省毎に蔵書の特徴を見ていきたい。

20）
2006年4月より，国立公文書館デジタルアーカイブ（http://www.digital.archives.go.jp/index.html）システムにおいて，洋書の蔵書検索が可能になった。これにより，内閣文庫目録記載に記載された建築関連洋書を，建築以外の分野に記載されたものも含めて広く確認することができた。

21）
『内閣文庫洋書分類目録 英書編 下』（内閣文庫，1973年）で既に確認できないものを「所在不明書」として表4-1に記載したが，それ以外に1冊だけ，目録に記載があるものの，所在不明の図書がある。

22）
註記17に同じ。

23）
註記17に同じ。

24）
註記17に同じ。

25）
内閣文庫編『内閣文庫蔵書印譜』（1969年，改訂増補版，1981年）によると，安政5（1858）年10月以後，幕府は，輸入された蘭書を，江戸日本橋本石町の長崎屋源右衛門に［長崎東衙官許］の印を押させた上で販売することを許可したという。なお，この3冊と同じ書籍を，『箕作秋坪旧蔵 蕃書調所書籍目録写』（東京大学附属図書館所蔵）の中にも確認することができる。

3-3　大蔵省旧蔵建築関連洋書

大蔵省旧蔵の建築関連洋書の特徴を見る前に，明治初期日本政府の営繕組織の変遷を顧みることにしたい。営繕司は1868（明治元）年閏4月に設置，翌年7月には新たに創設された大蔵省の管掌事務となる。同年8月には民部省の管轄，1870年7月には再び大蔵省の内局となった。1871年8月には営繕寮と改組，同年10月には工部省土木寮を引き継いで大蔵省土木寮となり，1874年1月9日に内務省へ継承された。

このことから，大蔵省の蔵書印─［大蔵省図書章］印─のある書籍は，大蔵省が中央官庁の営繕業務を管掌していた時代，すなわち1874年1月以前に購入されたと判断できる。蔵書の出版年も全て1873年以前である。村松貞次郎が，明治初期官庁営繕組織について「1874年を境として，その前を大蔵省，後を工部省が扱った」[26)]と述べるように，1874年以前の中央官庁営繕組織においても，開拓使と同様に舶載建築書を購入し，これを洋風建築技術の習得に供したことが推察される。林忠恕（1835-93）が雇として同省に奉職し，大蔵省庁舎（1872年：図4-1）や内務省庁舎（1873年）を設計したのも，この時期に重なる。

大蔵省から太政官文庫へ移管された舶載建築書は大きく3群に分けることができる。［記録局管理大蔵省図書之記］も併せて押されている2800番台の3部と3800-3900番台の4部，内務省へ移管した13500番台の8部，そして同じく内務省へ移管した17200番台の8部である。

後二者は，それぞれロンドン出版の技術双書 Weale's Rudimentary Series と Cassel's Techinical Manuals である。この中に，村田文夫，山田貢一郎同訳『西洋家作雛形』（1872年）の原著である Allen, C.

図4-1　大蔵省庁舎

26）
村松前掲書。

表4-1　内閣文庫所蔵建築関連洋書一覧

蔵書印															整理番号		English List	
a	b	c	d	e	f	g	h	I	j	k	l	m	n	o	内閣文庫	各官省	author	title
○															蘭 201		Schaap, J. W.	Architectuur-Perspectif.
○															蘭 948		Storm Van 'sGraversande, C. M.	Handleding tot de Kennis der Burgerlijke en Militaire Bouwkunst, voor de Kadetten der Genie.
○															蘭 2058		Storm Van 'sGraversande, C. M.	Handleding tot de Kennis der Burgerlijke en Militaire Bouwkunst, voor de Kadetten der Genie.
															英 662		Hunt, R. M.	Designs for the gateways of the southern entrances to the Central Park.
												○			英 731	太 861	Stevenson, Thomas	Lighthouse illumination.
													○		英 768		Tredgold, Thomas.	Elemantary principles of carpentry.
													○		英 791			Rudimentary dictionary of terms used in architecture, civil, architecture, naval. Building and construction,
													○		英 977		Tredgold, Thomas.	Elemantary principles of carpentry.
	○	○											○		英 2821	記 *690*	U. S. Treasury Department	Annual report of supervising architect to the secretary of the treasury for the year 1873.
	○	○											○		英 2836	蔵 *9*	Sloan, S.	The model architect.
	○	○											○		英 2858	蔵 *48* 記 926	Pasley, C. W.	Observations on limes, calcareous, cements, mortar, stuccas and concrete, and on puzzolanas, natural and artificial.
			○	11									○		英 3646	内 5553	Miller, James	Guide to the Central Park.
	○	○											○		英 3823	蔵 *31* 記 862	Gilmore, Q. A.	Practical treatise on limes, hydraulic cements, and mortars.
	○	○											○		英 3830	蔵 *40* 記 876	Pole, William.	Iron as a Material of construction. Rev. & enl. to form a hand-book for the use fo the students in Engineering.
	○	○											○		英 3906	記 389	Woodward, Geo. E. & Thompson, E. G.	National architect.
	○	○											○		英 3915		Tredgold, Thomas.	Elemantary principles of carpentry.
										○			○		英 4054	農 5117	Roads(Public).	Gates.
										○			○		英 4407	農 5003	Hill, Walter	Collection of queensland timbers. Printed for distribution at the Melbourne International Exhibition of 1880.
			○	12											英 4492	内 7402	Carlile, Richard	Manual of freemasonry.
	○	○											○		英 5992		U. S. Treasury Department	Annual report of supervising architect to the secretary of the treasury for the year 1874.
		○											○		英 8138	記 5100	U. S. Treasury Department	Annual report of supervising architect to the secretary of the treasury for the year ending September 30, 1881.
							○						○		英 8292		Reinnel, F.	Carpenters, joiners, cabinet makers, and gilders' companion.
							○								英 8293	内 1053	Reinnel, F.	The masons, bricklayers, plasterers, and slaters' assistant.
			○	10									○		英 8388	内 4246	Reid, John.	The young surveyor's preceptor and architect's and builder's guide.
			○							○			○	○	英 8919	内 6099 農 4166	Allen, Lewis. F.	Rural architecture. Being a complete description of farm houses, cottages, and out buildings.
			○							○			○		英 8936	内 6216 農 4208	Woodward, Geo. E. & Thompson, E. G.	National architect.
			○							○			○		英 9014	内 6226 農 4141	Downing, A. J.	A treatise on the theory and practice of landscape gardening, adapted to Nroth America.

English List					翻訳目録	
ed	publisher	place	year	vol	著者	書名
	BIJ P. Engels	Lyden	1857			
	Koninklijke Militarire Akademie	Te Breda	1850			
	Koninklijke Militarire Akademie	Te Breda	1850			
	Van Nostrand	New York	1866			
2	Adam & Charles Black	Edinburgh	1871		ステウエソン	英国燈台記事
4	Spon	London	1883		トレードゴルド	木匠論
2	John Weale	London	1860			述語辞書
4	Spon	London	1883		—	—
	Government Printing Office	Washington	1873		ワシントン出版	建築監督局年報
再	Lippincott	Philadelphia	1868	2	スローン	米国家屋建築図
2	John Weale	London	1847		ダブリュー、パスレー	凝結物製造説
		New York	1873		ミレール	合衆国紐約□府公園必携
4	Van Nostrand	New York	1872		ギルモール	油石灰製造論
	Spon	London & New York	1872		— ポール	— 製銕論
		New York	18--		ウードウワルド	家屋建築図式
	Lockwood	London	1870		—	—
	Thomas Richards, Government printer	Sydney	1879			新南威道路改良事務
3		Brisbane	1880		ウォーターヒル	クイーンランド木材集誌
	Reeves & Turner	London			カーリール	フリーマソン社記事
	Government Printing Office	Washington	1874		ワシントン出版	土木局主長年報
						米国建築監督局長年報
14	Brodie & Middleton	London				
7	Brodie & Middleton	London			リイ子ル	石工及煉瓦石工書
2	Simpkin, Marshall	London	1859		レイド	測量初歩
	Judd	New York	1852		アルレン アルレン	農家建築書 農家建築書
		New York	1869		ウードワルト ウードワールド	民間建築学 建築学
新	Orange Judd	New York	1875		ヅーニング ドウニグ	園圃脩色論 園圃修色論

蔵書印															整理番号		English List	
a	b	c	d	e	f	g	h	I	j	k	l	m	n	o	内閣文庫	各官省	author	title
			○							○			○		英 9022	内 6266 農 4214	Baden-Powell, George S.	New homes for the old country.
			○							○			○		英 9036	内 6101 農 4230	Atwood, Daniel T.	Country and suburban houses.
			○							○			○		英 9039	内 6156 農 4139	Hussey, E. C.	National cottage architecture; or homes for every one.
			○	10									○		英 9193 -9196	内 4247 -4250	Reid, John.	The young surveyor's preceptor and architect's and builder's guide.
			○	10									○	○	英 9467	内 4331	Beaton, A. Ch.	Quantities and measurements.
			○	11									○		英 9468	内 5847	Beaton, A. Ch.	Quantities and measurements.
			○	11									○		英 9469	内 5848	Beaton, A. Ch.	Quantities and measurements.
			○	10									○		英 9571	内 4243	Brees, S. C.	Illustrated glossary; or practical architecture and civil engineering.
			○	10									○		英 9572	内 4241	Brees, S. C.	Illustrated glossary; or practical architecture and civil engineering.
				9			○						○		英 9765	内 3049	Davidson, Ellis. A.	Model drawing.
				9			○						○		英 9766	内 3057	Davidson, Ellis. A.	Gothic stonework.
			○	10									○		英 9768	内 4182	Davidson, Ellis. A.	Orthographic and isometrical projection.
				9			○						○		英 9770	内 3054	Davidson, Ellis. A.	Orthographic and isometrical projection.
				9			○						○		英 9773	内 3052	Davidson, Ellis. A.	Drawing for carpentars and joiners.
				9			○						○		英 9774	内 3046	Davidson, Ellis. A.	Drawing for bricklayers, containing the constructive principles of brickwork, and the method of drawing each object.
				9			○						○		英 9776	内 3047	Davidson, Ellis. A.	Drawing for stone masons.
									○					○	英 10734		Goodwin, Francis.	Domestic architecture.
									○					○	英 10735		Cummings, W. F. & Miller, C. C.	Modern american architecture, designs and plans.
			○	13										○	英 11144	内 7754	Waring, Geo. E. Jr.	The sanitary condition of city and country dwelling houses.
							○	○						○	英 11442	内 1532	Hurst, J. Thomas.	A hand-book of formulae, tables, and mamoranda for architectural surveyors, and other engaged building.
								○						○	英 11443	内 1533	Hurst, J. Thomas.	A hand-book of formulae, tables, and mamoranda for architectural surveyors, and other engaged building.
								○						○	英 11444	内 3722	Hurst, J. Thomas.	A hand-book of formulae, tables, and mamoranda for architectural surveyors, and other engaged building.
				18		○								○	英 11473	内 10298	Mount, Frederic. J. & Snell, H. S.	Hospital construction and management.
	○				○									○	英 13500	蔵 *43* 内 8029	Garbett, E. L.	Rudimentary treatise on the Principles of design in architecture.
	○												○	○	英 13501	蔵 *36* 内 8027	Bury, T. Talbot.	Architecture styles.
	○				○									○	英 13503	蔵 *37* 内 8025	Tomlinson, Charles	A rudimentary treatise on warming and ventilation.
	○					○								○	英 13508	内 8045	Field, G.	A grammer of colouring, applicable to house painting, decorative architecture, and the arts.
	○				○									○	英 13509	蔵 *38* 内 8030	Robinson, Price & Tredgold	A treatise on the constructions of roofs, as regards carpentry and joinery.

English List					翻訳目録	
ed	publisher	place	year	vol	著者	書名
	Richard Bentley	London	1872		バデンポウエル	古国新家
	Orange Judd	New York	1871		アトウード アトウード	田舎家屋記事 田舎家屋記事
	Woodward	New York	1874		ヒュセース ハスセー	農家建築学 農家建築学
2	Simpkin, Marshall	London	1859		—	—
4	Lockwood	London	1875	W	ベートン	度量考
4	Lockwood	London	1875	W	ビートン	度量考
4	Lockwood	London	1875	W	ビートン	度量考
		London	1852		ブリース	工学字典
		London	1853		ブリース	工学字典
	Cassell, Petter & Galpin	London	18--	C	—	製図書
	Cassell	London, Paris & New York	18--	C	—	—
14	Cassell, Petter & Galpin	London, Paris & New York	18--	C	ダビツトソン	視図学書
	Cassell, Petter & Galpin	London, Paris & New York	18--	C	ダウヰッドソン	求円図書
	Cassell	London, Paris & New York	18--	C	—	匠工用製図書
	Cassell, Petter & Galpin	London, Paris & New York	1872	C	—	磚用製図書
	Cassell	London, Paris & New York	18--	C	—	石工製図書
3	Henry Bohn	London	1850	2	—	—
	Bicknell	New York	1867		—	—
	D. Van Nostrand	New York	1877		ウエーリンク	都鄙家屋健全法
7	Spon	London	1873		ハルツ	測量及建築手控
7	Spon	London	1873		ハルツ	測量及建築手控
7	Spon	London	1873		ハルスト	量地手冊
	Churchill	London	1883		マウー及ス子ル	病院建築説
3	Virture	London	1867	W	— ガルベット	— 建築雛形書
6	Virture	London	1867	W	— ブリー	— 建築学初歩
6	Virture & Co.	London	1869	W	— トムリンソン	— 煖炉通風路製造書
	Virture	London	18--	W	ヒールド	塗具仕方書
	Virture	London	1869	W	英 ロビソン	屋脊造営書 屋脊造営書

蔵書印															整理番号		English List	
a	b	c	d	e	f	g	h	l	j	k	l	m	n	o	内閣文庫	各官省	author	title
	○				○									○	英 13512	蔵 *42* 内 8028	Leeds, W. H.	Rudimentary architecture for the use of beginners and students. The orders and their aesthetic principles.
	○				○									○	英 13514	蔵 *45* 内 8031	Allen, C. Bruce.	Cottage building and hints for improved dwellings for the labouring classes.
	○					○								○	英 13515	蔵 *34* 内 8051	Robinson & Tredgold, Thomas.	The elemntary principles, theoretical and practical, of carpentry.
														○	英 13769		Downing, A. J.	Cottage residences.
														○	英 14143			Dictionary of terms.
										○				○	英 16622	農 388		Cleaveland Public Schools thirty-ninth annual report of the board of education.
										○				○	英 16727		American Institute of Architecture	Proceedings of the eleventh and twelfth annual conventions of the A.I.A. held in Boston & N.Y. Oct. 17, 1877 & Nov. 13 & 14, 1878
	○					○								○	英 17285	内 9423	Davidson, Ellis. A.	Gothic stonework.
	○					○								○	英 17286	蔵 *122* 内 9424	Davidson, Ellis. A.	Drawing for carpentars and joiners.
	○					○								○	英 17288	蔵 *127* 内 9422	Davidson, Ellis. A.	Model drawing.
	○					○								○	英 17290	蔵 *126* 内 9427	Davidson, Ellis. A.	Drawing for bricklayers, containing the constructive principles of brickwork, and the method of drawing each object.
	○					○								○	英 17293	蔵 *130* 内 9431	Davidson, Ellis. A.	The elements of practical perspective.
	○													○	英 17294	蔵 *125*	Davidson, Ellis. A.	Elements of building construction and architectural drawing.
	○					○								○	英 17295	内 *9432*	Davidson, Ellis. A.	Linier drawing.
	○					○								○	英 17296	蔵 *126* 内 9433	Davidson, Ellis. A.	Orthographic and isometical projection.
														○	英 17441		Lastet, Thomas	Timber and timber trees, native and foreign.
											○				英 17483		Hull, E.	A treatise on the building and ornamental stones of Great Britain and foreign countries.
														○	英 17574	内 180	Waring, Geo. E. Jr.	The sanitary drainage of houses and towns.
				16	○									○	英 17585	内 4080	Anderson, John.	Strength of materials and structures.
														○	英 17625		Newlands, James	The carpenter and joiner's assistant.
				16	○									○	英 20677	内 4079	Anderson, John.	Strength of materials and structures.

a	b	c	d	e	f	g	h	l	j	k	l	m	m	o
	大蔵省		内務省											
長崎東衙官許	大蔵省図書章	記録局管理大蔵省図書之記	大日本帝国図書印	明治口年購求	図書局文庫	内務省文庫印	内務省図書記	測量司印	元老院図書部	農商務省図書	工部大学図書之印	太政官記録	太政官文庫	日本政府図書

↑
太政官:太
大蔵省:蔵
同記録局:記
内務省:内
農商務省:農

所在不明図書	author	title
	Weidenmann, J.	Beautifying country homes. A handbook of landscape gardening.
	Johonnot, James.	School-houses architectural designs by S. E. Hewes.
	Lakey. Charles D.	Village and country houses, or cheap homes for all classes.
	Hiller, S. S.	Plumber and sanitary houses.

[蔵書印]欄 d列のアラビア数字は当該年を示す。例:[10]の場合は「明治10年購求」。また、表紙や扉の欠損などにより、蔵書印自体、確認できないものもある。

[整理番号]欄 蔵書印を確認できても、図書票簽がなく、各省所蔵時代の整理番号を特定できないものもある。

English List					翻訳目録	
ed	publisher	place	year	vol	著者	書名
9	Lochwood	London	1871	W	—	—
6	Strahan	London	1870	W	— アルレン	第舎建築書 邸舎建築書
2	Virture	London	1869	W	英ロヒソン ロビンソン	木匠書 木匠論
	John Wiley	New York	1873		—	—
	Crosby Lockwood & Co.	Lond.	18--	W	ウエール	述語辞書
	Robison, Sewage & Co.	Cleaveland	1870		米国教育部	第39年報クリーブランド府公立学校記
	Alfred Mudge & Son	Boston	1879			ホストン幷新□開設建築会報告
	Cassell	New York	18--	C	ダウキッドソン	ゴシツク式石工書
	Cassell	London, Paris & New York	18--	C	— ダウキッドソン	— 木匠用製図書
	Cassell, Petter & Galpin	London, Paris & New York	1871	C	— ダウキッドソン	— 模型製図書
	Cassell, Petter & Galpin	London, Paris & New York	1872	C	— ダウキッドソン	— 磚工用製図書
2	Cassell, Petter & Galpin	London, Paris & New York	1870	C	— ダウキッドソン	— 実地遠景写法
3	Cassell, Petter & Galpin	London, Paris & New York	1871	C		図引模範
5	Cassell, Petter & Galpin	London, Paris & New York	1872	C	— ダウキッドソン	— 描線製図書
	Cassell, Petter & Galpin	London, Paris & New York	1868	C	ダウキッドソン	線図法
	Macmillan & Co.	London	1875			
	Macmillan	London	1872		—	—
4	Houghton, Mifflin & Co.	Boston	1883		ウエリンク	衛生上放水書
4	Longmans, Green & Co.	London	1877		アンデルソン	物材強堅論
	Blackie & Son	London	1880			
5	Longmans, Green & Co.	London	1877		アンデルソン	物性強堅論
		New York	1870			
	J. W. Schermerhorn	New York	1871			
	American builder	New York	1875			
2		London				

[著者][書名]欄
複数の記載がある場合は、[整理番号]欄の「各省」に対応。
ただし、翻訳目録票簽がない場合は、「—」で表記した。
空欄は、当該書籍未確認。
□は判読不能の文字。

[vol]欄
アラビア数字は巻数。
WとCは、以下の双書を示す。
W: Weale's Rudimentary Series
C: Cassel's Techinical Manuals

Bruce, *Cottage building*. 1870 を含んでいる（図 4-2）。1870 年刊の第 6 版であり，菊池重郎の考察[27]と一致する。つまり，大蔵省旧蔵書であるこの本が，翻訳出版されたということになる[28]。内務省図書票簽に見られる訳書名が「邸舎建築書」となっている点も興味深い。なお，この票簽の下に短冊が確認できるが，貴重図書保存管理の都合上，閲覧は許可されなかった。

一方，前者には米国の出版が目立つ。さらに，大蔵省による整理番号が非常に若く，初期に購入されたと考えることができる。中でも Sloan, *The model architect.*（図 4-3）と Woodward, *National architect.*（図 4-4）は，図版の豊富な大型のパターンブックで，手垢の痕跡が多く残り，読み込まれた形跡を窺える。加えて，Sloan

27）
菊池前掲書，pp.510-522。
28）
訳者の一人村田文夫による巻頭の序に，「偶英人余ニ贈ルニ小冊子ヲ以テシ謂テ曰君之ヲ訳伝セハ即今築造経営ノ一助トナルヘシ」とある。翻訳後，大蔵省に移管されたのであろう。

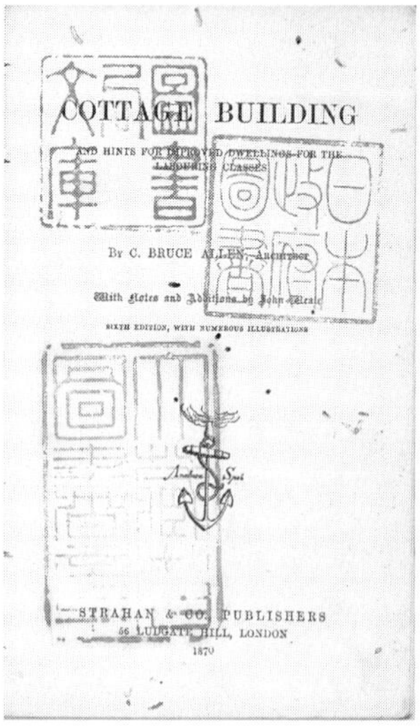

図 4-2　Allen, *Cottage building*. の表紙見返しと扉

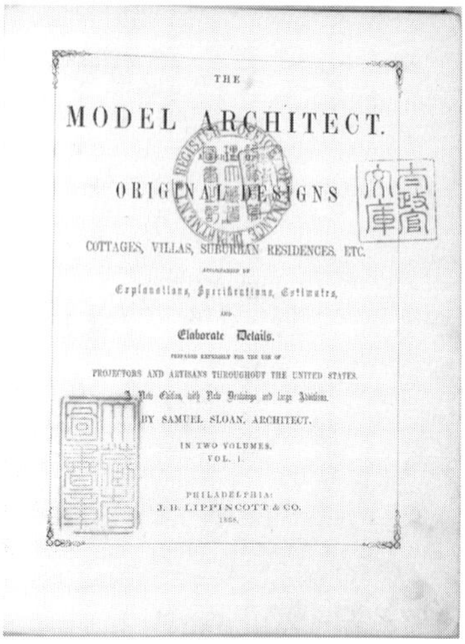

図 4-3　Sloan, *The model architect*. の表紙と扉

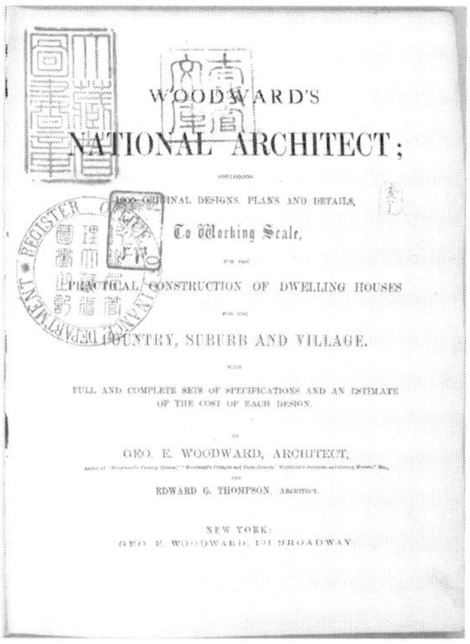

図 4-4　Woodward, *National architect*. の扉

図 4-5　Sloan, op. cit. の図版例
「ランマノ彫」の付箋がある

の詳細図の頁には「ランマノ彫」と毛筆書きの付箋が糊付されている（図4-5)。そこで，大蔵省庁舎に特徴的なキーストンのついた楕円形アーチや，櫛形アーチの窓額縁，破風に見られる丸窓などのデザインモチーフを，上記2冊のパターンブックに求めたが，残念ながら直接的な引用の証拠を摑むことはできなかった。所在不明書や，何らかの事情で目録へ記載されなかった書籍の中に，具体的な参照の鍵が隠されているのかもしれない。後究により解明されることを期待したい。

3-4　内務省購求ならびに農商務省移管建築関連洋書

組織の改編により，大蔵省旧蔵洋書のいくつかは内務省へ移管されたことは先に述べた。この他に内務省が購求したものを多数確認できる。明治10年前後に購求されたロンドン出版の技術双書が目立つ。大蔵省から移管されたコレクションをさらに補完するために購求されたのであろう。画学系の図書が多い。

9000番台前後は，内務省から農商務省へ移管したもので，ここでも米国出版のものが目立つ。中でも，Woodward, *National architect.* と Hussey, *National cottage architecture.* は大判のパターンブックであり，さらに，当時のアメリカで絶大なる人気を誇っていたDowningの著作 *A treatise on the theory and practice of landscape gardening.* も確認できる。既に営繕業務を工部省へ移行していた内務省が，このような建築専門書を新規に購求していたことは，一体，何を意味するのであろうか。現時点では，残念ながら明快な解答を得るための史料にめぐり合えていない[29]。

また，内閣文庫整理番号「英9572」の Brees, S. C., *Illustrated glossary; or practical architecture and civil engineering.* の表紙見返しには "Alexander Dick August 24th 1863." と筆記体による鉛筆書きのサインを確認できる。しかしながら，Alexander Dick なる人物は，明治初期のお雇い外国人のリスト[30]にはなく，かつ，居留地在住の外国人名簿[31]にも確認できない。どのような経緯で明治10年に内務省が入手するに至ったのか不明である。

3-5　その他省官院旧蔵建築関連洋書

これまで示した以外に，注目すべき図書を何点か紹介したい。

今回，閲覧できた建築関連洋書の中で，唯一［太政官記録］印が押してあるスチーブンソン Stevenson, Thomas, *Lighthouse illumination.*（図4-6）の扉には，著者 Stevenson, T. 自身による'Presented to The Japanese Embassy. By The Author' のサインを確認できる。イギリスの日本大使館に寄贈されたものが，後に日本へ送られ，太政

29）
石井昭は「工部省の営繕事務について」（『日本建築学会論文報告集』No.60，1958年），pp.669-672において，1874年1月の工部省設置からわずか2カ月後の3月7日付で，通常の修繕や小額の新築は各省庁が独自に行なうよう通達を出し，これ以後，各省がそれぞれに営繕活動を行なうセクショナリズムが一般化したことを指摘している。

30）
「お雇い外国人名鑑」（ユネスコ東アジア文化研究センター編『資料御雇外国人』小学館，1975年），pp.201-493。

31）
"Japan Herald" Directory and Hong List for Yokohama. 1870（神奈川県立金沢文庫所蔵）が，外国人の手で日本で最も早く刊行された外国人人名録であるという（寺岡寿一編『明治初期歴史文献資料集 第三集別冊』，寺岡書洞，1978年）。この人名録の169番地に "Dick, A. M." の名前を確認できるが，同一人物である確証はない。

官文庫の蔵書となったものである。明治政府とスチーブンソンが友好関係にあったことを証明するものでもある。

元老院旧蔵書の中に建築書が2冊含まれていた。Cummings & Miller, *Modern American architecture.* もまたアメリカ出版の大判のパターンブックであるが，他のパターンブックに比べると，さほど読み込まれた痕跡がない。[元老院図書記] 印のある本は洋書に多く，しかも内容は雑多である[32] というが，購求の意図は定かではない。

Downing の著書が，もう1冊所蔵されている。Downing, *Cottage residences.* で，蔵書印は内閣文庫時代の［日本政府図書］しか確認できなく，省庁の図書票簽もない。しかし，図版中に鉛筆による書き込みを確認できる（図 4-7）。ただし，記入された文字が英語であるので，お雇い外国人私蔵のものが寄贈された可能性が考えられる。

第４節　工部大学校創設期の所蔵建築関連洋書

4-1　工学寮と工部大学校の洋書目録

工部大学校ならびに，その前身組織である工学寮の所蔵洋書目録についてふれる前に，その管掌官庁である工部省の設置から工部大学校の設立までを概観しておきたい[33]。

1870（明治3）年閏10月20日，「掌褒勧百工及管鉱山製鉄燈明台鉄道伝信機等右之通被建置候事」[34] として工部省が設置された。同年4月28日のお雇い外国人モレル Morel, E. の建言を受けて，山尾庸三と伊藤博文が，具現化したものである。モレルの意見書には「建築学校を創立するの切要なる」の言葉を見ることができ，これが，後の工学寮工学校の開設から工部大学校へと改組される経緯に大きな影響を与えたといわれている。

1871年8月14日には，一等寮として工学，勧工，鉱山，鉄道の

32）
前掲『内閣文庫蔵書印譜』。

33）
工部省ならびに工部大学校の沿革については，「第2編 東京大学と官立専門教育諸機関　第2章 東京大学以外の官立専門教育機関　第1節 工部大学校」（『東京大学百年史 通史一』，1984年），pp.649-669, ならびに鈴木淳「1章 工部省の15年」（鈴木淳編『史学会シンポジウム叢書 工部省とその時代』，山川出版社，2002年）pp.3-22，関野克「11編2章官制大学発足前後」（日本建築学会編『近代日本建築学発達史』，丸善，1972年），pp.1801-1814に詳しい。

34）
内閣記録局『法規分類大全 官職門十六』（1891年）。

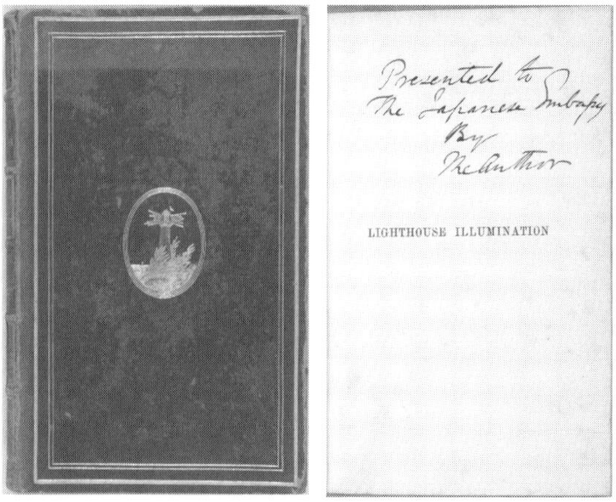

図 4-6　Stevenson, Thomas, *Lighthouse illumination.* の表紙と扉

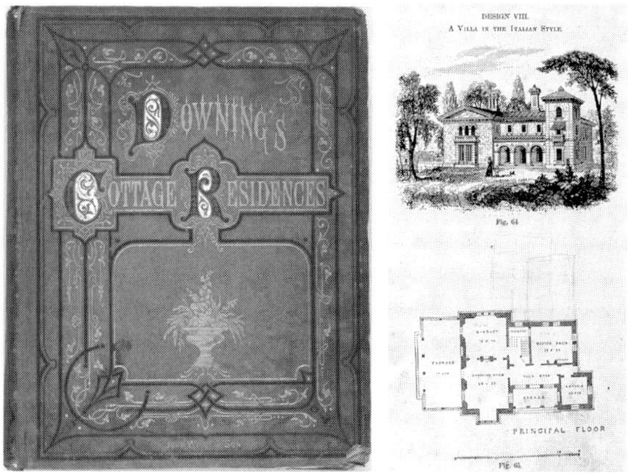

図 4-7　Downing, *Cottage residences.* の表紙と図版例

4寮が置かれ，工学寮はそのうち筆頭寮であった。同時に山尾が工学頭兼測量正に任ぜられ，学校開設事業が始まる。1873年6月，イギリスよりヘンリー・ダイアー Dyer, Henry を招聘し，同年7月30日，ダイアーを都検 Principal（後に教頭）として，工学寮所属の工学校を開設した。修業年限は6年で，その内訳は，予科学，専門学，実地学の順にそれぞれ2年ずつ修学するものであった。1877年1月に寮を局に改め，工学寮は二等寮であった製作寮と合わせて工作局となり，その下に工学寮工学校を改組した工部大学校を置いた。工作局長であった大鳥圭介が事務を総理することになる。同校造家学科（現東京大学工学部建築学科の前身）にお雇い外国人教師ジョサイア・コンドル Conder, Josiah が着任するのは同年2月のことである。1882年8月19日には，工部省本省の直轄となり，大鳥が初代校長となった（ただし同年12月に免職）。1885年12月22日の工部省廃止を受け，文部省の所管となった。

工部大学校の蔵書については，滝沢正順が，書房（図書館）を含めた一連の研究の中で，各年度の蔵書数や書籍目録について報告している[35]。これによると，具体的な所蔵洋書の冊数として1877年の8,445冊が遡り得る最も古い数字で，1875年以前には必要とされるほどには揃っていなかったという。また，滝沢は，筆者が本章第2節で示した2種類の洋書目録に加え，*Catalogue of books, contained in the Library of the Imperial College of Engineering (Kobu-Dai-Gakko)*. 1880と，1876年ならびに1879年の *Supplemantary catalogue*. の存在を指摘している[36]。そして，1880年版を対象に，Contents を示し，調査用図書，教授用図書，読書室の雑誌等，貸与された図書[37]の順に記載されていることを指摘し，いくつか具体的な図書をあげながら，洋書リストの記載方法について考察を加えている。

1876年，1878年，1880年の3種類の洋書目録は，各項目 Subject 毎に，著者名のアルファベット順で各図書を並べる。個々の図書は著者の姓のみを記載し，書名も実際の図書と比較すると，主要な部分だけを簡略表記したものが多い。これに冊数と巻数を付記している。これら3冊の洋書目録から建築関連書籍を抽出した上で，1891年の帝国大学図書館洋書著者目録[38]と比較し，出版地，出版年，版を比定したものを表4-2に示した。なお，1891年目録に記載のないものについては，著者名の頭に「†」を付すとともに，COPAC (http://copac.ac.uk/)[39]などの蔵書検索システムにより推定できる，出版地，出版年，版を[ ]付きで併記した。

‘Architecture’ に分類されるものに着目してみると，工学寮工学校の学生が専門学に進級した時点，すなわち1876年には，38部（複数冊を揃えている図書もあるため1タイトルを部と表記する，以

35）
滝沢正順「工部大学校書房の研究（1）」（『図書館界』Vol.40，No.1，1988年），pp. 2-11，同「工部大学校書房の研究（2）」（『図書館界』Vol.40，No.3，1988年），pp. 120-135, 同「工部大学校書房の研究（3）」（『図書館界』Vol.40，No.4，1988年），pp. 162-168。

36）
後者の1879年版は，1900年の『帝国図書館洋書目録』の時点で既に，請求記号が未記載になっているという。なお，これら2冊の洋書目録は，あくまで増補分であるので，本論の考察の対象から外すことにした。

37）
3冊の目録に共通して，‘List of books lent to the Library by Mr. Koma’ と題されたリストが掲載されている。滝沢の考察（註記33参照）によると，Mr. Koma なる人物は，1869年に官費留学生としてイギリスに派遣され，帰朝後1874年に工部省鉱山寮に入寮した狛林之助であるという。

38）
Author catalogue of the Library of Teikoku-Daigaku (Imperial University), 1891.

39）
イギリス国内の主要公共図書館，大学図書館ならびに研究施設図書館の横断的蔵書検索システム。

表 4-2　工学寮ならびに工部大学校所蔵建築関連洋書一覧

1876	1878	1880	No.	蔵書印	author	title	ed.	place	year	vol.	etc.
Civil engineering.											
	○	○			Austin, James G.	Practical treatise on the preparing and combinating and application of calcareous and hydraulic limes and cements.		London	1862		
○	○	○			Burnell, George R.	Rudimentary treatise on limes, cements, mortars, concretes, mastics, plastering, etc.	2	London	1856		
	○	○			†Davenport, W. H. A.	Lighthouses and lightships.		[London]	[1870]		
	○	○			Elliot, George H.	European light-house systems.		New York	1875		
○	○	○			Gillmore, Quincy Adams	Practical trearise on limes, hydraulic cements, and mortars.	5	New York	1874		[K][F]
○	○	○			Reid, Henry	Practical treatise on the manufacture of portland cement.		Philadelphia	1871		
○	○	○			Reid, Henry	Practical treatise on concrete, and how to make it.	2	London	1873		
○	○	○			Stevenson, Allan	Ruidimentary treatise on the history, construction, and illumination of lighthouses.		London	1850		[K]
○	○	○			Stevenson, David	Lighthouses.		Edinburgh	1872		
○	○	○			Stevenson, Thomas	Lighthouse construction and illumination.	2	Edinburgh	1871		[D]
Surveying.											
	○	○			Hurst, John Thomas	Handbook of formulae, and memoranda for architectural surveys.	2	Philadelphia	1868		[K][I]
Drawing.											
○	○	○			Bradley, Thomas	Practical geometry, linear perspective and projection.		London	1836		
○	○	○			Burn, Robert Scott	Drawing and perspective.		London		3	
○	○	○			Davidson, Ellis A.	Drawing for carpenters and joiners.		London			[K][F][I]
○	○	○			Davidson, Ellis A.	Linear drawing.		London			[K][F]
○	○	○			Davidson, Ellis A.	Drawing for stone-masons.		London			[K][I]
○	○	○			Davidson, Ellis A.	Elemnts of practical perspective.	2	London			[K][F][I]
○	○	○			Davidson, Ellis A.	Orthographic and isometrical projection.		London			[F][I]
	○	○			Davies, Charles	Treatise on shades and shadows, and linear perspective.		New York	1868		
○	○	○			Pyne, George	Perspective for beginners.		London	1870		
	○	○			Sopwith, T.	Treatise on isometrical drawing.	2	London	1838		
○	○	○			Warren, S. Edward	Manual of elemantry projection drawing.	4	New York	1873		
○	○	○			Worthen, W. E.	Practical treatise on architectural drawing and design.		New York	1872		
○	○	○			Worthen, W. E.	Practical treatise on perspective and isometric drawing.		New York	1873		
○	○	○			Worthen, W. E.	Practical treatise on shading and shadows.		New York	1873		
Architecture.											
○	○	○	29		†Aberdeen, G. H. G.	Grecian architecture.		[London]			
		○			Adhèmar, J.	Traité de la couple des pierres.	7	Paris			
	○				Airy, Wildred	Iron arches; practical theory of continuous arch.		London	1870		
	○	○	40		Allen, C. Bruce	Cottage building; or hints for improving the dwellings of the labouring classes.	3	London	1857		[K][F]
		○	244		†	Architectural designs made by the students of Kobudaigakko (Imp. Coll. of Engineering, Tokio).					
		○	193		†Asher	Art workmanship.			1874	2	
	○	○	73		Ashpitel, Arthur	Treatise on architecture.		Edinburgh	1867		
	○	○	122		Beckett, Edmund	Book of building, civil and ecclesiastical.		London	1876		
	○	○	8		Bell, William E.	Carpentry made easy; or science and art of framing.		Philadelphia	1868		
	○	○	188	a,c *1	Bicknell, A. J.	Supplement to Bicknell's village builder.		New York	1870		[K]
	○		225	d	Bicknell, A. J.	Wooden and brick building with details.		New York	1875	2	[K]
	○	○	33		Bland, William	Principles of construction in arches, piers, and buttresses, etc.	4	London	1875		[K]

1876	1878	1880	No.	蔵書印	author	title	ed.	place	year	vol.	etc.
	○	○	97		Blenkarn, John	Practical Specifications of works executed in architecture, civil, and mechanical engineering.		London	1865		[K]
		○			Bow, Robert Henry	Economics of construction in relation to framed structures.		London	1873		
○	○	○	88	c	†Brandon, Raphael & Joshua Arthur	An analysis of Gothic architecture.	new	London	1858, 1843	2	
○	○	○	37		Brooks, S. H.	Rudimentary treatise on the erection of dwelling houses.	new	London	1874		
		○	208	d		The building news and engineering journal. {July, 1877-Dec., 1879. (Plates and text separated)}		London	1859-	14	
	○	○	61		Burges, William	Art applied to industry.		Oxford	1865		
○		○	14		†Burn, Robert Scott	Building; timber and iron.		[London]	[1874]		
○	○	○	15		Burn, Robert Scott	Building construction; showing the employment of brick, stone and slate in the practical construction of buildings.		New York	1876		
	○				Burnell and Clark, ed.	Theory, practice and architecture of bridges.		London	1855 -56	3	
		○	25		Burnell, George E.	Rudimentary treatise on limes, cements, mortars, concretes, mastics, plastering, etc.	2	London	1856		
△	○	○	39		†Bury, Thomas Talbot	Rudimentary architecture.		[London]	[1849]		[D]
	○	※	75	c	Chambers, Sir William	Treatise on decorative parts of civil architecture. ed. by Leeds, W. H.		London	1862		
	○	○	164		Charles, R.	Cabinet maker: a journal of design.		London	1868		
		○			Cresy, Edward	An encyclopædia of civil engineering, historical, theoretica, and practical.		London	1847	2	
	○		46	d	†Crowe, Joseph Archer	Handbook of paintings, the German, Flemish, and Dutch schools.	new	London	1874	2	
○	○	○	78	c	Cummings, M. F. & Miller, C. C.	Architecture; designs for street fronts, suburban houses, and cottages.		Troy	1865		[K]
	○	○	218	c *1	Cummings, M. F. & Miller, C. C.	Modern American architecture.		New York			[S]
○	○	○	13		Davidson, Ellis A.	Gothic stonework.		London			[K][F][I]
○	○	○	12		Davidson, Ellis A.	Elements of building construction and architectural drawing.		London			[K][F]
		○	101		Davy, Christopher	Architectural precedents; with notes and observations.		London	1841		
		○	31		Dempsey, G. Drysdale	Rudimentary treatise on the drainage of towns and buildings.	2	London	1854		
△	○	○	30		Dobson, Edward	Rudiments of the art of building.	10	London	1878		
○	○	○	34		Dobson, Edward	Rudiments of masonry and stone-cutting.	9	London	1878		[K]
	○	○	35		Dobson, Edward	Foundations and concrete works. rev. by Dodd, G.	new	London	1867		[K]
	○	○	126		Donaldson, John	Improved farm buildings.		London	1851		
	○	○			Donaldson, William	Treatise on the art of constructing oblique arches, with spiral courses.		London	1867		
○	○	○	115		Donaldson, Thomas Leverton	Handbook of specifications, with Glen's law of contract.		London	1860	2	
○	○	○	168		†	Door locks, knobs, padlocks, &c.					
	○	○	99	d	Downing, A. J.	Cottage residences. by Harney, G. E.	new	New York	1873		[K][F]
	○	○	45	d	†Eastlake, Charles Lock	Handbook of paintings, the Italian schools.	4	London	1874	2	
		○	174		†Qui, Edwin Richard Wyndham	Notes on Irish architecture.		[London]	[1875 -77]	[2]	
	○	○	194	c	Eyland, Edward S., Lightbody & Burn	Working drawings and designs in architecture and building.		Edinburgh, & London			
	○	○	148		†Fairbairn, William	Researches on the application of iron to building.		[London]			
	○	○	49	*3	Fergusson, James	History of the modern style of architecture.	2	London	1873		
○	○	○	50	d *4	Fergusson, James	History of architecture in all countries, from the earliest times to the present day.	2	London	1874	2	

1876	1878	1880	No.	蔵書印	author	title	ed.	place	year	vol.	etc.
	○	○	147	d	Fergusson, James	History of India and eastern architecture.		London	1876		
		○	237	c	Friedman, Alexander	Designs for the constructions of markets, warehouses, and sheds.		London	1877		
	○		212		†	Festugiere freres fonderies de brousseval.					
	○	○	141		†Fryer, Wm. J.	Architectural iron work for buildings.		[New York]	[1876]		[K]
△	○	○	32		Garbett, Edward Lacy	Principles of design in architecture.	3	London	1867		[K][F]
		○	20		†Garrett, Rhoda	Suggestions for house decoration in painting, woodeork, and furniture.		[London]			
		○			Gillmore, Q. A.	Practical treatise on limes, hydraulic cements, and mortars.	5	New York	1874		[K][F]
○	○	○	57		†Gwilt, Joseph	Architecture of Marcus Vitruvius Pollo.		[London]			
	○	○	106		Gwilt, Joseph	Encyclopedia of architecture: historical, theoretical and practical. rev. by Papworth	new	London	1876		[K]
○	○	○	144		Hammond, Adam	Rudiments of practical bricklaying.		London	1875		
	○	○	219	d	Harney, George E.	Stables, outbuildings, and fences.		New York	1870		
	○	○	62		Hatfield, R. G.	American house carpenter; a treatise on the art of building.	7	New York	1867		
		○			Humber, William	Comprehensive treatise on the water supply of cities and towns.		London	1876		
○	○	○	41		Hurst, John Thomas	Tredgold's Elementary principles of carpentry.	2	London	1875		
○	○	○	79		†Jaargang	Bouwkundige Bijdragen.		Amsterdam	1854	2	[B]
○	○	○	10		†Jenkins, Edward	On building contracts: a legal hand book for architects, builders, and building orders.		[London]	[1873]		
	○				†J. J. Dueel et Fils	Maitres de forges a Paris.				2	
	○	○	135	e	Kerr, Robert	Gentleman's house; or how to plan english residences.	3	London	1871		[K]
	○		51		Laslett, Thomas	Timber and timber trees, native and foreign.		[London]	1875		[D]
		○			Latham, Baldwin	Sanitary engineering; a guide to the construction of works of sewerage and house drainage.	2	London	1878		
○	○	○	238	c	†Laxton, Henry	Examples of building construction.		London		4	
○	○	○	27		†Leeds, William Henry	Architectural orders.		[London]			[F]
	○	○	16		Leeds, W. H., Bury & Garbett	Rudimentary architecture for the use of beginners and students.	10	London	1874		
		○	120		†Lescasse, J.	Étude sur les constructions Japonaises.		[Paris]	[1840]		
	○	○	241		†Le Taraouilly	Édifices de Rome moderne.				4	
○	○	○	55		†Leuchars, Robert B.	How to build and ventilate hot houses.		[Boston]	[1851]		
	○	○	76		Lugar, R.	Country gentleman's architect.	new	London	1838		
	○				Maw, William H. & Dredge, James	Record of the Vienna universal exhibitions of 1873. Atlas.		London	1874		
		○	159		†	Metropolitan Local Management Act.			1862		
		○	160		†	Metropolitan Building Act.			1855		
		○	43		†Miller	Builder's price book.			1875		
○	○	○	111		Mitchell, Thomas	Rudimentary manual of architecture.		London	1870		
		○			Molesworth, Guilford L.	Pocket-book of useful formulæ and memoranda for civil and mechanical engineer.	17	London	1871		
	○	○	77		Monckton, James H.	National carpenter and joiner.		New York			
	○	○	86	d	Monckton, James H.	National stair-builder.		New York			
○	○	○	175	d *4	Newlands, James	Carpenter and joiner's assistant.		London	1869		[D]
	○	○	80	e *4	Ogden, William Sharp	Studies in mercantile architecture.		London	1876		
		○			†Oppermann, C. A.	Nouvelles annales de la construction.		[Paris]	1855-70	16	
	○	○	94	d *4	Paley, F. A.	Manual of Gothic moldings.	4	London	1877		
		○	3	d	†Parker, James & Henry, John	Some account of domestic architecture in England, from Richard II to Henry VIII.		Oxford	1859	4	

1876	1878	1880	No.	蔵書印	author	title	ed.	place	year	vol.	etc.
○	○	○	1	c	†Parker, James & Henry, John	A glossary of terms used in Grecian, Roman, Italian and Gothic architecture.	4	Oxford	1845	2	
	○	○	137		Perry, J. R.	Art of stair-building.		New York	1855		
	○	○	243		†	Photographs of ancient buildings on Italy and Rome.					
		○	108		Potter, Thomas	Concrete: Its use in building and the construction of concrete walls, floors, etc.		London	1873		
		○			Reid, Henry	Practical treatise on the manufacture of portland cement.		Philadelphia	1869		
		○			Reid, Henry	Practical trease on concrete, and how to make it.	2	London	1873		
○	○	○	155	c	Reynaud, Leonce	Traité d'architecture.	10	Paris	1860	4	
	○	○	134		Reynolds, L. E.	Treatise on handrailing, comprising three original systems.		New Orleans	1849		
○	○	○	28		Richardson, T. A.	Art of architectural modelling in paper.		London	1859		
	○	○	104		Rickman, Thomas	Attempt to discriminate the styles of architecture in England.	5	London	1868		
○	○	○	178	b *5	Riddell, Robert	The carpenter and joiner, stair builder and hand-railer.		Edinburgh			
○	○	○	26		Robison, Price & Tredgold	Treatise on the construction of roofs.		London			[F]
	○	○	170		Robson, George	Modern domestic building construction.		London	1876		
	○	○	96	e *4	Robson, Edward Robert	School architecture.	2	London	1877		
		○	66	d *4	Rosengarten, A	Handbook of architectural styles. Tr. By W. Collet-Sandars.		London			
		○	83	d	Ruskin, John	The seven lamps of architecture.		London	1849		
○	○	○	69	c	Ruskin, John	The stones of Venice.	2	London	1858	3	
	○	○	87		Ruttan, Henry	Ventilation and warming of buildings.		New York	1862		
○	○	○	64		Ryde, Edward	General text book for the constant use and reference of architects, engineers, surveyors, solicitors, auctioners, landagents and stewards.		London	1854		
		○	81	d	Shaw, Henry	Details of Elizabethan architecture.		London	1839		
	○	○	162		Sloan, Samuel	City and suburban architecture.		Philadelphia	1867		[K]
	○	○	71		Sloan, Samuel	Constructive architecture.		Philadelphia	1859		
	○	○	113		Smeaton, A. C.	Builder's pocket companion.		Philadelphia	1874		
	○		211		†	Société syonyme des hants-fourneaux et fonderies der val d'osne.				3	
		○			Slagg, Charles	Sanitary work in the smaller towns and in village.		London	1876		
		○			Spon, Ernest	Dictionary of engineering.		London		8	
		○			Spon, Ernest	Dictionary of engineering.		London	1874	3	
		○			Spon, Ernest	Dictionary of engineering. Vol. I.		London			
	○	○	4		South Kensington, Committee of Council on Education	Notes on building construction. Pt. 1-3		London	1875, 1876, 1879	3	
	○	○	102		Street, George Edmund	Brick and marble in the middle ages.	2	London	1874		
		○	63	d	Street, Geroge Edmund	Some account of Gothic architecture in Spain.	2	London	1869		
	○	○	11		Stuart, James & Revett, Nicholas	Antiquities of Athens and other monuments of Greece.	3	London	1873		
	○	○	6		Tarn, E. Wydham	Science of building.		London	1870		
	○	○	85		†Thomson, James	Retreats; series of designs.		[London]	[1827]		
○	○	○	7		†Tomlinson, Charles	Warming and Ventilation.		[London]	[1874]		[F]
○	○	○	70		Tredgold, Thomas	Elementary principles of carpentry. Corrected and considerably enlarged with an appendix by Balow, P.	5	London	1870		[K][F]
○	○	○	67		Tredgold, Thomas	Elemantary principles of carpentry and a treatise on joinery. by Tarn, E. Wydham	2	London	1875	2	
		○	84		†	Transactions of the Royal Institute of British Architects of London, Vol. I, part II.		London	1842		

1876	1878	1880	No.	蔵書印	author	title	ed.	place	year	vol.	etc.
	○	○	163	c *1 *4	†	Villa and cottage architecture.		London, Glasgow & Edinburgh	1871		
	○	○	131	d	Viollet-Le-Duc, E.	Histoire d'une fortersse.		Paris			
	○	○	91	*2	Viollet-Le-Duc, E.	Entretiens sur l'architecture.		Paris	1873	3	
		○			†Viollet-Le-Duc, E.	Dictionnaire raisonné du l'architecture.				10	
	○	○			Viollet-Le-Duc, E.	Dictionnaire raisonné du mobilier Francais.		Paris	1872	6	
	○	○	226		Viollet-Le-Duc, E.	Histoire d'une maison.		Paris			
○	○	○	107		Viollet-Le-Duc, E.	How to build a house. tr. by B. Bucknall		London	1874		
	○	○	140		Vodges, Frank W.	Architect's and builder's pocket companion and price book.		Philadelphia	1875		[K]
	○	○	72		Vogüe, Melchoir De	Les Englises de la terre sainte.		Paris	1860		
		○	56		Waring, George E.	Drainage for profit, and draining for health.		New York			
○	○	○	203		†Waring, John Barley	Masterpieces of the industorial arts and sculpture at the International Exhibition, 1862.		[London]	[1863]	3	
		○	74	d	†Wightwick, George	The palace of architecture.		London	1840		
○	○	○	21		Wightwick, George	Hints to young architects. enl. by Guillaume, G. H.	new	London	1875		
	○	○	128	d	Wilkinson, William	English country houses.	2	London	1875		[K]
	○	○	161	b,d	Woodward, Geo. E. & Thompson, Edward G.	National architect.		New York			[K][F][I]
	○	○	82		Young, John	Series of designs of shop fronts, porticoes, and entrance to buildings.		London	1843		
	○	○	125	d	Young, W.	Picturesque architectural and practical designs.		London	1872		
Priodicals, Transactions, &c.											
	○	○	207			Architect; a weekly illustrated journal of art, civil engineering, and building.		London	1877 -79	5	
	○				[John Weale]	Architectural engineering and mechanical drawing book.		London	1841		
	○				[Schaap, J. W.]	Architetuur perspectif.		Lyden	[1857]		[B]
○					†Miller, Francis T. W.	Builder's price book.			1875		
Agriculture, Botany, Zoology, and Physiology.											
	○	○			Downing, A. J.	Treatise on the theory and practice of landscape gardening.	8	New York			[K][I]
	○				†Weidenman, Jacob	Beautifying country homes; a handbook of landscape gardening.		[New York]	[1870]		[D]

※ 1880年目録には，Gwilt, *Chambers' Civil Architecture*. として記載されている。

[No.] の前の「○」は，[1876] が *Library of the Imperial College of Engineering*. Tokei. 1876 に，[1878] が *Catalogue of books contained in the Library of the Imperial College of Engineering*. Tokei. 1878 に，[1880] が *Catalogue of books contained in the Library of the Imperial College of Engineering (Kobu-Dai-Gakko)*. Tokei. 1880 にそれぞれ掲載されているもの。

「△」は "Books lent to the Library by Mr. Koma" すなわち，狛林之助と思われる人物から貸与された図書を示す。

「†」は 1891 年の帝国大学図書館洋書著者目録に記載を確認できないもの。

[No.] 欄は,『建築学教室図書目録』（東京大学建築学科所蔵）所載の帝国大学工科大学時代に編纂された目録に記載の番号で，うちゴシック体は現存を示す。

[蔵書印] 欄の記号は以下の通り。

a: 工部省図書記，b: 工学寮印，c: 工学寮図書印，d: 工部大学図書之印，e: 工科大学管理

*1: 鉛筆による 'From Kobusho' の書き込みがある，*2: 工学寮美術教場図書印がある，*3: 東京大学図書之印がある，*4: 'Gen Library' と書かれた図書票簽が貼ってある，*5: 他の工学寮図書票簽とは異なる票簽が貼られている。

[place] [year] 欄に [ ] 付きで表記しているものは，COPAC (http://copac.ac.uk/) など蔵書検索システムにより推定できるもの。

[etc.] 欄に [ ] 付きで表記しているアルファベットは，以下に示す組織の蔵書にも確認されるもの。

[B] 蕃書取調所，[K] 開拓使（札幌農学校，開拓使工業局，開拓使煤田開採事務係など全ての開拓使関連組織），[F] 大蔵省 [I] 内務省（購求のみ，移管後に所蔵となったものは含まない），[S] 元老院，[D] 太政官文庫（所蔵省庁を特定できないもの）

下同）を所蔵していたことになる。上に示した滝沢の考察―1875年以前には必要とされるほどには揃っていなかった―を受けると，1876年目録に掲載される建築関連洋書は，大半を当該年度に購入したことになる。ただし，オランダ出版の書籍[40)]が散見できるので，幕末から明治初期にかけて購入された建築関連洋書をいくつか継承している可能性も否定できないであろう。コンドル着任後の1878年の目録では104部と急激な冊数の増加が見て取れる。2年後の1880年には132部までしか蔵書数が伸びていないので，1876年から1878年にかけての建築関連洋書の購入がいかに焦眉の急であったかが窺われる。

表4-2に示した工部大学校所蔵建築関連洋書一覧を改めて概観すると，英国出版の書籍が大半を占めていることがわかる。工部大学校の教育が，工部大学校都検のダイアーあるいはコンドルらお雇い外国人教師の出身地であるイギリスを範に行なわれていたので，このことになんら不思議はない。しかし，さらに注意深くリストを見ると，米国出版の書籍が意外に多く含まれており，フランス出版書も散見される。

4-2　工部大学校所蔵建築関連洋書の特徴

1876年の目録に示される工学寮所蔵の建築関連洋書の特徴について，まず見ていくことにしたい。

‘Architecture’ に分類される38部中，米書が3部，仏書と蘭書が各1部あり，それ以外は全て英書である。rudiment, treatise, practicalなどの単語が標題にあるように，予科学，専門学，実地学のカリキュラムに従った図書が揃い，それ以外ではWeale社やCassel社の技術双書が揃っている。*Imperial College of Engineering, Tokei: Calendar. Session 1873-74.* の ‘Syllabus of Subjects’ には以下の記述がある[41)]。

XXVIII.

ARCHITECTURE

This course will comprise :—

A description and review of the different styles of architecture—materials used in construction—manufacture of bricks, tiles, drainpipes &c.—composition of mortars, cements and concrete—different methods of putting in foundations—cost of excavations in different soils—construction of walls of brick, rubble &c.—construction of timber and iron roofs, floors &c.—arches of brick, timber, stone—calculation of the strength of girders—practical examples in modern architecture—details of specifications and contracts.

40）
Jaargang, *Bouwkundige Bijdragen.* と *Architetuur Pespectief.* の2冊は，箕作秋坪旧蔵『蕃書調所書籍目録写』にも記載されている。

41）
『工部省沿革報告』（大内兵衛，土屋喬雄編『明治前期財政経済史料集成 第17巻ノ1』1964年）のp.360には，この日本語訳である『工学寮学科並諸規則 明治七年二月改正』の「学科条目略」が掲載されている。その記述は以下の通りで，英文を完全に翻訳している訳ではない。「一造家／造家諸式造家ニ用ウル物品瓦磚下水管ノ製造／亜土和土人造石製造／基礎を布置スルノ諸式／鉄或ハ材木ヲ以堂屋ヲ築クノ式／磚瓦木材石ノ弧門」

これら学科目を学習するに足る建築書は，表 4-2 を一覧するとわかるように，1876 年時点で，ほぼ揃っているといってよいであろう。加えて，大工書 carpentry and joinery も多く取り揃えられ，建築史の教科書の定番である Fergusson, *History of architecture in all countries.* も確認できる。建築の専門教育には未だ貧弱かもしれないが，初学者には十分な蔵書であったといえる。

1878 年開校の工部大学校が所蔵した建築関連洋書については，これまで，英文カレンダー[42] に記載される，卒業試験に関する参考文献に示された数部について言及[43] される程度であった。

1879 年の『工部大学校学科並諸規則』[44] は，以下のような卒業試験 Examination for diploma の参考書を記載している。

> The students must also be familiar with the following books:
> Rosengarten's History of the styles of Architecture.
> Notes on Building Construction Science and Art. Department, South Kensington.
> Donaldson's Specifications.
> Tredgold's Carpentry.
> Burges' Art applied to Industry.

この 5 部のうち，コンドル所縁の書籍として指摘されてきた South Kensington, Committee of Council on Education, *Notes on building construction.*[45] と Burges, *Art applied to industry.*[46] の 2 部は，1878 年の洋書目録に初めて所在を確認でき，コンドルの着任後に購入されたことがわかる。Rosengarten, *Handbook of architectural styles.*[47] は，1880 年の目録に初出となる。しかし，Tredgold, *Elementary principles of carpentry.*[48] と Donaldson, *Handbook of specifications.*[49] は工学寮時代の 1876 年目録に既に記載されている。このことは，コンドルの着任以前に，建築教育に必要な洋書を購入できる人物が，明治新政府内にいたことを物語る。その可能性として，イギリス人では，1870 年から大蔵省に雇用されていたウォートルス Walters, T. J. と工部大学校都検ダイアーの 2 名，日本人として，山尾庸三，大鳥圭介の 2 名をあげることができる。

ところで，1876 年から 78 年までの 2 年間に増加した ‘Architecture’ に分類される 66 部のうち，出版地を特定できるものは 62 部（ただし残りの 4 部は仏書）あり，そのうち米国出版書が 4 分の 1 以上に相当する 17 部を占める。第 1 章や本章第 3 節で見てきた，Bicknell, Cummings, Downing, Sloan, Woodward による大判のパターンブックが悉く取り揃えられている。英書も含めて，開拓使や太政

42）
『工部大学校学科並諸規則』，Imperial College of Engineering (Kobu-Dai-Gakko), Tokei: *Calendar*; 1879.

43）
例えば，前掲『近代日本建築学発達史』や，清水慶一「工学寮・工部大学校に於ける建築教育について」（*Bulletin of National Science Museum*, Series E, 1985），pp.25-35 など。

44）
註記 42 に同じ。

45）
鈴木博之は『ビクトリアン・ゴシックの崩壊』（中央公論美術出版，1996 年），p. 99 で，コンドルがサウス・ケンジントン美術学校卒業であることを指摘している。清水はこれを受けて前掲書においてコンドルが導入したと推測している。なお，*Calendar.* では，Science and Art. Department, Southkensington の出版と記しているが，正確にはここに示すように South Kensington, Committee of Council on Education である。また，「工学寮美術教場図書印」のある，*Grammer of Ornament.* 1865 を，サウス・ケンジントンで教科書として用いていたことから，コンドルによる導入を指摘するが，コンドル着任以前の「工学寮」関係印があることから，この考察は疑わしい。

46）
鈴木は前掲書において，前掲『近代日本建築学発達史』を引用し，コンドルがこの本を日本に導入したと考察しているが，『近代日本建築学発達史』では，あくまでコンドルが示した卒業試験の参考図書としての記述に留まっている。

47）
Calendar. では Rosengarten の著書は *History of the styles of Architecture.* であるが，正式にはここに示すように *Handbook of architectural styles.* である。

48）
Calendar. では，洋書目録と同様に，標題が省略された表記となっている。

49）
註記 48 に同じ。

官文庫で蒐集していた舶載建築書と，そのコレクションの様相は非常によく似ている。

1878年目録に初見される英書は，おそらくコンドルの所望により購求されたものであろう。それ以前の英書は―学科条目 Syllabus が Calendar. に英文で既に記述されていたように―建築学を専門としないダイアーあるいは山尾でも揃え得るものである。しかし，1878年目録に突如として現出する大量の米書の存在は，上記3名のうちのいずれかによる購入とは考え難い。ここで筆者は，特に開拓使蔵書との類似性から，大鳥圭介[50]が関与していた可能性を指摘したい。

大鳥は幕末に兵学と蘭学を修め，1860年には『築城典刑』を翻訳出版，後に幕臣に取り立てられた。函館戦争では賊軍の将として戦い，降伏後投獄生活を送る。1872年の出獄後，ただちに明治新政府に出仕，開拓使兼工部省官吏として米欧視察に同行した。1873年のロンドン滞在中には開拓使の命で書籍を購入している[51]。帰朝後は開拓使御用係，工部省工部頭，工部大学校長を歴任した。1884-85年に丸善から出版された『百科全書』[52]の一分冊である都筑直吉訳『造家法』の校閲にも大鳥の名前を見ることができる。大鳥は，洋学と工学の知識が豊富で，かつ開拓使と工部省に関連を持ち，さらに購入に対して権限を持つ，唯一ともいえる人物である。

4-3　現存する工部大学校（工学寮）旧蔵の舶載建築書

東京大学大学院工学系研究科建築学専攻では，1923年の関東大震災の延焼を免れた，工学寮ならびに工部大学校時代に購入された舶載建築書の一部を所蔵している。しかしながら，これら書籍は，OPACに遡及入力されておらず，なおかつ図書カードも廃棄処分されているため，ごく少数以外はその存在を知らずに今日に至っていた。今回，鈴木博之博士（現，東京大学名誉教授）にご教示いただき，現存する全冊を閲覧する機会を得た[53]。

『建築学教室図書目録 建築学科教室』と標題のついた簿冊[54]があり，その冒頭に帝国大学工科大学時代（ただし年代は不詳）に編纂された建築学教室図書室所轄の洋書目録を合綴している。この目録は，246部の洋書の整理番号と著者名，標題を記載している。そのうち100部以上には字消し線が引かれ，1914年初頭に3度に分けて「図書館へ返納」したことが記述されている。この目録の整理番号，現存する書籍に押された蔵書印（図4-8），図書票簽（図4-9）や書き込みなど特記事項を表4-2に併記した。この整理番号は購入順とは全く関係なくつけられている。現存するとはいえ，相当数が烏有に帰しているため，網羅的に購入や移管経緯を正確に追

50）
大鳥圭介の経歴については，山崎有信『大鳥圭介伝』（北文館，1915年），福本龍『われ徒死せず 明治を生きた大鳥圭介』（国書刊行会，2004年）に詳しい。

51）
第1章第3節参照。

52）
ウィルレム・チャンブル，ロベルト・チャンブル編，文部省摘訳『百科全書』（丸善，1884-85年）の下巻に『造家法』は収録されている。この別刷が，東京大学大学院工学系研究科建築学専攻藤井研究室に所蔵されている。「工部大学校書房」と標題のついた図書票簽の他，［工部大学図書之印］の蔵書印も見ることができる。

53）
東京大学大学院工学系研究科建築学専攻では，工部大学校旧蔵書の他に，工部美術学校旧蔵書も所蔵している。両者について，かつて調査・整理された形跡はあるが，その成果は公刊されていなく，かつ，現在所在不明となっている書籍も少なくない。工部美術学校旧蔵書については次項で取り上げることにする。

54）
東京大学大学院工学系研究科建築学専攻所蔵。

うことはできない。しかし，蔵書印や図書票簽，先人達が建築学を修めるために頻繁にふれたであろう手垢や鉛筆による書き込みの痕跡などを頼りに，具体例を示しつつ，工部大学校（工学寮）旧蔵舶載建築書のおおよその特徴を述べていきたい。

188 Bicknell（以下，同様に表 4-2 に併記した整理番号と著者名を併記）には，唯一［工部省図書記］の蔵書印が認められる（図 4-10)。加えて，鉛筆で ‘From Kobusho’ の書き込みがある[55]。218 Cummings & Miller と 163 *Villa and cottage architecture.* にも同様の書き込みがあり，工部省から移管されたものであることがわかる。また，178 Riddell と 161 Woodward には［工学寮印］[56] が押されている（図 4-11)。これら 5 部は，ごく初期に工部省が購入したものであると推察できる。出版国は英米と分かれるが，いずれも大判のパターンブックであり，それなりに利用されたであろう，手垢による汚れや，書き込みを見ることができる（図 4-12)。次いで［工学寮図書之印］のある書籍に着目すると，78 Cummings & Miller（ただし表紙が張り替えられている）を除き全て英国出版で，大判のパターンブックが多く，ゴシックや古典主義の詳細な図版が多く掲載されている。中でも 75 Chambers に掲載のオーダーの図版は，それまでの米国出版のパターンブックの汚れとは比較にならないほどの破損状況を呈している（図 4-13)。［工部大学図書之印］のある書籍はファーガソン Fergusson, ラスキン Ruskin, ヴィオレ・ル・デュク Violler-Le-Duc など教科書的な図書を含むものの，全体に大判のパターンブックが目立つ（図 4-14)。208 *The building news and engineering journal.* はロンドン出版の月刊誌で，目録に記載の通り，1877 年 7 月号以降が所蔵され，半年毎に図版ページとテキストペー

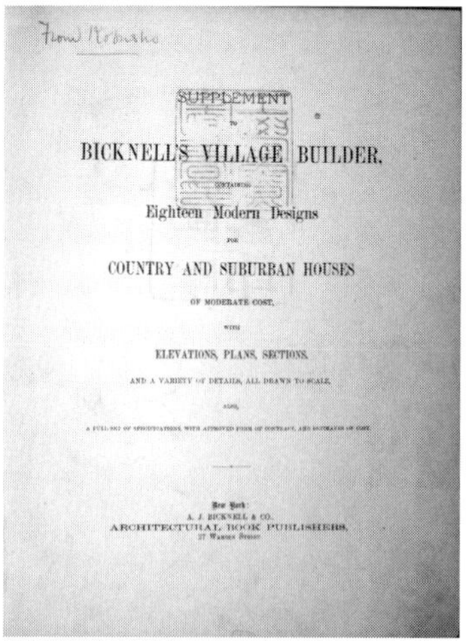

図 4-10　188 *Supplement to Biknell's village builder.* の扉

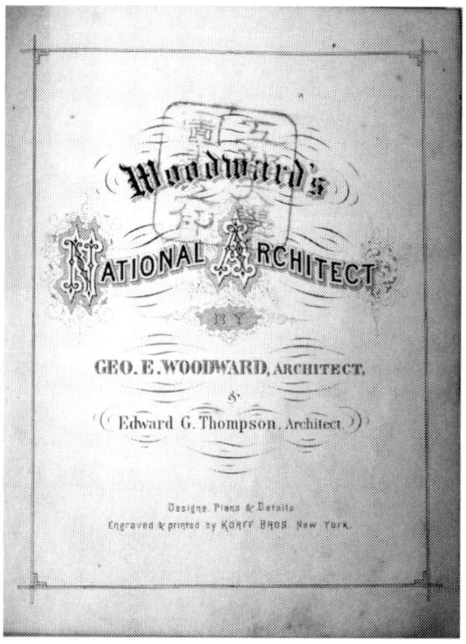

図 4-11　161 Woodward の扉

55)
第 1 章第 5 節で指摘したように，開拓使においても同様に鉛筆による書き込みのある図書があり，それらは，1872 年前後に購入されたものである。

56)
［工学寮印］は厳密には公印であるが，国立公文書館『改訂増補 内閣文庫蔵書印譜』(1981 年)，p.143 によると，蔵書印としても用いられたとある。

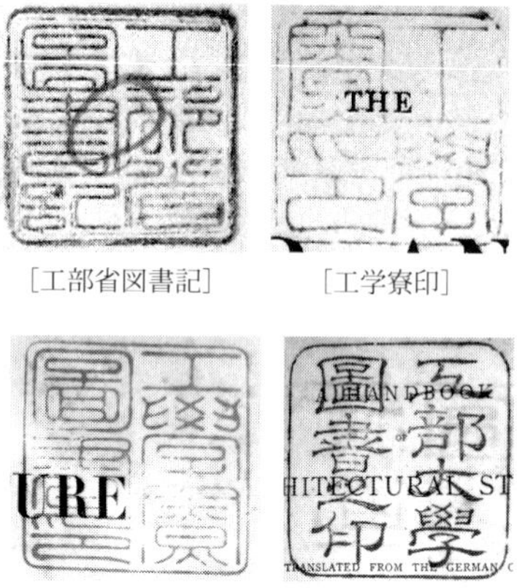

［工部省図書記］　［工学寮印］

［工学寮図書印］　［工部大学図書之印］

図 4-8　工部大学校関連の蔵書印

工学寮の図書票簽

工部大学校の図書票簽

図 4-9　図書票簽

ジに分けて製本してある。特に図版分冊は，前述の 75 Chambers 並みに頻繁に捲られたようで，ページ隅は手垢で黒く変色し，中にはページが破損しているものもある（図 4-15）。学生によるであろう書き込みも各所に見られる。これほどまでの貪欲な学習の痕跡は，工部大学校時代に限らず，少なくとも古典主義建築が主流だった時代に連綿と参照され続けた証なのであろう。

全学共通の図書館（現，東京大学総合図書館の前身）へ返納しなかったために延焼を免れた，工部大学校（工学寮）時代に蒐集された舶載建築書を概括すると，教科書として有用な数部と，建築意匠の習得に必要なパターンブックのコレクションであるということが

図 4-12　163 *Villa and cottage architecture.* の図版例

図 4-13　75 Chambers の図版例

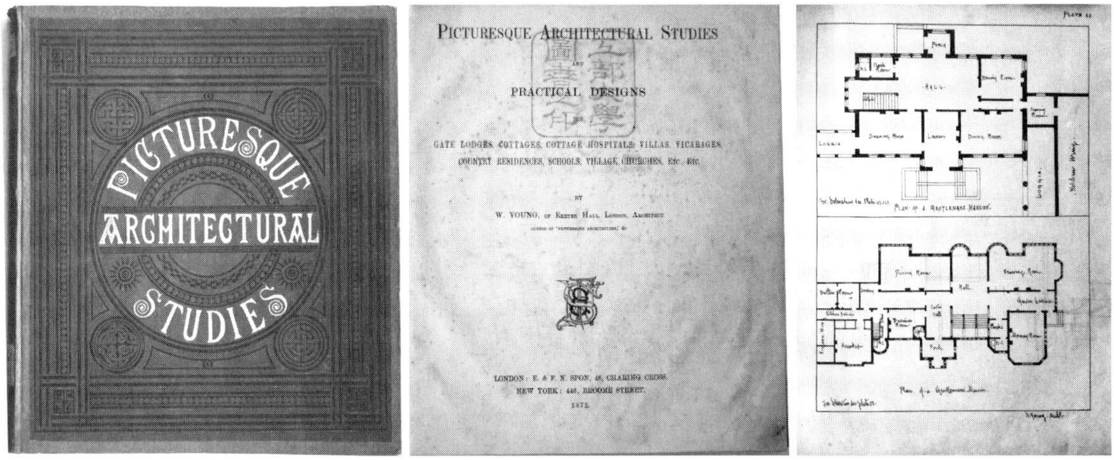

図 4-14　125 Young の表紙と扉と図版例
扉には［工部大学校図書之印］の蔵書印があり，図版には鉛筆による書き込みを確認できる

できる。換言するなら，1914 年に，その当時の建築教育に重要でないと判断された書籍を図書館へ返納し，それらが震災で燼滅したのである。現在，我々が目にすることのできる工部大学校旧蔵舶載建築書は，まさに学生が建築学を修得するために，日々参照した書籍なのである。

4-4　現存する工部美術学校旧蔵の建築関連洋書

東京大学大学院工学系研究科建築学専攻では，前掲の工部大学校旧蔵舶載建築書の他に，工部美術学校から継承された建築関連洋書を所蔵している。これら書籍については，明治美術研究学会の事務局長尾崎尚文が，昭和 59 年度に鹿島学術振興財団の助成を受け，蔵書印が押してある扉と図書整理番号に着目して整理を試み『東京大学工学部建築学科蔵工部美術学校旧蔵図書仮目録』と題した小冊子を 1986 年に私家版で発行している他，滝沢正順が「工部大学校の書房と蔵書」[57] の中で，蔵書印と蔵書票から，工部美術学校は工部大学校とは管理や利用が別であったことを推察している。しかしながら，この工部美術学校旧蔵の建築関連洋書の全容についての報告はなく，蒐集経緯の考察もなされていない [58] ので，ここでは，全冊を閲覧，整理することにより得られた新たな知見について述べていきたい。

工部美術学校旧蔵建築関連洋書は，前述の尾崎の整理によれば 41 冊が現存していることが確認されている。蔵書印（図 4-16），整理番号に着目し，著者名，表題，版，出版社，出版場所，出版年についてまとめたものを表 4-3 に示した。なお，添付された図書票簽（図 4-17）に記載のカタカナ書きの著者名と翻訳表題も併記した。

57)
東京大学編『学問の過去・現在・未来　第一部　学問のアルケオロジー』（1997 年）所載。http://www.um.u-tokyo.ac.jp/publish_db/1997Archaeology/ で全文公開。

58)
東京都庭園美術館編『フォンタネージと日本の近代美術：志士の美術たち』（東京都歴史文化財団，1997 年）に，工部美術学校旧蔵書のいくつかが紹介されている。

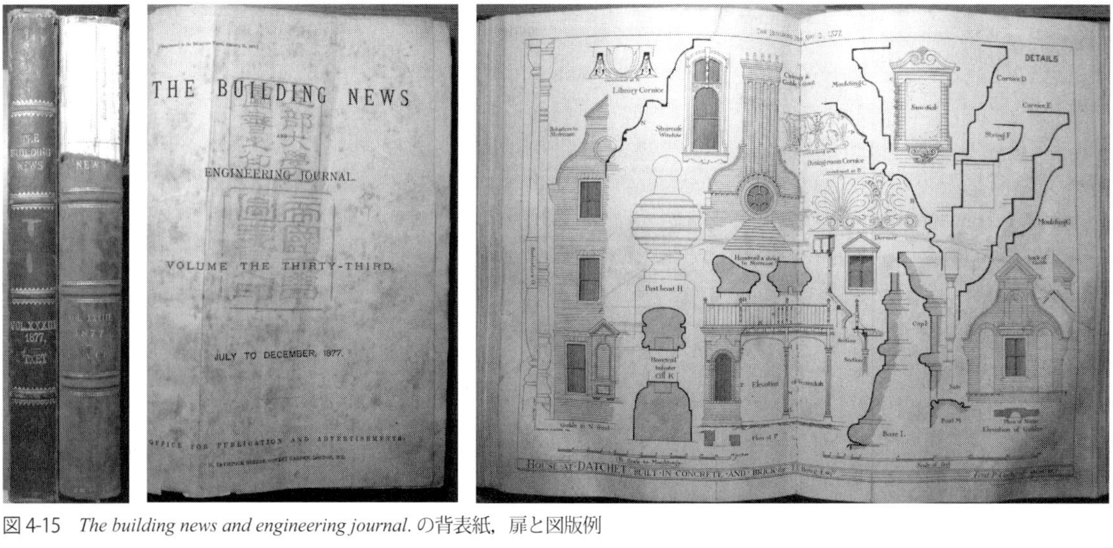

図 4-15　*The building news and engineering journal.* の背表紙，扉と図版例

内訳はフランス語が 23 冊，イタリア語が 15 冊，英語が 3 冊（ただし 1 冊はイタリア語を併記）である。蔵書印に着目すると，蔵書印のないものが 3 冊，［工学寮美術教場図書印］が押してあるものが 32 冊と大半を占め，［工作局美術校］が 4 冊，［工部美術学校］と［工部大学校博物場］がそれぞれ 1 冊ずつあった。「工学寮美術教場」という組織は正規には確認できない名称であり，1876 年 11 月 6 日に開校となった工部美術学校の前身組織の通称として用いられていたものであると考えられる。

これら書籍を舶載した人物として，イタリア人画家，アントニオ・フォンタネージ Fontanesi, Antonio（1818-1882）をあげることができる。隈元謙次郎によれば，フォンタネージは 1876 年 9 月ないし 8 月中には既に来日しており [59]，かつ，来日にあたって画学教授の教材を豊富に持参したという [60]。実際，Morselli, La prospettiva pratica. の表紙見返しには「画学教場ホンタ子ジー持越」の朱書きがあり，フォンタネージ自身の著作 Elements of theoretical and practical perspective.（図 4-18）も蔵書中に含まれる。フォンタネージは，1850 年代はジュネーブ，パリなどフランス語圏で過ごし，1865 年から 2 年間はイギリスへ留学していた [61]。工部美術学校での講義をフランス語で行なっていた [62] ことや，前述の自著を英語とイタリア語の両方で著していることからも，母国語であるイタリア語を含めた 3 カ国語による工部美術学校創設期の建築関連洋書コレクションは，フォンタネージによる可能性が高い [63]。

工部美術学校の創設にあたり，「画学」と「彫像」と並んで「家屋装飾術」が，その設立にあたっての覚書に明記されている [64]。現存する工部美術学校旧蔵書には，もちろん建築装飾の本もある

59）
隈元謙次郎『お雇い外国人 16- 美術』（鹿島出版会，1976 年），p.55。
60）
同上，pp.59-60。
61）
同上，pp.52-53。
62）
同上，p.61。
63）
工部美術学校にフォンタネージと同時に造家教師として雇用されたイタリア人建築家カペレッチ Cappelletti, Giovanni Vincenzo 舶載の可能性も否定できない。また同時期，工部省営繕寮には建築家ボアンヴィル Boinville, Charles Alfred Chastel de が雇用されていたが，所属する寮が異なるため，工学寮の仏書をボアンヴィル舶載と考えることは難しい。
64）
旧工部大学校編纂会編『旧工部大学校史料』（虎之門会，1931 年，青史社から 1978 年に復刻）。

［工学寮美術教場図書］

［工作局美術校］

［工部美術学校］

［工部大学校博物場］

図 4-16　工部美術学校旧蔵建築関連洋書に押捺された蔵書印

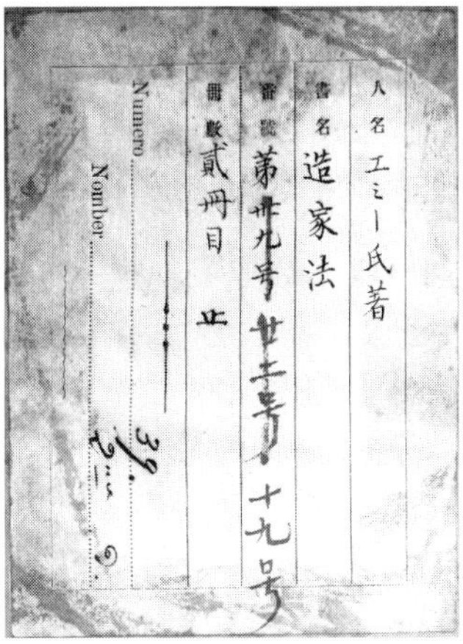

図 4-17　工部美術学校旧蔵建築関連洋書に貼付けの図書票簽

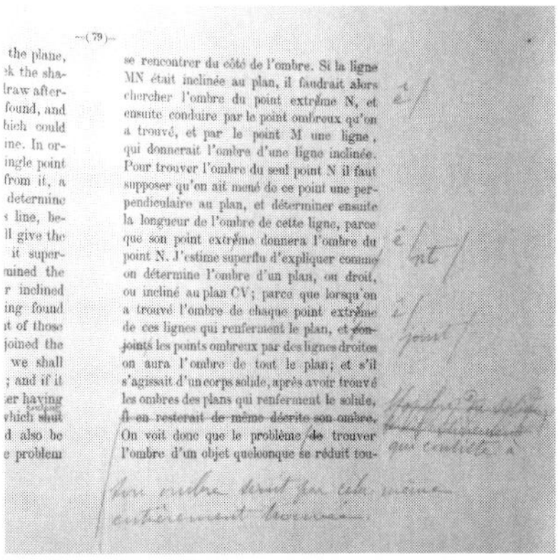
図 4-18　フォンタネージによる自著への書き込み（一部）

表 4-3　工部美術学校旧蔵建築関連洋書一覧

印	a	b	c	No.	author	title
				259	Morselli, Antonio	La prospettiva pratica.
				276	Thénot, J. P.	Traité de perspective pratique pour dessiner d'après nature mis à la portée de toutes les intelligences.
				277	Fontanesi, A.	Elements of theoretical and practical perspective.
A	3 - 1		40	195	Rondelet, Jean	Traité théorique et pratique de l'art de batir. Supplement, planches.
A	11 - 1	58	50	91	Viollet-le-duc, M.	Entreriens sur l'architecture.
A	11 - 2	58	50	91	Viollet-le-duc, M.	Entreriens sur l'architecture.
A	12 - 1		59	91	Viollet-le-duc, M.	Entreriens sur l'architecture. Atlas
A	18 - 1	37	33	234	Mazzocchi, Luigi	Trattato su le costruzioni in legno.
A	26 - 1		43	246	Barozzi, M. Jacopo	Gli ordini di architettura civile.
A	28 - 1	56	48	177	Tardieu E. et Fils A. Coussin	Les dix livres d'architecture de vitruve avec les notes de perrault.
A	30 - 1	38	34	117	Moses, Enrico	Raccolta di vasi antichi, altari, patere, tripodi, candelabri, sarcofagi ecc.
A	37	26	23	231	Hoffstadt, Federico	Principii dello stile Gotico. Volgarizzati dal Cavaliere Francesco Lazzari
A	39 - 1	22	19	129	Émy, A. R.	Traité de l'art de la charpenterie.
A	39 - 2	22	19	129	Émy, A. R.	Traité de l'art de la charpenterie.
A	40 - 1	21	18	230	Durand, J. N. L.	Raccolta e paralello delle fabbriche classiche di tutti I tempi d'ogni popolo e di ciascun stile.
A	42 - 1	18	16	204	Cassina, Ferdinando	Le fabbriche piu cospicue di Milano.
A	44 - 1	28	25	184	Heideloff, Carlo	Raccolia de'migliori ornamenti medio evo e profili di architettura Bizantina.
A	57 - 1	25	22	181	Gailhabaud, Jules	Monuments anciens et modernes, collection formant une histoire de l'architecture des différents peuples. 1ére: Temps anciens
A	57 - 2	25	22	181	Gailhabaud, Jules	Monuments anciens et modernes, collection formant une histoire de l'architecture des différents peuples. 2éme: Moyen age(1ere)
A	57 - 3	25	22	181	Gailhabaud, Jules	Monuments anciens et modernes, collection formant une histoire de l'architecture des différents peuples. 3éme: Moyen age(2eme)
A	57 - 4	25	22	181	Gailhabaud, Jules	Monuments anciens et modernes, collection formant une histoire de l'architecture des différents peuples. 4éme: Période moderne.
A	61 - 1		6	192	Amati, da Carlo	Dell'architettura di Marco Vitruvio Pollione
A	61 - 2		6	192	Amati, da Carlo	Dell'architettura di Marco Vitruvio Pollione
A	66 - 1	68	54			Bellezze del Duomo di Milano.
A	68 - 1	23	20	129	Émy, A. R.	Traité de l'art de la charpenterie.
A				90A	Raguenet, A.	Matériaux et documents d'architecture classés par ordre alphabetique.
A				124	Leveil, J. -A.	Traité élémentair pratique d'architecture ou étude des cinq ordres.
A				189	Castellazzi, Giuseppe	Ricordi di atchitettura orientale presi dal vero.
A				195	Rondelet, Jean	Traité théorique et pratique de l'art de batir. Supplement
A				195	Rondelet, Jean	Traité théorique et pratique de l'art de batir. Supplement
A				197	Jones, Owen	The grammar of ornament.
A				198		L'architecture allemande au XIX siécle. Recueil de maisons de ville et de Campagne, villas, chalets, kiosques, décoratuins de jardins, etc.
A				227	Viollet-le-duc, M.	Histoire de l'habitation humaine
A				234	Mazzocchi, Luigi	Trattato su le costruzioni in legno.
A					Viollet-le-duc, M.	Dictionnaire raisonné de l'architecture.
B	4			167	Amati, da Carlo	Gli ordini di architettura del Barozzi da Vignola.
B				155	Reynaud, M. Léonce	Traité d'architecture. 2éme partie: Composition des édifices.
B		42	7	233	Morandi, Genesio	L'arte della decorazione Italiana.

publisher	place	year	ed.	著者	表題	備考
				モルセリ	実地遠近法	「画学教場ホンタ子ジー持越」の朱書き
D^{que} Avanzo	Liége	1845	5			「画教場」の朱書き
G. Bruno	Turin	1876				イタリア語部分に添削
Librairie de Firmin Didot Fréres	Paris		3			
A. Morel	Paris	1863		ビヲレ、ル、ジュック	アントルチアン、シェル、ラルシテクチュール	
A. Morel	Paris	1877		ビヲレ、ル、ジュック	アントルチアン、シェル、ラルシテクチュール	
A. Morel	Paris	1864		ビヲレ、ル、ジュック	アントルチアン、シェル、ラルシテクチュール図	
Antonio Vallardi	Milano	1871		リュギー、マゾツキ	木築造書	
Antonio Bossi	Milano	1875	4	バロウジ	アルシテクチュール　シビル	
Librarie Centrale D'architecture	Paris	1859		タルジュー	ジー、リーブル、ダルシテクチュール	
	Milano	1824		モゼス	古代陶器抜粋	
Giuseppe Grimaldo	Venezia	1858		ホーフスタッキ	スチール、ゴチック	
Dunod	Paris	1869		エミー	造家法	
Dunod	Paris	1870		エミー	造家法	
Giuseppe Antonelli	Venezia	1833		ジュラン	ファブリック、クラシック	
	Milano	1840		カツシナ	美蘭府製造所	
Presso Givanni Brizechel	Venezia	1859		ハイデローフ	スチール、ビザンタン	
Librairie de Firmin Didot Fréres	Paris	1853		ガイヤボー	古今立物	'Biblithique de L'Ecole Imperial des Beaux-Arts de Tokio'.の書き込み
Librairie de Firmin Didot Fréres	Paris	1853		ガイヤボー	古今立物	
Librairie de Firmin Didot Fréres	Paris	1853		ガイヤボー	古今立物	
Librairie de Firmin Didot Fréres	Paris	1853		ガイヤボー	古今立物	
GiacomoPirola	Milano	1829		アマチ	アルシテクチュール、ビトリュビエヲ	
GiacomoPirola	Milano	1830		アマチ	アルシテクチュール、ビトリュビエヲ	
Stavilimento Ronchi	Milano			会社出版	美蘭府寺飾物彫刻画	
Dunod	Paris			エミー	造家法図	
Thezard	Dourdan					
Garnier Frères	Paris					
Rinnocamento	Venezia	1871				
Librairie de Firmin Didot Fréres	Paris	1868				
Librairie de Firmin Didot Fréres	Paris	1871		ジヤン、ロンドレ	築造図	
Bernard Quaritch	London	1868				
A. Morel	France					
J. Hetzel	Paris					
Antonio Vallardi	Milano	1873				
Ve A. Morel	Paris	1873				
				アマチ	造家屋	
Dunod	Paris	1870	3			
Pietro Moretti	Milano	1874				

印	a	b	c	No.	author	title
B					Fau, J.	Anatomie des formes extérierues du corps humain, a l'usage des peintres et des sculpteurs.
C				219	Gillet, Frédéric	Par démonstrations orales et graphiques.
D				247	Barozzi da Vignola, Giacomo	I cinque ordini di architettura civile.

［印］欄の記号は以下の通り。A: 工学寮美術教場図書，B: 工作局美術校，C: 工部美術学校，D: 工部大学校博物場
［a］［b］［c］欄はすべて［工学寮美術教場図書］印が押してある図書に共通に貼付けられる図書票簽に記載の整理番号。
［a］は墨書で書かれた漢数字とペン字によるアラビア数字に共通に記されるもので，当初からの整理番号と考えられる。

が，建築初学書，特にオーダーに関する図版を豊富に掲載した書籍が目立つ。1883 年 1 月 23 日の美術学校廃止後，暫く時を経てから帝国大学工科大学に移管されたようで，［工科大学管理］の捺印は認められるものの，工部大学校関連の印は数少ない。現在，各種オーダーを示す図版（図 4-19）には，頻繁に捲られた汚れや破れが認められるが，これらは，移管後の帝大の学生によるものであろう。

工部美術学校旧蔵書のうち建築関連洋書は，現存するものに限定してではあるが全容を把握できる。しかし，工部大学校や札幌農学校のような洋書目録の編纂を確認できないため，絵画や彫刻を含めた蔵書の全貌の解明は，考究に期待せざるを得ない。

図 4-19　167 Amati の図版例
ページ右上には鉛筆による書き込みも確認できる

4-5　工部省営繕局洋書目録（1878 年）

前節で太政官文庫が蒐集した建築関連洋書を一覧したが，その中に，工部省関連の図書はわずか 1 冊含まれるに過ぎなかった。大蔵省が官庁営繕組織を管掌した時代に購入された舶載建築書は，表 4-1 に示した程度であったと想像されるが，1874 年に工部省が営繕業務を管掌して以後，舶載建築書を購入しなかったとは，工学寮および工部大学校の豊富な蔵書の様子を見た後では考え難い。工部省が編纂した洋書目録は管見では見当たらなく，その蔵書の一部あるいは全部が，工部大学校に移管されたか否かも，工部大学校旧蔵書の過半が焼失しているため，数冊を確認できたに過ぎなく，断言はできない。

しかし，工部省営繕局の洋書リストが，開拓使関係簿書内に存在していることを遠藤明久が報告している [65]。1878 年 11 月に開拓使東京出張所の書記官から，同使函館支庁の書記官に宛てた文書 [66] に目録が添付される。遠藤の報告と重複するが全文引用したい。

函館　　　　　東京
書記官　　　　　　　書記官
西洋各国営繕法軌範トナルベキ図書等購入方池田直治外用ニテ
出京同人ヘモ取調方御申付有之趣等第六百九十二号御掛合之趣

65）
遠藤明久「簿書から発見された建築関係史実の一・二について」（『日本建築学会北海道支部第 26 回研究発表会論文集』，1966 年），pp.113-116。
66）
『自明治十一年至仝十二年 上局文移録 営繕係』簿書 3472，北海道立文書館所蔵。

publisher	place	year	ed.	著者	表題	備考
Méquignon-Marvis fils	Paris	1845				
Librarie Renouard	Paris	1869				
Da Guiseppe Bianchi	Roma	1861				

[b] は墨書の漢数字を消した後に朱書きで記されたものであるが，すべて，朱で字消し線を加えられている。
[c] は [b] で示した朱書きの漢数字を消した後に，改めて朱で書き加えられたもの。
[No.] 欄は，『建築学教室図書目録』（東京大学建築学科所蔵）所載の帝国大学工科大学時代に編纂された目録に記載の番号。

了承右ハ当地ニテモ相心得候者無之先以工部省営繕局ヘ右関係之図書等譲受之儀及依頼候得共同局ニモ貯蔵無之書目丈ケハ抄録回答有之則別記訳文之通リニ而書店取調候得共売品無之然ルニ池田直治見込ニハ翻訳書ヲ購求スベキ趣ニ相聞得書林取調候得共是亦売品無之委細ハ同人帰函之上事情可申出候尤営繕局ヨリ送附セシ抄録ハ前記相副差進候条御通読之上猶原書御入用之御見込ニ候ハヽ更ニ御申越有之度回答旁此段申進候也

明治十一年十一月四日

遠藤は，冒頭に記される池田直治について考察した上で，この簿書に添付される11冊の舶載建築書リストに二通りの解釈をしている。一つ目は，この時点での工部省営繕局の舶載建築書の所蔵冊数は11冊が全てであるとするもの。二つ目は，「西洋各国営繕法軌範トナルベキ図書」と対象を限定したため，それに該当する書籍のみが回答されたと看做すものである。遠藤は，開拓使旧蔵建築関連洋書の例から類推して，後者をとりたいとしている。しかし，この11冊がどのような内容の書籍であるかについては，後究に委ねている。

筆者は，COPACを頼りに，11冊全冊の原著者名および原書名を比定し，大英図書館 Biritish Library において9冊を閲覧することができた。一覧を表4-4に示す。邦訳された書名だけを見ると，大半が農業関係書のように映るが，ほとんどは図版を豊富に掲載した中判あるいは大判のパターンブックである。特徴的なものをいくつか紹介したい。

Blackburne, *Suburban and rural architecture.* は，いわゆるパターンブックで，44種類の住宅の図版を掲載する。前半では一戸建て，後半では二戸一およびロウハウスを紹介する。Bogue, *Domestic architecture.* は4種類の Villa および Cottage の20葉の図版を掲載し，仕様も記載している。Ewart, *A treatise on the arrangement and construction of agricultural buildings.* は，大規模農場の施設配置図とアイソメ図が掲載される大型本である。Loudon, *An encyclopædia of*

表 4-4　工部省営繕局所蔵舶載建築書目録（1878 年 11 月）

翻訳著者名／author	翻訳書名／title	publisher	place	ed.	year
イ，エイキン	別荘及ヒ其他田舎ノ建築造営書	千八百三十五年倫敦版			
Aikin, Edmund	Designs for villas and other rural buildings.	John Weale	London		1835
ジー，エチ，アントリュウ	各種農業用ノ家屋建築書	千八百五十二年倫敦版			
Andrews, George Henry	Rudimentally treatise on agricultural engineering. Vol. I Buildings.	John Weale	London		1852
イ，エル，ブレッキモール	英国及外国様田舎田園家屋建築書	千八百七十五年倫敦版			
Blackburne, Edward Lushington	Suburban and rural architecture, English and foreign.	James Hagger	London		1867
イ，ダブリュウ，ホギュウ	小舎及ヒ別荘本国ノ建築法	千八百七十年倫敦版			
Bogue, James W	Domestic architecture; being a series of designs for cottages and villas, with descriptions of the plans, estimates of costs, and general remarks.	Fullarton	Edinburgh		1870
イ，ヒ，デントン	英国農家屋地ノ書	千八百六十五年倫敦版			
Denton, John Bailey	The farm homesteads of England.	Chapman & Hall	London	2	1865
イ，エワルト	農業用建物整頓及造営書	千八百五十一年版			
Ewart, John	A treatise on the arrangement and construction of agricultural buildings.	Longman, Brown, Green, and Longman	London & Edinburgh		1851
ダブリユー，イグレイ	各種農家納屋学校等建築法	千八百五十三年エジンボルグ刊行			
Gray, William J.	A treatise on rural architecture, comprehending plans, elevations and sections of farm houses, farm offices, cottages, manses, schools, gates, railing, etc.	W. H. Lizars	Edinburgh		1853*
イ，シー，ロウデン	舎屋別荘ノ諸術学書	千八百三十九年倫敦版			
Loudon, John Claudius.	An encyclopaedia of cottage, farm and villa architecture and furniture.	Longman, Rees, Orme, Brown, Green, and Longman	London		1839
テイ，イ，ナイトレイ	厩建造書	千八百六十二年倫敦版			
Knightley, Thomas Edward	Stable architecture.	Baikley Bros.	London		1862
イ，スタル，フオルス	農家製作所、職工舎農業場建築書	千八百五十三年倫敦版			
Starforth, John	The architecture of the farm. A series of designs for farm-houses and farm-steadings, factors' houses and labourers' cottages.	William Blackwood	Edinburgh & London		1853
エッチ，ステフェンス及アル，エス，ボルン	農家建設及ヒ整頓法	千八百七十一年エジンボルグ刊行			
Stephens, Henry & Burn, Robert Scott	The book of farm-buildings, their arrangement and construction.		Edinburgh & London		1871

＊簿書には 1853 年と記載してあるが，COPAC などから検索できる図書は，全て出版年は 1852 年となっている。

cottage, farm and villa architecture and furniture.[67] は 4 分冊で，Book I は労働者，庭師，召使い，小農家のための小住宅，Book II は農家の住宅および宿，Book III は別荘 villa，Book IV には建築批評がそれぞれ記載される。Knightley, *Stable architecture.* では，王立の厩舎や競馬場など 11 例が大判の図版で紹介されている。Starforth, *The architecture of the farm.* は，Division 1. で労働者や農夫の住宅事例を豊富な詳細図とともに紹介し，Division 2. では農場の配置図を多数掲載する。

非常に充実した建築書コレクションではあるが，この当時の工部省営繕局の所蔵舶載建築書が，この 11 冊だけだったとは，これまで考察してきた開拓使や大蔵省，工部大学校の事例から見ても到底

67）
2000 年に復刻されている。

考え難く，ここに示す実践的な図版を多数掲載した書籍以外に，画学書，歴史書，辞書などを所蔵していたはずであり，遠藤が考察するように，照会に応じて該当書籍のみを回答したと考えるのが妥当である。

この 11 冊は，1891 年の帝国大学洋書目録[68]に記載を見ることができなく，1885 年の工部省廃止後に工部大学校に移管はされなかったと判断できる[69]。では，工部省の営繕組織が所蔵していた舶載建築書は，どこへ移管されたのか。順当であれば，後継組織である農商務省あるいは内務省へ移管されたと考えられる。1885 年の末のことではあるけれども，本来ならば内閣文庫で集中管理するため同文庫に拠出されるはずである。しかし，内閣文庫の目録に，この 11 冊の記載はない。やはり「日常必要ノ書冊」として拠出しなかったのであろうか。そして目録に掲載されることなく，震災あるいは戦災で焼失したのか。後究で明らかにされることに，わずかな期待をかけるばかりである。

4-6　辰野・妻木文庫の舶載建築書

日本建築学会図書館には，建築家辰野金吾と妻木頼黄（1859-1916）の旧蔵書が，それぞれ辰野文庫，妻木文庫として所蔵されている。それらの一部は 2004 年 3 月 26 日から 4 月 2 日にかけて，日本建築学会建築博物館において展示に供された。その際，藤森照信が展示資料の解題を行なっている[70]。それによると，辰野文庫に伝わる建築書はほとんどは洋書で，辰野がイギリスに留学（1880 年 2 月～ 1883 年 5 月）した際に入手したと推測している。妻木文庫に関しては，建築図面のみを展示し，図書については一切ふれていない。

辰野・妻木両文庫に所蔵の舶載建築書中には，表 4-2 に示した工部大学校蔵書に含まれるものと同じ書籍が何点かある。該当書籍を閲覧することにより得られた新たな知見を以下に述べていきたい。

・Tomlinson, Charles, *A rudimentary treatise on warming and ventilation.* 8th ed., Crosby Lockwood, London, 1878

Weale's rudimentary series の 1 冊。ペン字で ‘K. Tatsuno Stu. on Architect.’ の書き込みがある。工部大学校造家学科（あるいは工学寮工学校）学生時代に購入したと考えられる。ページ中にも英語による書き込みを多く確認できる。

・Dobson, Edward, *A rudimentary treatise on the manufacture of bricks and tiles containing an outline of the principles of brickmaking*. 7th ed. with additions by Mallet, Robert. Crosby Lockwood, London, 1882

68）
註記 38 に同じ。
69）
先にも示したように［工部省図書記］の蔵書印のある書籍が 1 冊だけ工部大学校へ移管されている。
70）
http://www.aij.or.jp/jpn/hall/gallery/past/2004/tatsu01/tatsunotumaki.htm で公開されている。

これも Weale's rudimentary series の 1 冊。ペン字で ‘K. Tatsuno May 2 1883’ の書き込みがある。この日付から留学中に購入したものであることがわかる。

・Burges,William, *Art applied to industry*. John Murray and James Parker, Oxford and London, 1865

ペン字による ‘K. Tatsuno May 1st 1882’ の書き込みから，留学中に購入したものとわかる。

・Fergusson,James, *History of architecture in all countries, from the earliest times to the present day. Vol. I and Vol. II*, 2nd ed., John Murray, London, 1874

ペン字の書き込みは ‘Kingo Tatsuno’ のみ。留学中に購入した書籍には西暦が併記されるので，学生時代に購入したと推察される。全ページに汚れが目立ち，とりわけ ‘Grecian architecture’ のページは赤インクの汚れがついている。工部大学校蔵書のこの書籍は，コンドル着任以前の工学寮時代に既に所蔵されている。

・Fergusson, James, *History of the modern styles of architecture*. 2nd ed., John Murray, London, 1873

‘Kingo Tatsuno March 1883’ の書き込みから，留学中の購入であることがわかる。至るところに書き込みがある（図 4-20）。藤森は前述の解題において，学生時代ではなく留学中の購求と考察している。

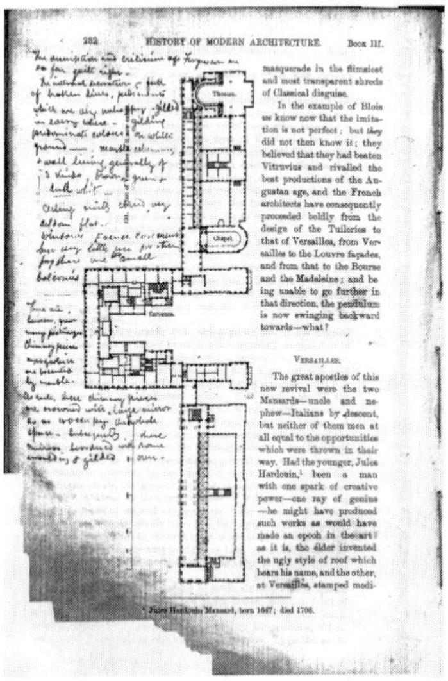

図 4-20　辰野金吾による書き込み

図 4-21　Chambers, *A treatise on the decorative parts of civil architecture*.（辰野金吾旧蔵書）の頁

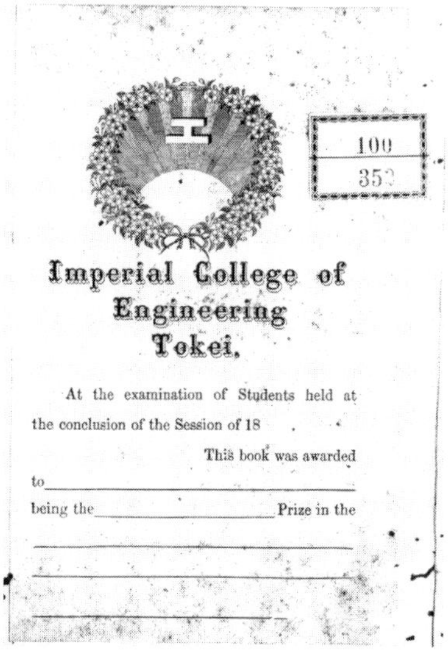

図 4-22　工部大学校成績優秀者贈呈書の票簽

• Chambers, Sir William, *A treatise on the decorative parts of civil architecture, with illustrations, notes, and an examination Grecian Architecture by Gwilt, Joseph, rev. and ed. by Leeds W. H.*, Lockwood, London, 1862

'Kingo Tatsuno March 1882' のサインから，これも留学中に購入したものであることがわかる。他の書籍に比べ，図版ページの手垢の汚れが著しく，ページの損傷も激しい（図 4-21)。古典主義建築の各部詳細が豊富に掲載されているので，辰野が生涯，建築設計におけるパターンブックとして愛用したであろうことが想像できる。ちなみに，この本の翻訳書である中村與資平『美術的建築』(東京書院，1917 年）[71] の序文を辰野が著している。

• Rosengarten, A., *A handbook of architectural styles.* Chatto and Windus, London

妻木文庫の蔵書であるが，表紙見返しに工部大学校の票簽が貼られている（図 4-22)。そこには "At the examination of Students held at the conclusion of the Session of 18--. This book was awarded to ______ ______ being the ___________ Prize in the ___________" と記されており，試験の成績優秀者に贈呈されるはずのものであったことが読み取れる。また，この書籍は，コンドルが卒業試験の参考書として提示したものでもある。

第 5 節　文部省蒐集建築関連洋書

5-1　国立国会図書館の沿革と洋書の移管経緯（図 4-23)

国立国会図書館蔵書には，明治初期に文部省あるいはその所轄機関が蒐集した建築関連洋書を多数含んでいる。その中の大半には，国立科学博物館の前身組織である教育博物館の蔵書印が押されている。本来であれば，国立科学博物館の所蔵であってもおかしくないはずの書籍が国立国会図書館の蔵書となっている。そこには図書館と博物館の設置・運営に関わる紆余曲折が存在する。

文部省は 1871 年 7 月に設置，同年 9 月省内に博物局を置いた。同局は大学南校蒐集の資料を継承し，1872 年 2 月に湯島聖堂大成殿を博物館に充て展示を始めた。一方で，同年 5 月には書籍館を創設した。翌 1873 年 3 月にはウィーン万博準備のため博覧会事務局を設け，博物館と書籍館を吸収合併する。当時の文部省三等出仕であり，後に教育政策を牽引する一人となる田中不二麿 [72] らは，教育施策に両館は必須であり，かつ，文部省の直轄である必要性を強く訴え，合併の中止を申し入れた。その結果，1875 年 2 月に両館は文部省所管に復帰することになる。しかし，所蔵品を博覧会事

71）
1931 年に『洋風建築設計者の虎の巻』(鈴木書店）として改訂版が出版されている。

72）
1845-1909。明治期の近代教育制度の確立に尽力した高級官僚。

務局に引き渡すことが条件であったため，収集品皆無の状態からの再開となった。したがって，官制面の沿革は 1872 年からであるが，蔵書の面からは書籍館と博物館の淵源は 1875 年となる。

書籍館は 1875 年 4 月に東京書籍館と改称し，当時文部省書庫にあった蔵書をもって，湯島聖堂大成殿において開館した。『東京書籍館明治八年報』[73] によると，同年度中に文部省が交付した洋書は 3 月に文部省書庫から移管したものだけなので，この時交付された 5,555 冊 [74] は，元々，文部省書庫にあった洋書であるということになる。

1876 年には洋書総数が 13,974 冊に達し，同年 2 月には文部省から東京書籍館へ洋書を購入するための代金として 5,000 円が交付されるなど順調に発展していくかに見えたが，1877 年 2 月に，突然，文部省より閉館の通達を受ける。国内政局の不安定化に起因する諸経費削減のためであった [75]。

73）
国立国会図書館支部上野図書館編『帝国図書館年報』（国立国会図書館，1974 年）pp.3-9。
74）
内訳は英書 4,028 冊，仏書 894 冊，独書 502 冊，魯書 28 冊，伊書 16 冊，西書 36 冊，蘭書 51 冊。
75）
『東京書籍館明治十年報』ならびに『東京府書籍館明治十年報』（前掲『帝国図書館年報』，pp.17-22）。

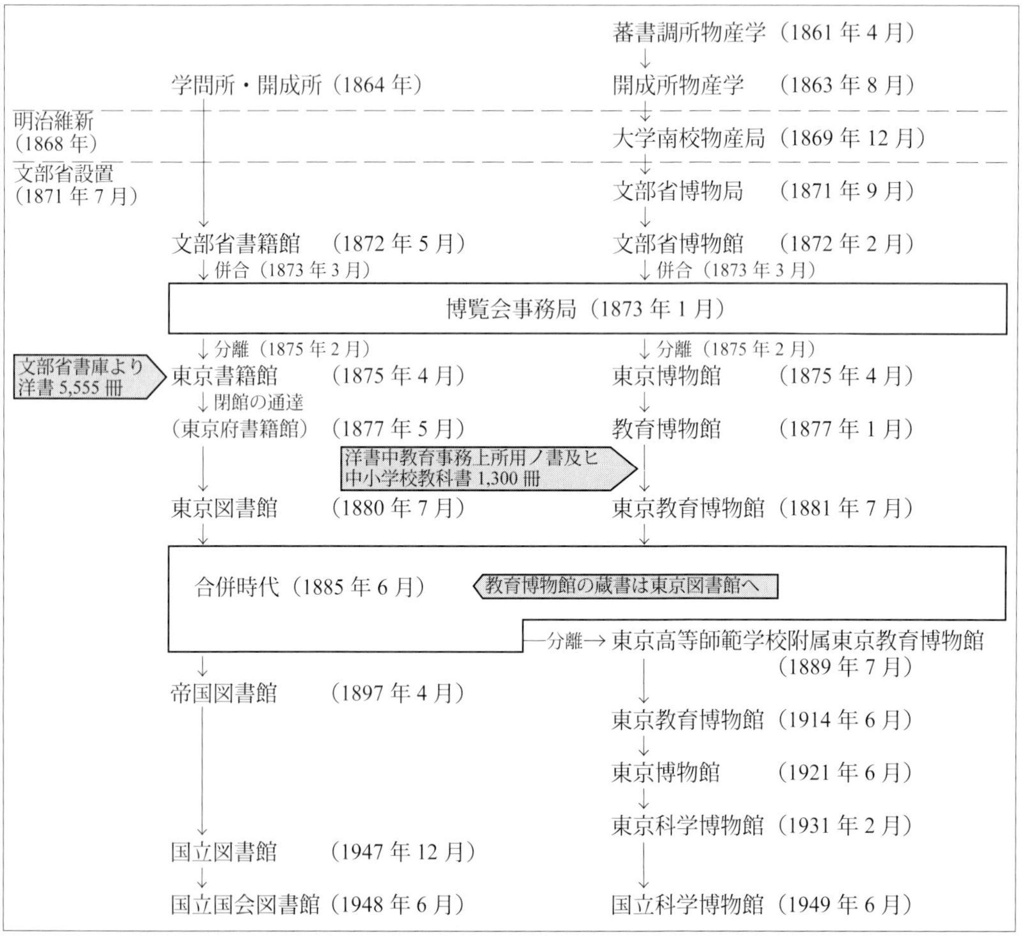

図 4-23　国立国会図書館の沿革と文部省蒐集洋書の移管経緯

文部省は東京書籍館廃止後の蔵書の処分について，「洋書中教育事務上所用ノ書及ヒ中小学校教科書」1,300 冊[76] を教育博物館に移管することにした。これ以外の書籍のうち若干数を開成学校に移し，残り全てを東京府へ交付，1877 年 5 月に東京府書籍館が誕生した。しかし，限られた地方税による運営であったために将来の発展が見込めず，わずか 3 年後の 1880 年 7 月に東京図書館と改称し，再び文部省の所管となった。

一方，教育博物館は，1881 年 7 月に東京教育博物館と改称するが，わずか 4 年後の 1885 年 6 月には，東京図書館に吸収合併，蔵書も同時に同館へ移管した。1889 年に東京図書館から再び分離して東京高等師範学校附属東京教育博物館になるものの，蔵書はそのまま東京図書館に引き継がれた。『東京図書館明治二十二年報』[77] には以下のように記されている。

> 右甲乙部増加図書ノ本年ニ於テ特ニ多数ナルハ従来東京教育博物館ノ蔵書ニシテ本館ニ於テ閲覧セシメタルモノヲ両館分離ノ際更ニ本館ニ交付セラレタルニ由ル其数甲部ニ於テ和漢書三百七十八部洋書六千六百三十三部乙部ニ於テ和漢書一万三千二百七十七冊洋書千三百三十八冊トス

現在，国立国会図書館が所蔵する多数の［教育博物館印］印記本は，博物館系列ではあるものの，この統合・分離ならびに蔵書移管の結果，東京図書館が継承したものである。なお，ここに記された甲乙の分類については，甲部は閲覧の対象とするもの，乙部が重複図書や欠本など閲覧に供しないものである。

東京図書館は，この後，1897 年の帝国図書館への改称まで，この名称を存続するが，実質 3 期に分割することができる。第 1 期は 1880 年 7 月から 1885 年 6 月までの湯島聖堂時代，第 2 期は 1885 年に上野に移転し，東京教育博物館と合併した時代，そして第 3 期が 1889 年 3 月に東京教育博物館を分離して後の時代である。

東京教育博物館は，1914 年に東京高等師範学校から独立，1921 年には東京博物館となり，1931 年に東京科学博物館，1949 年に国立科学博物館となり，現在に至っている。

一方，帝国図書館は，1947 年に国立図書館，翌年に国立国会図書館となった。

5-2　文部省関連の蔵書目録・図書票箋・蔵書印ならびに受入印

前述したように，1875 年に文部省書庫より交付の洋書 5,555 冊が国立国会図書館所蔵洋書の淵源である。翌 1876 年発行の『東京書

76）
内訳は英書 1,056 冊，仏書 237 冊，独書 7 冊。
77）
前掲『帝国図書館年報』，pp.119-125。

籍館洋書目録』*A classified catalogue of the books in the English, French and German languages of the Tokio Shoseki-kwan or Tokio Library.* が，文部省所管組織として最初に発行した洋書目録である。一方，文部省博物館系列の蔵書目録は 1881 年刊行の『教育博物館図書目録』*Classified catalogue of the books of the library of Kiyoiku Hakubutsukwan, (Educational Museum)* まで俟たなくてはいけない。

幸い，国立国会図書館では蔵書全冊の遡及入力が完了しており，NDL-OPAC[78] で検索語を適宜入力することにより，明治初期に文部省所管組織が蒐集した建築関連洋書を探し出すことが可能である。本論で扱っている他の組織に合わせ，およそ 1885（明治 18）年までの出版年の書籍を対象とし，キーワードとして ‘architecture,’ ‘building,’ ‘construction,’ ‘edifice,’ ‘house,’ ‘dwelling,’ ‘villa,’ ‘cottage’（これらと同義の仏語，独語も含めて）などで検索した。また，上記 2 種類の蔵書目録に記載の書籍の他に，開拓使，太政官文庫，工部大学校の旧蔵書と同タイトルの書籍も検索した。それにより得られた文部省蒐集建築関連洋書の特徴は次項以降でふれることにするが，ここでは，現存する書籍に残された，図書票簽ならびに蔵書印について若干の考察を加えたい。

文部省蒐集の書籍には，蔵書印や図書票簽の他に，装丁を補修していない限り，必ず受入印（図 4-24）が押されている。そこには，受入方法とその日付が明記される。文部省がその所管組織に交付したものが［文部省交付］，文部省所管組織自身が購入したものが［購求］，個人の寄贈によるものが［寄贈］である。

文部省書籍館ならびに東京書籍館時代の蔵書印や図書票簽はなく，東京府書籍館時代になり，初めて図書票簽のみが貼られる。一方，文部省博物館系列では，前述のように 1877 年の東京書籍館から洋書が移管されるまでは洋書の所蔵がないため，東京博物館時代の蔵書印および図書票簽は確認できない。教育博物館の蔵書印は［教育博物館印］と書かれたもの（図 4-25）で，これ以外に 2 種類の図書票簽を確認できる。一つは，‘Case’ と ‘shelf’ だけが書かれた小さな票簽（図 4-26）で，受入印から教育博物館創設の初期に用いられていたことがわかる。いま一つは票簽上部に「教育博物館」と明記しているもので，‘CASE,’ ‘SHELF,’ ‘NO’ を併記する（図 4-27）。これら 2 種類の票簽の区別や，そこに記された記号や数字にどのような意味があるかについては，国立国会図書館でも把握していなく，管見でも，それらを知る手がかりは見つけていない。国立国会図書館の全洋書を対象とした書誌学的考察により明らかになることを期待したい。

1880 年設立の東京図書館ならびに 1881 年設立の東京教育博物館

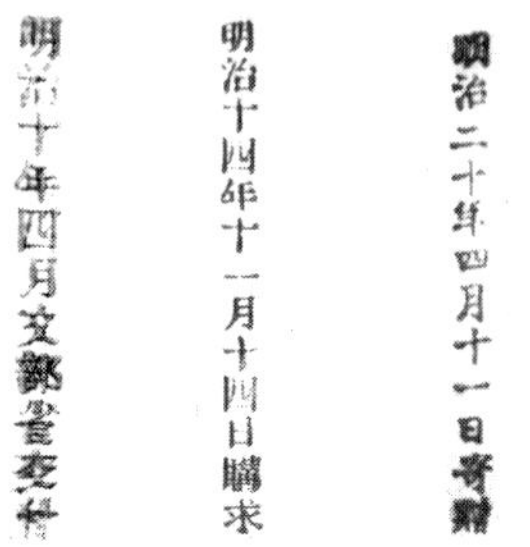

［文部省交付］［購求］［寄贈］
図 4-24　文部省蒐集図書受入印

図 4-25　教育博物館蔵書印

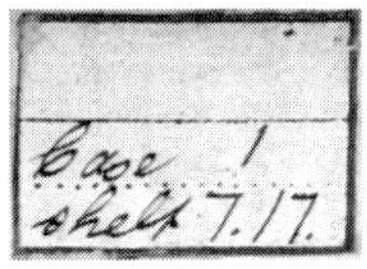

図 4-26　教育博物館図書票簽（旧）

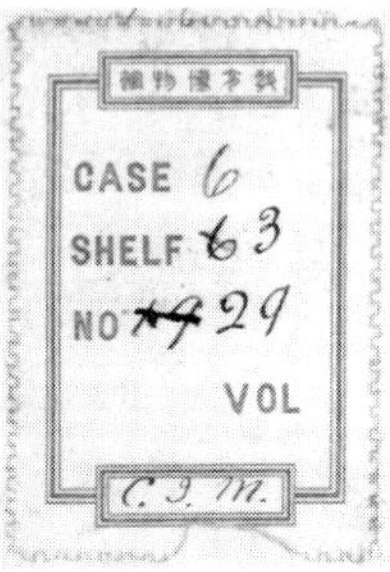

図 4-27　教育博物館図書票簽（新）

図 4-28　［東京図書館蔵］印

図 4-29　［東京教育博物館印］

旧蔵書籍には，それぞれ［東京図書館蔵］（図 4-28）と［東京教育博物館印］（図 4-29）の蔵書印が押してある。

5-3　東京書籍館旧蔵建築関連洋書（表 4-5）

前述『東京書籍館洋書目録』の記載方法は，部門 Class を 6 つに分け，さらにその下を適宜分類している。Class II. Social and political science. の Division C. Education に学校建築書を 5 冊，Class IV. Literature and fine arts. の Division C. Fine arts. に建築装飾書を 2 冊，それぞれ記載を確認できる。全冊に［明治 8 年文部省交付］の受入印がある（ただし，装丁を補修したものを除く）。また，Gwilt と Zwez の 2 冊には，［東京図書館蔵］の蔵書印しか確認できないが，［明治 8 年文部省交付］の受入印があることから，東京書籍館の旧蔵書であると判断できる。東京府書籍館の票簽のみが貼られた書籍でも同様のことがいえる。Barnard 著の 2 冊は，目録に記載があるものの，文部省交付印の日付が 1875（明治 8）年ではない。他の書籍とは別のルートで東京書籍館から教育博物館へ移管されたのであろう。なお，Class III. Science and useful arts. の Division G. Useful arts. に ‘Architecture’ の項目があるが，ここに建築書の記載はない。

ところで，東京書籍館蔵書のうち 1875（明治 8）年に移管された洋書は全て文部省書庫から交付を受けたもの[79]であるので，［明治 8 年文部省交付］印のある書籍は文部省が書籍館の開設以前に必要に応じて購入した書籍であると考えることができる。学校建築書を 5 冊含んでいることからも，その性格が浮き彫りになる。

1876（明治 9）年と 1877（明治 10）年にそれぞれ文部省より交付された書籍は，学校建築書を全く含んでおらず，1877（明治 10）年購求ならびに交換の書籍も含めて，その内訳は，同年の工学寮の旧蔵書（表 4-2 参照）に非常に類似している。Sloan 著の大判のパターンブックを蔵書に含むように，米国出版書が目立つ。

5-4　教育博物館旧蔵建築関連洋書（表 4-6）

教育博物館時代の受入印を確認できる書籍には全冊に［教育博物館印］が押してある。そのうち 4 冊には［明治 8 年文部省交付］受入印があり，前述のように 1877 年の東京書籍館の閉鎖に伴い「洋書中教育事務上所用ノ書及ヒ中小学校教科書」として移管された 1,300 冊のうちの一部と考えることができる。

この時代の蔵書も，東京書籍館時代と同様に，米国出版書が目立つ。加えて，工部大学校旧蔵書との類似も指摘できる。とりわけコンドルが卒業試験の参考書籍として示した *Notes on building construction.*（図 4-30）を全冊揃えていることは注目に値する。そ

78）
国立国会図書館蔵書検索システム。
http://opac.ndl.go.jp/index.html

79）
建築関連洋書の中には発見できなかったが，国立国会図書館蔵書の中に［文部省書庫］と［文部省図書記］の蔵書印を押した図書があり，いずれの蔵書印にも［文部省書庫消印之證］の消印を押している（下図参照）。

図 4- 付 a ［文部省書庫］印

図 4- 付 b ［文部省図書記］印

図 4-30　*Notes on building construction. Part I* の扉

表4-5　文部省書籍館・東京書籍館ならびに東京府書籍館旧蔵建築関連洋書一覧

a	b	author	title	publisher	place	ed.	year	文部省受入印
		Gwilt, Joseph	An encyclopædia of architecture, historical, theoretical, & practical.	Longman, Greene	London	new	1867	明治8年文部省交付
		Zwez, W.	Das Schulhaus und dessen innere Einrichtung.	Hermann Boehlau	Weimar		1870	明治8年文部省交付
	○	Donald, R.	Wonders of architecture.	Charles Scribner	New York		1871	明治8年文部省交付
IV		Gibbs, W.	The hand book of architectural ornament.	Atchley	London		1866	明治8年文部省交付
IV		Burn, Robert Scott	Ornamental drawing and architectural design.	Ward, Lock, & Tyler	London			装丁改変
II		Barnard, Henry	Practical illustration of te principles of school architecture.	Hartford	New York	2	1854	明治12年3月5日文部省交付
II		Barnard, Henry	School architecture, or contributions to the improvement of school houses in the United States.	H. W. Derby	Cincinnati	5	1855	明治10年7月31日文部省交付
II		Burrowes, Thomas Henry	Pencilvania school architecture. A manual of directions and plans for grading, locating, constructing, heating, ventilating and furnishing. Common school houses.	Boyd Hamilton	Harrisburg		1855	明治8年文部省交付 明治10年4月文部省交付
II	○	Eveleth, Samuel. F.	School-house architecture, illustrated in sevevteen designs, in various styles.	Geo. E. Woodward	New York		1870	明治8年文部省交付 明治10年4月文部省交付
II	○	Johonnot, James	School house; architectural designs by A. E. Hewes.	J. W. Schernerhorn	New York		1871	明治8年文部省交付 明治10年4月文部省交付
	○	Reynold, John Stuckey	Hints on school building.	Groombridge	London		1863	明治8年文部省交付 明治10年4月文部省交付
	○	Easse, William	Sanitary arrengements for dwellings.	Smith, Elder	London		1874	明治9年文部省交付
	○	Mahan. D. H.	Industrial drawing.	John Wiley	New York		1874	明治9年文部省交付
	○	Hatfield, R. G.	The American house-carpenter; A treatise on art of building and the strength of materials.	John Wiley	New York	7	1874	明治9年文部省交付
	○	Lafever, Minard	The beauties of modern architecture.	D. Appleton	New York		1850	明治9年文部省交付
	○	Holly, H. W.	The carpenter's and joiner's hand-book.	John Wiley	New York		1874	明治9年文部省交付
	○	Ruskin, John	The seven lights of architecture.	John Wiley	New York		1876	明治9年文部省交付
	○	Wood, De Volson	A treatise on resistance of materials, and appendix on the preservation of timber.	John Wiley	New York		1875	明治9年文部省交付
	○	Cleaveland, Henry W.	Village and farm cottages. The requirements of American village homes considerd and suggested.	D. Appleton	New York		1869	明治9年文部省交付
	○	Warren, S. Edward	Stereotomy. Problems in stone cutting.	John Wiley	New York		1875	明治9年文部省交付
	○	Gillmore, Q. A.	A pratical treatise on coignet-beton and other artificial stone.	D. Van Nostrand	New York		1871	明治10年文部省交付
		Gillmore, Q. A.	Practical treatise on limes hydraulic cements, and mortars.	D. Van Nostrand	New York	5	1874	明治10年文部省交付
	○	Butler, W. F.	Ventilation of buildings.	D. Van Nostrand	New York		1873	明治10年文部省交付
		Tredgold, Thomas	Elemantary principles of carpentry.	Lockwood	London	4	1870	明治10年購求
	○	Redgrave, Samuel	A dictionary of artists of the England school.	Longmans, Greene	London		1874	明治10年購求
	○	Sloan, Samuel	American houses; a variety of original designs for rural buildings.	Henry B. Ashmead	Philadelphia		1861	明治10年交換
	○	Blenkarn, John	Practical specifications of works executed in architecture, civil and mechanical engineering and in road making and sewering.	Henry Cary Baird	Philadelphia		1868	明治10年交換

a	b	author	title	publisher	place	ed.	year	文部省受入印
	○	Sloan, Samuel	The carpenter's new guide; a complete book of lines for carpentry and joinery.	J. B. Lippincott	Philadelphia	16	1871	明治10年交換

※[a]：東京書籍館の英仏独書目録 *A classified catalogue of the books in the English, French and Geman languages of the Tokio Shoseki-kwan or Tokio Library*. 1876 に掲載のもので，［II］は Class II. Social and political science. の Division C. Education に，［IV］は Class IV. Literature and fine arts. の Division C. Fine Arts. に掲載されているもの。なお，Class III. Science and useful arts. の Division G. Useful arts. に Architecture の細目はあるが，建築書の記載はない。
［b］：東京府書籍館票簽のあるもの。

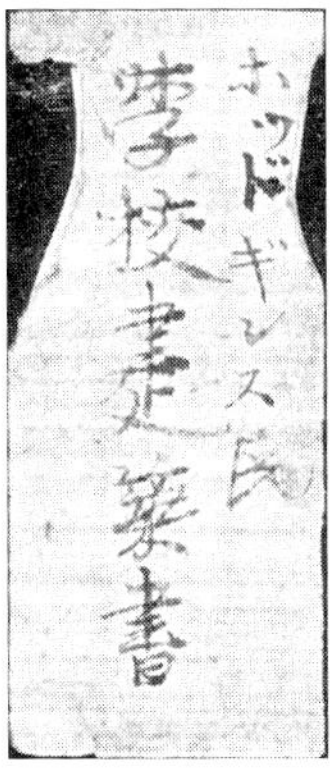

図 4-31
翻訳題箋「ホッドギンス氏　学校建築書」

図 4-32
翻訳題箋「バルン氏　校舎建築書」

れなりに読まれたようで，ページには汚れが目立ち，閲覧者による書き込みも確認できる。

ところで，教育博物館旧蔵書の中に，開拓使旧蔵書や太政官文庫旧蔵書にも見られたのと同様の翻訳標題を記した付箋を貼り付けている書籍が 5 冊存在する。Hodgins, *The school house.* は「ホッドギンス氏 学校建築書」（図 4-31），Eveleth, *School-house architecture.* は「学校建築書」，Barnard, *School architecture.* は「教育事務官報告学校建築書」，Burn, *On the arrangement, construction and fitting of school-houses.* は「バルン氏 校舎建築書」（図 4-32），Board of Education, *Rules to be observed in planning and fitting up schools.* は「教育事務官報告学校建築書」とそれぞれ翻訳されている。英文を理解しない者でもその書籍の内容が理解できるよう，かつ日常的に閲覧に便宜を図るための配慮だったのであろう。事実，これら 5 冊は，パターンブックといえるほどに平面図，立面図，細部の詳細図を豊富に含む

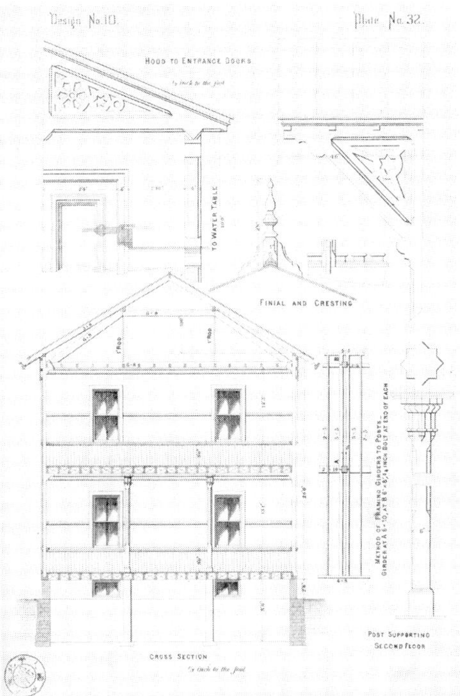

図 4-33　Eveleth, *School-house architecture.* の図版例

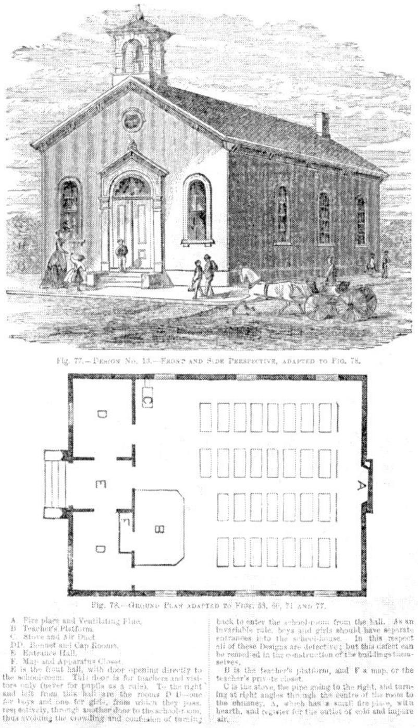

図 4-34　Hodgins, *The school house.* の図版例

表 4-6　教育博物館旧蔵建築関連洋書一覧

a	b	c	d		e			NDL	author	title
			case	shelf	CASE	SHELF	No.	No.		
		○	1	6.20	6	6 3	~~16~~ 27	257 - H66	Hodgins, John George	The school house; its architecture; for public and high school buildings.
		○	1	6.15	6	6	20	257 - P38	Burrowes, Thomas Henry	Pencilvania school architecture. A manual of directions and plans for grading, locating, constructing, heating, ventilating and furnishing. common school houses.
	○	○			3	2	~~69~~ 58	262 - R33	Reynold, John Stuckey	Hints on school building.
○	○	○	1	6.17	6	3	~~24~~ 25	257 - Ev2	Eveleth, Samuel. F.	School-house architecture, illustrated in sevevteen designs, in various styles.
○	○	○	1	7.8	6	6 3	~~18~~ 30	257 - J661	Johonnot, James	School house; architectural designs by A. E. Hewes.
	○	○			6	6 3	~~22~~ 33	257 - Un3	Barnard, Henry	School architecture, part II. Plans for graded schools.
		○						93 - 135	Rau, Charles	Drilling in stone without the use of metals.
		○						115 - 65	Schweizerischen Nordostbahn	Weltausstellung Philadelphia 1876: Berichit ueber die von der Abtheilung "Bahnbau."
		○						261 - B41	(Royaume de Belgique)	Construction et ameublement de bâtiment d'école.
		○						262 - W63	Wickersham, James Pyle	School economy.
○		○						257 - B25	Barnard, Henry	School architecture; or contributions to the improvement of school houses in the United States.
		○	1	7.25	6	6 3	~~17~~ 28	257 - H661	Hodgins, John George	The school house; its architecture; external and internal arrangement.
○	○	○	1	7.17	6	6 3	~~19~~ 29	257 - J66	Johonnot, James	Country school houses; containing elevations, plans, and specifications.
		○	1	6.16	20	6	16	16 - 168	Leeds, Lewis W.	A treatise on ventilation.
		○	6	7.36	20	6	3	15 - 96	Essie, William	Healthy houses, a hand book to the history, defects, and remedies of drainage, ventilation, warming, and kindred subjects.
		○	10	4.23	20	7	6	15 - 102	Smeaton, A. C.	The builder's pocket companion.
○		○						257 - B251	Barnard, Henry	Practical illustration of the principles of school architecture.
		○						257 - B93	Burn, Robert Scott	On the arrangement, construction and fitting of school-houses.
		○						15 - 18	Kerr, Robert	A small country house: A brief practical discource on the planning of a residence.
	○	○			20	~~7~~ 6	~~1~~ 34	263 - M52	Menet, John	Practical hints on teaching.
		○						257 - Ey3	Board of Education	Rules to be observed in planning and fitting up schools.
		○						257 - R57	Robson, Edward Robert	School architecture; being practical remarks on the planning, designing, building, and furnishing of school-houses.
		○			20	6	10	16 - 164	Hatfield, R. G.	The American house-carpenter; A treatise on art of building and the strength of materials.
		○			20	6	11	16 - 165	Hatfield, R. G.	Theory of transverse strains and its application in the construction of buildings.
		○			20	6	18	16 - 169	Mahan. D. H.	Industrial drawing.
		○			20	6	8	16 - 162	Greene, Chas. E.	Graphical analysis of roof trusses.
		○			20	7	7	15 - 163	Smith, R. S.	A manual of topographical drawing.
		○			20	7	19	15 - 160	Weyrauch, Phil. Jocob J.	Strength and determination of the dimentions of structures of iron and steel. Translated by A. J. Du Bois.
		○			20	7	20	15 - 161	Wood, De Volson	A treatise on resistance of materials, and appendix on the preservation of timber.

publisher	place	ed.	year	文部省受入印	題箋 翻訳著者・書名など
Copp, Clark	Toronto		1876	明治10年3月文部省交付	ホッドギンス氏学校建築書
Boyd Hamilton	Harrisburg		1855	~~明治8年文部省交付~~ 明治10年4月文部省交付	
Groombridge	London		1863	~~明治8年文部省交付~~ 明治10年4月文部省交付	
Geo. E. Woodward	New York		1870	~~明治8年文部省交付~~ 明治10年4月文部省交付	学校建築書
J. W. Schernerhorn	New York		1871	~~明治8年文部省交付~~ 明治10年4月文部省交付	
United States Commissioner of Education.	Washington		1867	明治10年4月文部省交付	教育事務官報告学校建築書
Smithonian Institution	Washington		1869	明治10年4月文部省交付	
Druck von orell fuesell	Zürich		1876	明治10年4月文部省交付	
L. Degrace	Huy		1876	明治10年4月文部省交付	
J. B. Lippincott	Philadelphia		1872	明治10年5月文部省交付	
H. W. Derby	Cincinnati	6	1855	明治10年7月31日文部省交付	
Levell & Gibson	Toronto		1857	明治10年7月31日文部省交付	
Ivison, Phinney & Blankeman	New York		1866	明治10年7月31日文部省交付	
John Wiley	New York	2	1871	明治10年7月31日文部省交付	
D. Appleton	New York		1872	明治10年7月31日文部省交付	
Henry Cary Baird	Philadelphia		1874	明治10年8月16日文部省交付	
Hartford	New York	2	1854	明治12年3月5日文部省交付	
William Blackwood	Edinburgh		1856	明治12年3月5日文部省交付	バルン氏校舎建築書
John Murray	London	2	1874	明治12年3月5日文部省交付	
George Bell	London	4	1875	明治12年3月5日文部省交付	
George Edward Eyre & William Spottiswoode	London		1876	明治12年3月5日文部省交付	教育事務官報告学校建築書
John Murray	London	2	1877	明治12年3月5日文部省交付	
John Wiley	New York	7	1874	明治12年3月15日文部省交付	
John Wiley	New York		1877	明治12年3月15日文部省交付	
John Wiley	New York		1877	明治12年3月15日文部省交付	
John Wiley	New York		1878	明治12年3月15日文部省交付	
John Wiley	New York		1875	明治12年3月15日文部省交付	
John Wiley	New York		1877	明治12年3月15日文部省交付	
John Wiley	New York	3	1877	明治12年3月15日文部省交付	

a	b	c	d		e			NDL	author	title
			case	shelf	CASE	SHELF	No.	No.		
		○			20	7	31	12 - 160	Downing, Andrew Jackson	Treatise on the theory and practice of landscape gardening and rural architecture.
		○			20	7	17	15 - 105	Waring, George E. Jr.	The sanitary drainage of houses and towns.
		○			20	5	19	15 - 95	Burn, Robert Scott	Practical ventilation as applied to public, domestic, and architectural structures.
		○							South Kensington, Committee of council on Education.	Notes on building construction. Part I
		○								Notes on building construction. Part II
		○								Notes on building construction. Part III
		○			20	6	6	15 - 17	Garbett, Edward Lacy	Ruidimantary treatise on the principles of design in architecture.
		○			20	6	7	16 - 161	Gillmore, Q. A.	Report on the compressive strength, specific gravity and ratio of absorptoin of the building stones in the U. S.
		○			20	6	33	15 - 100	Plummer, Peter W.	The carpenters' and builders' guide.
		○			20	7	18	15 - 106	Weale, J.	A dictionary of terms used in architecture, building, engineering, mining, metallurgy, archaeology. Edited by Robert Hunt.
		○						44 - 42	Bogue, James W.	Domestic architecture; being a series of designs for cottages and villas, with descriptions of the plands, estimatesof coasts, and general remarks and specifications.
		○						15 - 6	Aveling, S. T.	Carpentry and joinery.
		○						16 - 160	Flecher, Banister	Model houses for the industrial classes.
		○						57 - 481	Dobson, Edward	A ruidimentary treatise on the manufactures of brick and tiles.

※ ［a］：東京書籍館の英仏独書目録 *A classified catalogue of the books in the English, French and Geman languages of the Tokio Shoseki-kwan or Tokio Library*. 1876 に掲載のもの。
［b］：東京府書籍館票簽のあるもの。
［c］：［教育博物館印］のあるもの。

書籍（図 4-33）であったり，あるいは，様々なタイプの学校建築の平面図と外観透視図を多く掲載した書籍（図 4-34）である。

5-5　東京教育博物館ならびに東京図書館旧蔵建築関連洋書（表 4-7）

1880 年 7 月の東京図書館設立から，1885 年 6 月の東京教育博物館の合併までの間，東京図書館による建築関連洋書の購入は管見では確認できない。東京教育博物館旧蔵書もファーガソンの著書 3 冊があるばかりである。『東京図書館明治十三年報』[80] によれば，同館の蔵書は，「洋書ハ啻ニ其価ノ高貴ナル」ため，「僅々タル年額ノ尽ク能ク講集シ得所」ではなく，「其今日ノ必需ニ係ル者及ヒ大部ニシテ一己人ノ私用ニ購得シ難キ者」であるために購求したものであるという。これは，東京図書館時代に限らず，それ以前の時代にも，同様の意図をもって購入されたのであろう。とりわけファーガソンの著書は，工部大学校において教科書的に用いていたものであり，前項でふれた *Notes on building construction.* の購求と合わせると，工部大学校書房の蔵書の不足を補う意図があったと推察できるし，

80）
前掲『帝国図書館年報』，p.33。

publisher	place	ed.	year	文部省受入印	題簽 翻訳著者・書名など
Orange Judd	New York	9	1875	明治12年9月27日購求	
Houghton, Osgood	Boston	2	1879	明治13年5月4日購求	
William Blackwood	Edinburgh & London		1850	明治13年10月29日購求	
	London, Oxford & Cambridge		1875	明治13年10月29日購求	
			1876	明治13年10月29日購求	
			1879	明治13年10月29日購求	
Lockwood	London		1876	明治13年10月29日購求	
D. Van Nostrand	New York		1876	明治13年10月29日購求	
Hoyt, Fogg & Donham	Portland		1879	明治13年10月29日購求	
John Weale	London	4	1873	明治13年10月29日購求	
A. Fullarton	Edinburgh & London		1870	明治13年10月29日購求	
Frederick warne	London		1871	明治13年10月29日購求	
B. T. Batsford	London	2	1877	明治13年10月29日購求	
Crosby Lockwood	London		1886	明治13年10月29日購求	

※　[d]：教育博物館時代の初期に使われていたと思われる図書票簽が貼られたもの。
[e]：教育博物館時代の後期に使用された図書票簽が貼られたもの。
[NDL No.]：現在，国立国会図書館で用いている請求記号。

図 4-35　[長崎製鉄所活版製造所印]

81）
宮本雅明『日本の大学キャンパス成立史』（九州大学出版会，1989 年），pp.84-89。
82）
『新編増補人物レファレンス事典』（日外アソシエーツ，2000 年），p.1682，ならびに武内博『日本洋学人物事典』（柏書房，1994 年），pp.317-318。

事実，これら書籍には鉛筆による書き込みが多数確認できる。

東京図書館が蒐集した建築関連洋書の中には，フランス語による学校建築書が目立つ。1885 年 4 月には，パリの工業中央専門学校 École Central Paris を 1879 年に卒業し，フランスで建築実務経験を積み帰朝した山口半六（1858-1900）が文部省に入省している。1887 年以降，山口は一連の高等中学校の設計に取りかかる[81]が，その前段として，学校設計の参考に供すべく購入した可能性が高い。

最後に，1899（明治 32）年に民間より寄贈された 3 冊の舶載建築書について見ていきたい。寄贈者は平野富二遺族とある。平野富二（1846-1892）は，江戸末期・明治期の実業家・技術者で，幕末には長崎奉行所で長崎製鉄所機関手見習，土佐藩において機械方としてガンボード若紫号の乗組員を経て，維新後は長崎製鉄所機械方，小菅造船所（後の三菱造船所）所長を務めた人物である。神田に活版製造所（後の東京築地活版所）を創立したことでも知られ，現在の石川島播磨重工業の前身である平野造船所の創設者でもある[82]。Andrews の著書には［長崎製鉄所活版製造所印］（図 4-35）があり，明治初期に購入していたことを物語る。ここまで，明治新

表 4-7　東京教育博物館ならびに東京図書館旧蔵建築関連洋書一覧

f	g	h	j	NDL No.	author	title
○				35 - 365	Fergusson, James	A history of architecture in all countries, from the earliest times to the present day.
○				35 - 365	Fergusson, James	A history of architecture in all countries, from the earliest times to the present day. Vol II.
○				35 - 366	Fergusson, James	History of Indian and eastern architecture.
	○			77 - 124	Fergusson, James	History of the modern styles of architecture.
		○		88 - 273		Instruction spéciale pour la construction des écoles maternelles.
		○		257 - N1611	Narjoux, Félix	Les écoles normales primaires. Construction et installation.
		○		257 - N16	Narjoux, Félix	Écoles primaires et salles d'asiles : construction et installation.
		○		257 - N1612	Narjoux, Félix	Les école publiques, construction et installation en Belgique et en Hollande, documents officiels - services interieurs et exterieurs - bâtiments scolaires - mobiliers scolaires - services annexes.
		○		257 - N161	Narjoux, Félix	Les ecoles publiques : construction et installation en France et en Angleterre
		○		257 - N1613	Narjoux, Félix	Les écoles publiques : construction et installation en Suisse : documents officiels - services interieurs et exterieurs - bâtiments scolaires - mobilier scolaire - services annexes.
		○		257 - R26	Narjoux, Félix	Règlement pour la construction et l'ameublement des maisons d'école arrete par le ministre de l'instruction publique et des beaux-arts, le 17 juin 1880 / suivi d'un commentaire et de plans explicatifs par Felix Narjoux, ..
		○		257 - B415	Blandot-Grayet, L.	Instructions consernant la construction et l'ameublement des maisons d'école suivies de plans et de devis types.
		○		43 - 142	Gwilt, Joseph	An encyclopaedia of architecture.
		○		56 - 119	Denton, J. Bailey	A hand book of house sanitation: for the use of all persons seeking a healthy home.
				57 - 511	Hartshorne, Henry	American health primes. Our homes.
		○		85 - 53	Hodgins, J. George	Hints and suggestions on school architecture.
				88 - 171	Dauvers, N.	An Elementary history of art architecture - sculpture - painting.
		○		54 - 30	Sloan, Samuel	City and suburban architecture.
		○		77 - 97	Sloan, Samuel	Homestead architecture, containing fourty designs for villas, cottages, and farm houses, with essays on style, construction, landscape gardening, furniture, etc.
				Z52 - C497		American architect and building news.
		○		107 - 89	Galton, Douglas	Observation on the construction of healthy dwellings namely.
			○	117 - 50	Comstock, William T.	Modern architecture designs and details.
			○	23 - 162	Dwyer, Charles P.	The immigrant builder.
			○	32 - 150	Andrews, G. H.	Ruidimentary treatise, on architectural engineering;
			○	63 - 96	Sloan, Samuel	Construvtive architecture: guide to the practical builder and mechanic

※　[f]：[東京教育博物館印] のあるもの　[g]：[東京図書館蔵書之印] のあるもの　[h]：[東京図書館蔵] 印のあるもの

政府の諸機関が積極的に建築関連洋書を蒐集していたことを考察してきたが，一般人であっても，英米出版の建築書を明治初期に購入していた事実を，この 3 冊の建築書が証明してくれる。

5-6　教育函分類の学校建築関連洋書

国立国会図書館図書請求記号 250 ～ 260 番台は「教育函」として帝国図書館時代に整理されている。中でも 257 番は 'School architecture'，262 番は 'School management' に分類される。本節で

publisher	place	ed.	year	文部省受入印	備考
John Murray	London		1874	明治18年7月22日購求	
John Murray	London		1874	明治18年7月22日購求	
John Murray	London		1876	明治18年7月22日購求	
John Weale	London	2	1873		
			18--	明治18年8月29日文部省交付	
C. Delagrave	Paris		1880	明治19年5月22日文部省交付	
A. Morel	Paris		1879	明治19年5月22日文部省交付	
V. A. Morel	Paris		1878	明治19年5月22日文部省交付	
V.A. Morel	Paris	3	1881	明治19年5月22日文部省交付	
V. A. Morel	Paris		1879	明治19年5月22日文部省交付	
	Paris		1881	明治19年5月22日文部省交付	
Imperimerie et lithographie	Huy		1875	明治19年6月10日交付	
Longmans, Green	London	new	1881	明治20年3月19日購求	
E. & F. Spon	London & New York		1882	明治20年3月19日購求	No. 437
P. Blakiston	Philadelphia		1882	明治20年6月20日寄贈	
	Toronto		1886	明治20年9月11日寄贈	No. 798
	London	2	1881	明治21年2月28日購求	
J.B. Lippincott	Philadelphia		1867		
J. B. Lippincott	Philadelphia		1870		
Houghton, Osgood	Boston		1879-80		
The Clarendon press	Oxford		1880		
William T. Comstock	New York		1881		
Claxton, Remsen & Haffelfinger	Philadelphia		1872	明治32年2月15日民贈 平野富二遺族寄贈本	
John Weale	London		1852	明治32年2月15日民贈 平野富二遺族寄贈本	長崎製鉄所 活版製造所印
J. B. Lippincott	Philadelphia		1859	明治32年2月15日民贈 平野富二遺族寄贈本	

[j]：[帝国図書館蔵] 印のみ

示した文部省蒐集建築関連洋書中，教育函に分類されるものは22冊あり，そのうち19冊が‘School architecture’である。「教育函」という教育専門書としての分類は後の時代であるが，文部省では創立間もない頃から，万国博覧会を好機に，諸外国より学校建築書を意図的に蒐集していた。

諸外国から資料蒐集を行なった代表的な人物として手島精一[83]をあげることができる。手島は1877年3月に教育博物館長補となり，1881年7月には東京教育博物館長を務めた人物である。1876年の

83）
1850-1918。東京工業大学の前身である東京工業学校および東京高等工業学校の校長を長く務め，「工業教育の父」として知られる。手島工業教育資金団『手島精一先生伝』（1929年）に収録の手島による談話の聞き書きによると，1870年に渡米，1872年正月にペンシルヴァニア州イーストン大学に入学し，建築家を志したという。しかし，間もなく資金が尽き，偶々，渡米していた岩倉使節団の大蔵省吏員一行に通訳として同行することになり，同年4月に渡英している。

フィラデルフィア万国博覧会の際には，文部大輔田中不二麿に随行して，単なる博覧会の視察だけではなく，教育博物館に展示するための資料蒐集の用務を帯びていた。1878 年のパリ万国博覧会では，同年 2 月に文部大書記官九鬼隆一（1850-1931）に随行するが，開会式に出席しただけで，同年 8 月からは教育博物館で展示するための教育品の購入および学事巡視の目的で，イギリス，フランス，ドイツ等の巡回に出発している。この時，イギリスへ発つにあたり九鬼に送った書簡[84]には，手島が蒐集しようとした資料の内容が具体的に示されている[85]。この書簡中，手島は資料を蒐集する目的について，2 つの理由を述べている。

> 教育博物館ニ蒐集セントスルノ物品ハ其目的ニカリ一ハ公衆ノ来観ニ供シ一ハ構造ノ参考ニ備ヘントスルモノタレハ其物品ハ努メテ現状ノ教育ニ適スルモノヲ撰ヒ合ハセテ構造ノ用ニ供セントスルニアリ

「公衆ノ来観ニ供シ」は，換言するならば展示のために活用する資料であり，「構造ノ参考ニ備ヘントスル」は，教育博物館あるいは業者がそれを参考にして製造し，全国の学校に配布するためのものである。例えば，「学校家具ノ部」に分類される「椅子卓子」や「学校ストーブ」が後者に相当するであろう。さらに注目すべきは，「書籍ノ部」の購求品目に「学校建築書」を明記していることである。1878 年時点で，建築の専門家でも，文部省の営繕担当でもない一官僚が，学校建築に関する洋書を明確な意図を持って蒐集していたのである[86]。加えて，この資料収集は，文明開化期の日本において，公共に展示し活用するという展望をもって行なったことであった。

国立国会図書館では，学校建築書の他に，学校管理書や学校衛生書を多数所蔵している。これら図書の中にも学校建築に関する記述を散見できる。表 4-6 に掲載した Wickersham, J. P., *School economy*. は 1874 年に箕作麟祥の翻訳により出版した『学校通論』の原著であり[87]，若干時代は下るが，例えば，Landon, Joseph, *School management*. London, 1884[88] と Currie, James, *The principle and practice of early and infant school-education*. 1857[89] は，1885 年にそれぞれ『学校管理法』[90]，『加氏初等教育論』[91] として翻訳出版されている。こうした初等学校関連洋書の翻訳，紹介は 1880 年代後半に精力的に行なわれ，1890 年代以降の文部省による学校建築指導書の基礎になったと考えられている[92]。

84）
田辺尚雄「東京博物館と故手島精一翁（二）」（『明治文化研究』第 5 巻 3 号，1929 年）。

85）
幼稚教育，指物教授，理学，化学，動物学，植物学，地質，星学，学校用家具，雑品，書籍の各部を示し，さらに細目を提示している。

86）
建築書ではないが，［東京教育博物館蔵書印］のある Tolain, H. *Rapport a M. le sénateur, préfet de la Seine sur la création d'écoles dapprentissage*. Paris, 1883 には，「明治 18 年 6 月 9 日手嶌氏英国ヨリ持チ帰リ品」の受入印がある。

87）
国立国会図書館蔵書は 1872 年版で明治 10 年 5 月の文部省交付であるので，厳密には原著とはいえない。ちなみに『学校通論』の原著は 1864 年版である。『学校通論』に関しては，藤森照信が『日本近代思想体系 19 都市 建築』（岩波書店，1990 年）で解題している他，関沢勝一，新川亮馬，馬渡龍「『学校通論』（原著 School Economy）が明治初期の「学校建築法」に与えた影響に関する考察」（『日本建築学会計画系論文集』No.527，2000 年）でも取り上げられている。

88）
東京教育博物館旧蔵書で，受入印は「明治 17 年 6 月 23 日購求」。

89）
教育博物館旧蔵書で，受入印は「明治 12 年 3 月 5 日文部省交付」。

90）
外山正一，清野勉の訳で，丸善より出版。

91）
和久正辰訳で，牧野書房より出版。

92）
明治前期の文部省蒐集による学校関連洋書の翻訳ならびに参照の様子については，三浦友美『明治前期の初等学校建築関連書に関する研究』（2006 年度北海道大学修士論文）において，詳細な考察が加えられている。

第6節　小括

ここまで，太政官文庫蒐集の建築関連洋書，工部大学校創設期の所蔵建築関連洋書，そして，文部省が明治初期に蒐集した建築関連洋書について，明治初期刊行の洋書目録を基礎資料に，現存する書籍に残された蔵書印や整理番号に着目しながら，購入および移管の経緯と，コレクションの特徴を考察してきた。

各々の機関の蔵書の特徴をいま一度まとめるとともに，明治初期という同時代的な観点での考察を試みたい。

大蔵省蔵書印のある書籍は，全て1873年以前の出版であり，大蔵省が営繕業務を管掌していた時期に一致する。さらにいくつかの書籍には，明らかにページを捲り，書き込みをした痕跡が確認できる。現存する書籍を精査したが，残念ながら，開拓使において見られたような，参照の事例を見つけることはできなかった。しかし，注目すべきは，大蔵省旧蔵書の中に米国出版の大判のパターンブックを含んでいることである。開拓使の営繕組織が，東京芝増上寺境内の東京出張所内にあった時代であり，そこには同様に米国出版の大型のパターンブックがあった。英国出版の書籍を比較しても，両者の間には多くの共通点を見つけることができる。

文明開化のこの時期，明治新政府は，新たに持ち込まれた西洋式建築技術あるいは意匠の習得を，お雇い外国人からのみならず舶載建築書からも得ようとした。開拓使旧蔵書に加え太政官文庫旧蔵の舶載建築書が，このことを紛れもない事実として語ってくれる。加えて，両者に共通して米国出版のパターンブックを含んでいることが，辰野金吾の「日本に先ず亜米利加風が流行った」[93]という一言を解き明かしてくれる鍵になるのかもしれない。

工部大学校の前身組織である工学寮の書房には，1876年の時点で建築学の初歩を修めるには十分な建築関連洋書を揃えていた。コンドルの赴任前後，より専門性の高い書籍が緊急かつ大量に備えられた。一方で，米国出版の大型のパターンブックも蒐集していた。工部省営繕局が1878年に開拓使に報告した所蔵建築書が全て英国出版であったように，1878年から1880年にかけて，工部大学校における米国出版のパターンブックの購入は見られない。換言すれば，コンドルの着任以後，米国のパターンブックは購求せず，代わりに英国出版の図版の豊富なパターンブックや建築雑誌を購読した。

東京大学大学院工学系研究科建築学専攻が所蔵する書籍から判断するに，工学寮時代は主に米国出版のパターンブックを参照し，工部大学校時代以降は英国出版の書籍あるいは雑誌から，主に古典主義建築の意匠を学習したのであろう。このことは，工部大学校第一期生である辰野金吾が在学中および留学中に購入した建築書からも

93）
辰野金吾「東京に於ける本邦洋風建築の変遷」(『建築雑誌』1906年1月，第229号)。

窺うことができる。辰野の蔵書には工部大学校蔵書と同じ書籍が目立つ。いずれの書籍にも頻繁に利用したであろう手垢や書き込みの痕跡が認められる。数多ある工部大学校書房の舶載建築書の中から，自身が必要と感じた書籍のみを購入したのであろう。中でもチェンバース Chambers 著書の読み込みは半端なものではなく，建築設計活動中は四六時中，この本のページを捲っていたのではないかと思われるほどの汚れ方である。

ここで改めて辰野の言辞を引こう。「日本に先づ亜米利加風が流行った（中略）東京の洋風建築は先ず第一が亜米利加時代」[93]。辰野は以後の流行を序で述べたように外国人建築家の出身地に対応させる。では，辰野がアメリカ風と言い切る根拠は何なのか。建築家不在の状況で国籍を特定できるもの，その唯一の証こそが，明治初期に営繕組織を持っていた開拓使と大蔵省，加えて工部大学校（工学寮）が備えていた米国出版のパターンブックであると考えたい。工部大学校書房において辰野はそれらを目にしたことであろう。しかし，辰野は「アメリカ風」を参照することはなかった。師コンドルの教えに従いイギリス式の建築の体得に励んだのである。日本建築学会図書館に所蔵される辰野文庫の蔵書がそのことを物語ってくれる。

国立国会図書館に現存する明治前期文部省蒐集の建築関連洋書は，大きく2種に類別できる。一つは，文部省が欧米式の初等教育システムを導入するにあたり，その参考書として蒐集し，後の時代に「教育函」として分類することになった学校建築関連洋書であり，いま一つは一般の閲覧に供するために購求された建築入門書である。

学校建築書には米国出版書が目立ち，いずれも図版を豊富に掲載したパターンブックともいえるもので，英語を理解できずとも，図版を参照するだけでも十分に有用であったと推察できる。また，1886年蒐集のフランス出版の建築書は，その後の文部省営繕組織の中心人物として活躍する山口半六が，その購入に関わったと考えられるものである。

一方，その他の建築関連洋書を概観すると，工部大学校旧蔵書とコレクションの様相が類似している。工学寮の所蔵洋書目録が1876年，工部大学校の洋書目録が1878年にそれぞれ公刊されているので，これらを参考に蒐集した可能性が指摘できる。もちろん，開拓使が工部省営繕局に建築関連洋書の目録を求めたように，明治新政府の中央官庁間での横の繋がりもあったのかもしれない。いずれにせよ，文部省においても，米国出版の図版を多く含んだ建築専門書を揃えていたのである。

94）
註記93に同じ。

結

以上，明治初期に日本政府の中央官庁組織のうち，営繕業務を管掌していた開拓使ならびに大蔵省，そして唯一の建築専門教育機関であった工部省工学寮工学校（後の工部大学校を含む）における建築関連洋書の蒐集の様子を考察してきた。

開拓使では，アンチセルの意見書に基づく建築家養成の専門教育機関に資することを目的に建築関連洋書を購入し，その意志を継いだ開拓使仮学校における頓挫にもかかわらず，1872 年から始まる札幌本府の建設では，工業局営繕課の安達喜幸をはじめとする営繕スタッフは，とりわけ米国出版のパターンブックを諸官衙の設計の際に大いに活用し，結果として，他の都市に例を見ない極めて端正な洋風建築の街並を創出することになった。また，開拓使の建築技術として特徴的といわれてきた，バルーンフレーム構法ならびに米国式家畜房は，ともに札幌農学校の初代教頭 W・S・クラークの舶載書を参照して導入されたことも明らかにした。

開拓使がパターンブックを参考に設計活動にあたっていたのとほぼ同じ頃，林忠恕が所属する大蔵省でも舶載建築書を蒐集しており，その中には明らかに閲覧に供された米国出版のパターンブックを散見できる。現存する図書からは，直接的な参照の事例を見つけることはできなかったが，Stewart, David が林の設計した諸官衙に，‘would be attributable to pattern-book copying’ と指摘[1] するパターンブックを大蔵省では蒐集しており，それは，辰野金吾や『明治工業史 建築篇』が指摘するように米国のものであった[2]。

工部大学校旧蔵書の中にも，米国出版のパターンブックの存在を確認できる。現存する書籍に残された蔵書印から，それらは 1878 年までに工学寮工学校において揃えられたと判断でき，そのうち 2 冊は工部省より移管されたものであった。

ここで，開拓使ならびに諸官庁，工学寮旧蔵書のうち，米国出版のパターンブックに着目して，蒐集の状況を表にまとめてみた。

こうして一覧すると，工学寮における米国出版パターンブックの蒐集の様子は，開拓使のそれにひけを取らない。大蔵省を見ても，営繕業務を継承する工部省の旧蔵書を含んだ場合，それなりの冊数を確認できる。つまり，明治初期の中央官庁の営繕業務を管掌する諸官庁では，参照するに十分なパターンブックを取り揃えていたといえるだろう。

1）
Stewart, David D., *The making of a modern Japanese architecture. 1868 to the present.* Kodansha International, Tokyo & New York, 1987. p.31.
2）
序第 1 節参照。

表　明治初期日本政府蒐集の米国出版パターンブック所蔵一覧

author, *title.*	開拓使	諸官庁	工学寮
Bicknell, *Detail, cottage and constructive architecture.*	○		
Bicknell, *Village builder.*	○	工*	○*
Bicknell, *Wooden and brick buildings. vol. I & II*	○		○
Cummings and Miller, *Architecture.*	○		○
Cummings and Miller, *Modern American architecture.*		元, 工	○
Downing, *Cottage residences.*	○	太	○
Hussey, *National cottage architecture.*	○	大	
Sloan, *City and suburban architecture.*	○		○
Sloan, *Constructive architecture.*			○
Sloan, *The model architect.*		大	
Woodward, *National architect.*	○	大	○

※表中［工］は工部省，［元］は元老院，［太］は太政官，［大］は大蔵省
　*は *Supplement to Bicknell's Village builder.*

図1　Plate 16. 'Front elevation.'

図2　Plate 18. 'Front elevation.'

図3　内務省寮局正面立面図（計画案）部分

表に示したような19世紀米国出版のパターンブックが，明治初期の中央官庁営繕組織の間で互いに認識されていたものと仮定して，いくつか興味深い図版例を掲げたい。図1と図2はBicknell, *Village builder.* に掲載の図版である。図1には，大蔵省庁舎（図4-1参照）に見るキーストーンを持った櫛形アーチの窓額縁があり，図2には，林忠恕が好んで用いた平滑な壁面と隅石quoinが描かれる。ここには内務省の計画案（図3）の軒まわりに見られる轆轤引きの手摺子と同形の棟飾りも見ることができる。

藤森照信は「林の作品は，本当の西洋館と擬洋風のどっちつかずの宙吊り状態」[3]といい，村松貞次郎は，「当時のこの国の近代化に必死になっていた官僚たちに共通して言えることは，先進国の産業技術をいかに忠実にこの国に移植するかという課題に没頭していたことである」[4]とまとめる。漆喰塗りの大壁と瓦葺きの大屋根に和風を感じ，そこに「擬洋風」を見出すが，各建築の構成要素は，パターンブックから忠実に移植した「純洋風」の意匠なのである。Stewartが 'colonial New England flavor' を感じ取る[5]のもそのためであろう。

中谷礼仁はいみじくも「擬洋風成立の条件は，参照すべき強固な様式的規範の不在である」[6]と定義する。この定義に異論はない。むしろ，この定義を敷衍することにより，明治初期の中央官庁営繕組織による作品を「擬洋風」と呼べないことが明確になる。ここまで考察してきたように，彼らの手許にはパターンブックという「強固な様式的規範」が存在していたのである。

ここでいま一度，幕末・明治初期における「雛形」が持つ意味に立ち戻りたい。序において，その意味はdesignであり，planであると述べた。しかし，それは現代的な独創的originalで創造的creativeなものを意味しない。この当時，西洋諸国は折衷主義の時代であり，

3)
藤森照信『日本の近代建築（上）―幕末・明治―』（岩波新書，1993年），p.101。
4)
村松貞次郎『日本近代建築史ノート〈西洋館を建てた人々〉』（世界書院，1965年），p.77。
5)
Stewart, op. cit., p.31.
6)
中谷礼仁「様式的自由と擬洋風建築」（『シリーズ 都市・建築・歴史8 近代化の波及』東京大学出版会，2006年），p.107。

こと建築においては，様式の選択ならびに細部意匠の断片化と再構成を意味する。現代の言葉に合わせるなら co-ordinate が適当であろうか。つまり，パターンブックを手許に置く官庁営繕技術者の個人的な co-ordinate 能力，あるいはセンスのいかんに最終的に帰着する。安達喜幸は，パターンブックを自在に扱い，流麗に建築を構成する。豊平館のように，時には，その中に和風細部意匠を組み込む余裕すらある。一方の林忠恕は，生真面目で堅実ではあるが，華麗さに欠ける。しかしいずれの作品も，建築の発生的には同一のものとして位置づけられる。あえて呼称を求めるのであれば，越野武の定義した「初期洋風建築」が最も的を射た名称になるであろう。

おわりに，今後の研究課題をいくつか提示しておきたい。

一つ目は，ここで見てきたパターンブックに依拠した「初期洋風建築」のその後の展開である。パターンブックの出版年を見てわかるように，米国におけるパターンブックの流行が，ほぼリアルタイムで明治初期の日本に届いていた。19 世紀末の米国のパターンブックは，郊外住宅地における独立小住宅の傾向を強め，かつ住宅産業の波に呑まれていく[7]。しかし，当時の日本には未だ，都市独立住宅が存在せず，もちろん郊外住宅地開発も起こらない。リアルタイムなパターンブックは，この当時の日本人の要求とは，かけ離れてしまったのである。

一方で，日本国内では工部大学校造家学科の卒業生をはじめとする建築専門教育を受けた建築家が世に輩出されていった。彼らは新古典主義を規範に，様々なビルディングタイプの建築を創出するとともに，舶載建築書の翻訳や，建築専門書の執筆を行なう。例えば，中村與資平『美術的建築』[8] や，中村達太郎『建築学階梯』[9] などをあげることができるであろう。前者は Chambers, *A treatise on the decorative parts of civil architecture.* の翻訳であり，後者は South Kensington, *Notes on building construction.*, Hurst, *Tredgold's Elementary principles of carpentry.*, Gwilt, *Encyclopedia of architecture.* など工部大学校旧蔵書に見られる舶載建築書を参考書として編纂[10] したものである。明治初期にはごく限られた一部のみが閲覧できたパターンブックだけが様式的規範であったが，19 世紀末には，広く一般が規範にふれる機会に恵まれていたのである。しかし，こういった洋風建築の入門書・解説書の類いが，どの書籍を参考に編纂され，その中の記述をいかに取捨選択したのかは詳らかにされていない。本研究で工部大学校旧蔵書の全貌を明らかにしたので，これを元に，特に工部大学校造家学科卒業生の著作を中心に，その様子を考察することが可能である。

いま一つは，近世以来の木割図・建築雛形本における洋風技術・

7）
Smeins, Linda E., *Building an American Identity: Pattern Book Homes and Communities, 1870-1900.* Walnut Creek, Alta Mira Press, 1999. など。

8）
中村與資平『美術的建築』（東京書院，1917 年）。

9）
中村達太郎編輯『建築学階梯』（丸善，1888-1889 年）。

10）
凡例には「参考書は家屋構造論（ノーツオンビルヂングコンストラクシヨン），家屋衛生論（アワーホムス），ハースト氏編輯の備忘録，英国建築雑誌類，具氏建築節用集等なり」とある（ルビ，傍線は引用文のママ）。

意匠の導入である。中谷礼仁他による規矩術の記述に依拠した技術的な側面からの雛形本の分析[11]があり，最近では，洋風意匠がいかに建築雛形書に記載されたかを考察した柳澤宏江の論考がある[12]。いずれも興味深く，今後の研究の進展が俟たれるところである。

また，本論で言及した以外の明治初期中央官庁における舶載建築書の蒐集の探求が課題として残されている。具体的にあげると，陸軍省，海軍省，宮内省になるであろうか。海軍省は，工部省廃省後に林忠恕が奉職した組織であり，中島久男の研究[13]により，1876年7月から1877年6月にかけて横須賀造船所で所蔵していたフランス語の土木・建築書（ただし，表記は片仮名書きの著者名と翻訳標題）22部が明らかにされている[14]。陸軍省は，序の第3節で示したように，明治初期に建築書を翻訳出版している。海軍省と同様，フランス語の建築書を蒐集していた可能性が高い。宮内省における洋風建築の魁は1884年建築の霞関離宮と1886年建築の函根離宮であるが，前者は元々はコンドルに設計を委託した元有栖川宮邸であり，後者は工部大学校第2期卒業生藤本壽吉の設計による[15]ため，工部大学校蔵書を参考に設計されたと考えられ，明治初期に宮内省が舶載建築書を蒐集していた可能性は決して高いとはいえない。いずれにせよ，今後の精査が望まれる。

最後になるが，本論では，工部大学校旧蔵書とコンドルの作品，工部大学校生徒の卒業設計，あるいは卒業生の建築作品との比較検討をあえて行なわずにいた。膨大な舶載建築書の図版と，膨大な建築作品を比較し，その影響や参照の様子を考察することは，それだけで，さらに一つの大きな研究課題として成り立つと考えたためである。幸い，図版の豊富な大判のパターンブックは，ほとんどが震災や戦災の被害に遭わずに現存している。本論では，工部大学校創設期，すなわち1880年以前の洋書目録に記載の書籍のみを対象に現存状況を調べたが，もちろん，これ以後の舶載建築書も多数遺存している。加えて，舶載建築書に記載される技術的側面の参照・摂取の様子も，また別の研究課題として提示することができる。

11）
中谷礼仁，中川武，倉方俊輔「項目分析から見た明治期公刊規矩術書における伝統技法の継承と変質 日本近代における伝統的建築技術の継承，変質の研究—2」（『日本建築学会計画系論文集』No.495，1997年），pp.255-262など。

12）
柳澤宏江『明治時代の建築雛形本にみる洋風意匠の受容に関する研究』（名古屋市立大学学位請求論文，2008年）。

13）
中島久男『明治期における海軍省営繕事業の歴史的研究』（東京大学学位請求論文，2005年）。

14）
中島前掲書，p.39。

15）
日本工学会編纂『明治工業史 建築篇』（日本工学会，1927年），pp.489-504。

図版出典および所蔵一覧

第 1 章

図 1-1　開拓使関係蔵書印　開拓使旧蔵洋書に押捺　北海道大学附属図書館貴重資料室所蔵

図 1-2　札幌農学校蔵書印　簿書 7772　北海道立文書館所蔵

図 1-3　Hussey, *National cottage architecture.* の表紙と扉　北海道大学附属図書館所蔵

図 1-4　Downing, *Cottage residences.* の表紙と中表紙と扉　北海道大学附属図書館所蔵

図 1-5　Whittock, *The decorative painters' and glaziers' guide.* の表紙と扉　北海道大学附属図書館所蔵

図 1-6　Cummings & Miller, *Architecture.* の表紙と扉　函館市中央図書館所蔵

図 1-7　Wheeler, *The choice of dwelling.* の表紙と背表紙と扉　函館市中央図書館所蔵

図 1-8　Leve, K. & Shul'ts, K. (eds.), *Sel'skaia arkhitektura. Plany i fasady.* の表紙と扉と図版例　北海道大学附属図書館所蔵

図 1-9　ニコライスキ港艦製造所之図　北海道大学附属図書館北方資料室所蔵

図 1-10　アストラハン港堤防之図　北海道大学附属図書館北方資料室所蔵

図 1-11　火薬庫之図　北海道大学附属図書館北方資料室所蔵

図 1-12　浦塩港兵営之図　北海道大学附属図書館北方資料室所蔵

図 1-13　燈台之図　北海道大学附属図書館北方資料室所蔵

図 1-14　Cummings, *Architectural details.* の表紙と背表紙と扉　北海道大学附属図書館所蔵

図 1-15　Sloan, *City and suburban architecture.* の表紙と扉と図版例　室蘭工業大学附属図書館土木専門文庫所蔵

図 1-16　Bicknell, *Village builder.* の表紙と扉と図版例　室蘭工業大学附属図書館土木専門文庫所蔵

図 1-17　Woodward, *National architect.* の表紙と扉と図版例　室蘭工業大学附属図書館土木専門文庫所蔵

第 2 章

図 2-1　「開拓使本庁出来形ノ図」　北海道大学附属図書館北方資料室所蔵

図 2-2　Front Elevation of the Capitol Building. Nevada State Capitol in Carson City, Nevada　http://www.cupola.com/html/bldgstru/statecap/slide/nvcap3e.htm

図 2-3　開拓使本庁分局（1873 年）　北海道大学附属図書館北方資料室所蔵

図 2-4　「正面之図」開拓使本庁分局正面図　北海道大学附属図書館北方資料室所蔵

図 2-5　「札幌分局写真背面」（1873 年）　国立公文書館所蔵

図 2-6a　Design No.15. 'Front Elevation'（Woodward, *National architect.*）　室蘭工業大学附属図書館土木専門文庫所蔵

図 2-6b　Design No.15. 'Side Elevation'（Woodward, *Ditto.*）　室蘭工業大学附属図書館土木専門文庫所蔵

図 2-6c　Design No.15. 'Ground Plan'（Woodward, *Ditto.*）　室蘭工業大学附属図書館土木専門文庫所蔵

図 2-6d　Design No.15. 'Chamber Plan'（Woodward, *Ditto.*）　室蘭工業大学附属図書館土木専門文庫所蔵

図 2-6e　Design No.15. 'Details'（Woodward, *Ditto.*）　室蘭工業大学附属図書館土木専門文庫所蔵

図 2-6f　Design No.15. 'Details of Staircase'（Woodward, *Ditto.*）　室蘭工業大学附属図書館土木専門文庫所蔵

図 2-7　「本庁御構内見取縮図」部分　簿書 5757　北海道立文書館所蔵

図 2-8　開校式当日の札幌女学校教生徒達　北海道大学附属図書館北方資料室所蔵

図 2-9　開拓使札幌女学校講堂並教師館　北海道大学附属図書館北方資料室所蔵

図 2-10　「女学校講堂並教師館」正面図　北海道大学附属図書館北方資料室所蔵

図 2-11　「女学校講堂並教師館」側面図　北海道大学附属図書館北方資料室所蔵

図 2-12　「女学校講堂梯子之図」　北海道大学附属図書館北方資料室所蔵

図 2-13　Plate 44, 'Fig.1,''Fig.2'（Cummings & Miller, *Architecture.*）　函館市中央図書館所蔵

図 2-14　開拓使工業局庁舎　北海道大学附属図書館北方資料室所蔵

図 2-15　開拓使工業局庁舎部分　北海道大学附属図書館北方資料室所蔵

図 2-16　"A farm cottage,"（Woodward, *Cottages and farm houses.*）　北海道大学附属図書館貴重資料室所蔵

図 2-17　Plate 30, 'Fig.3'（Cummings & Miller, *Ditto.*）　函館市中央図書館所蔵

図 2-18　開拓使工業局庁舎持ち送り　北海道開拓記念館所蔵

図 2-19　Plate 37, 'Fig.1'（Cummings & Miller, *Ditto.*）　函館市中央図書館所蔵

図 2-20　Plate 29, 'Design C'（Cummings & Miller, *Ditto.*）　函館市中央図書館所蔵

図 2-21　Plate 25, 'Designs for piazzas.'（Bicknell, *Detail, cottage and constructive architecture.*）　九州大学附属図書館芸術工学分館所蔵

図 2-22　豊平館　筆者撮影

図 2-23　"Wooden Villa with Tower," 'West Elevation'（Vaux, *Villas and cottages.*）　北海道大学附属図書館貴重資料室所蔵

図 2-24　豊平館車寄せ柱頭　筆者撮影

図 2-25　'Design for a Capital'（Lafever, *The beauties of modern architecture.*）　北海道大学附属図書館所蔵
図 2-26　開拓使本庁舎 1 階一般窓　北海道大学附属図書館北方資料室所蔵
図 2-27　Plate13, 'Fig.4.'（Cummings & Miller, *Ditto.*）　函館市中央図書館所蔵
図 2-28　「本庁登高欄」　北海道大学附属図書館北方資料室所蔵
図 2-29　開拓使本庁附属舎　北海道大学附属図書館北方資料室所蔵
図 2-30　勅奏邸玄関部分　北海道大学附属図書館北方資料室所蔵
図 2-31　札幌農学校北講堂部分　北海道大学大学文書館所蔵
図 2-32　Plate 29, 'H'（Cummings & Miller, *Ditto.*）　函館市中央図書館所蔵
図 2-33　Plate 35,'Designs for scrolls and brackets.'（Bicknell, *Ditto.*）　九州大学附属図書館芸術工学分館所蔵
図 2-34　水木清華亭破風飾り　筆者撮影
図 2-35　Plate 37,'Designs for gables.'（Bicknell, *Ditto.*）　九州大学附属図書館芸術工学分館所蔵
図 2-36　永山武四郎邸額縁　筆者撮影
図 2-37　Plate 45, 'D'（Cummings & Miller, *Ditto.*）　函館市中央図書館所蔵
図 2-38a　持ち送りとポーチ手摺　北海道大学附属図書館北方資料室所蔵
図 2-38b　持ち送りとポーチ手摺　北海道大学附属図書館北方資料室所蔵
図 2-38c　持ち送りとポーチ手摺　北海道大学附属図書館北方資料室所蔵
図 2-38d　図 2-38c の裏面　北海道大学附属図書館北方資料室所蔵
図 2-39　Plate 23,'Designs for piazzas.'（Bicknell, *Ditto.*）　九州大学附属図書館芸術工学分館所蔵
図 2-40　水原寅蔵店舗　個人蔵
図 2-41　高崎龍太郎編『札幌繁栄図録』（1887 年）掲載の水原寅蔵店舗　北海道大学附属図書館北方資料室所蔵
図 2-42a　水原寅蔵店舗正面図　簿書 5863　北海道立文書館所蔵
図 2-42b　「西洋形建家妻之図」　簿書 5863　北海道立文書館所蔵
図 2-42c　「石蔵 二拾分壱之図」　簿書 5863　北海道立文書館所蔵
図 2-42d　「渡島通三拾五番地 西洋形建家并石庫地絵図」　簿書 5863　北海道立文書館所蔵
図 2-43　水原寅蔵店舗正面立面図描き損じ　北海道大学附属図書館北方資料室所蔵
図 2-44　洋造大主典邸部分　北海道大学附属図書館北方資料室所蔵
図 2-45　Plate No.62 'Dormer finish.'（Hussey, *National cottage architecture.*）　北海道大学附属図書館所蔵
図 2-46　Plate 29 'G.'（Cummings & Miller, *Ditto.*）　函館市中央図書館所蔵
図 2-47　水原寅蔵店舗玄関破風　簿書 5863　北海道立文書館所蔵
図 2-48　Plate 50 'Design for suburban residence.'（Bicknell, *Ditto.*）　九州大学附属図書館芸術工学分館所蔵
図 2-49　Plate No. 88（Woodward, *National architect.*）　室蘭工業大学附属図書館土木専門文庫所蔵
図 2-50a　加藤直吉による「西洋造家作」正面図　簿書 2523　北海道立文書館所蔵
図 2-50b　「横向雛形」　簿書 2523　北海道立文書館所蔵
図 2-50c　加藤直吉による「西洋造家作」配置図　簿書 2523　北海道立文書館所蔵

第 3 章

図 3-1　クラークのサイン　クラーク献納書に押捺　北海道大学附属図書館貴重資料室所蔵
図 3-2　クラークの陽刻　クラーク献納書に刻印　北海道大学附属図書館貴重資料室所蔵
図 3-3　'Perspective view of the balloon frame'（Draper, *Helping hands for American homes.*）　北海道大学附属図書館貴重資料室所蔵
図 3-4　'A balloon frame'（Todd, *Country homes.*）　北海道大学附属図書館貴重資料室所蔵
図 3-5a　ニューイングランド地方に見られるバーン（Arthur & Witney, *The barn.*）
図 3-5b　北米に見られるバーン（Vlach, *Barns.*）
図 3-5c　オランダ式の茅葺きのバーン（Vlach, *ditto.*）
図 3-5d　テキサス地方のバーン（Arthur & Witney, *Ditto.*）
図 3-6　札幌農学校モデルバーン　北海道大学附属図書館北方資料室所蔵
図 3-7　真駒内牧牛場家畜房　北海道大学附属図書館北方資料室所蔵
図 3-8　七重勧業試験場第一家畜房　北海道大学附属図書館北方資料室所蔵
図 3-9　'Sapporo Agricultural College barn'（Kaitakushi, *First annual report of Sapporo Agricultural College.*）　北海道大学附属図書館北方資料室所蔵
図 3-10　真駒内牧牛場家畜房中層平面図　簿書 7760　北海道立文書館所蔵
図 3-11　「七重村バーン建築中ノ図」　北海道大学附属図書館北方資料室所蔵
図 3-12　「バーン下穴蔵糞落シ并ニ種物置所之図」　簿書 6463　北海道立文書館所蔵
図 3-13　「七重村試験場内新規建バーン地絵図」　簿書 6463　北海道立文書館所蔵
図 3-14　「バーン二階絵図」　簿書 6463　北海道立文書館所蔵
図 3-15　「バーン矩計図」　簿書 6463　北海道立文書館所蔵
図 3-16　東京官園家畜房配置図　簿書 6977　北海道立文書館所蔵

図 3-17　Ogden farm のバーン（Waring, *The handy-book of husbandry.*）　北海道大学附属図書館貴重資料室所蔵
図 3-18　Ogden farm のバーンと札幌農学校モデルバーンの比較　筆者ならびに宮部芳宏作成
図 3-19　札幌農学校モデールバーンの銅版画（Kaitakushi, *Third annual report of Sapporo Agricultural College.*）　北海道大学附属図書館北方資料室所蔵
図 3-20　真駒内牧牛場バーン　北海道大学附属図書館北方資料室所蔵
図 3-21　洋書に掲載の揚水風車（Waring, *Ditto.*）　北海道大学附属図書館貴重資料室所蔵
図 3-22　洋書に掲載の風車（Waring, *Ditto.*）　北海道大学附属図書館貴重資料室所蔵
図 3-23　「壱号園家畜房増築」（部分）　北海道大学附属図書館北方資料室所蔵
図 3-24　米国製揚水風車のパンフレット（表と裏）　簿書 A4-91　北海道立文書館所蔵
図 3-25　内国勧業博覧会出品の揚水風車（『明治十年内国勧業博覧会出品解説 第四区機械 第九類動源』）　北海道大学附属図書館所蔵
図 3- 付　'NO.9 A model farm barn.'（*Barns and out-house.*）　九州大学附属図書館芸術工学分館所蔵

第 4 章
図 4-1　大蔵省庁舎（日本建築学会『明治大正建築写真聚覧』，1936 年）
図 4-2　Allen, *Cottage building.* の表紙見返しと扉　国立公文書館所蔵
図 4-3　Sloan, *The model architect.* の表紙と扉　国立公文書館所蔵
図 4-4　Woodward, *National architect.* の扉　国立公文書館所蔵
図 4-5　Sloan, op. cit. の図版例　国立公文書館所蔵
図 4-6　Stevenson, Thomas, *Lighthouse illumination.* の表紙と扉　国立公文書館所蔵
図 4-7　Downing, *Cottage residences.* の表紙と図版例　国立公文書館所蔵
図 4-8　工部大学校関連の蔵書印　工部省・工学寮・工部大学校旧蔵書に押捺　東京大学大学院工学系研究科建築学専攻所蔵
図 4-9　図書票簽　工学寮・工部大学校旧蔵書に貼付　東京大学大学院工学系研究科建築学専攻所蔵
図 4-10　188 *Supplement to Biknell's village builder.* の扉　東京大学大学院工学系研究科建築学専攻所蔵
図 4-11　161 Woodward の扉　（Woodward, *National architect.*）東京大学大学院工学系研究科建築学専攻所蔵
図 4-12　163 *Villa and cottage architecture.* の図版例　東京大学大学院工学系研究科建築学専攻所蔵
図 4-13　75 Chambers の図版例　（Chambers, *A treatise on the decorative parts of civil architecture.*）東京大学大学院工学系研究科建築学専攻所蔵
図 4-14　125 Young の表紙と扉と図版例　（Young, *Picturesque architectural and practical designs.*）東京大学大学院工学系研究科建築学専攻所蔵
図 4-15　*The building news and engineering journal.* の背表紙，扉と図版例　東京大学大学院工学系研究科建築学専攻所蔵
図 4-16　工部美術学校旧蔵建築関連洋書に押捺された蔵書印　東京大学大学院工学系研究科建築学専攻所蔵
図 4-17　工部美術学校旧蔵建築関連洋書に貼付けの図書票簽　東京大学大学院工学系研究科建築学専攻所蔵
図 4-18　フォンタネージによる自著への書き込み　（Fontanesi, *Elements of theoretical and practical perspective.*）東京大学大学院工学系研究科建築学専攻所蔵
図 4-19　167 Amati の図版例　（Amati, *Glo ordini di architettura del Barozzi da Vignola.*）東京大学大学院工学系研究科建築学専攻所蔵
図 4-20　辰野金吾による書き込み　（Fergusson, *Histry of the modern styles of architecture.*）日本建築学会図書館辰野文庫所蔵
図 4-21　Chambers, *A treatise on the decorative parts of civil architecture.*（辰野金吾旧蔵書）の頁　日本建築学会図書館辰野文庫所蔵
図 4-22　工部大学校成績優秀者贈呈書の票簽　（Rosengarten, *A hand book of architectural styles.*）日本建築学会図書館妻木文庫所蔵
図 4-23　国立国会図書館の沿革と文部省蒐集洋書の移管経緯　筆者作成
図 4-24　文部省蒐集図書受入印　文部省蒐集図書に押捺　国立国会図書館所蔵
図 4-25　教育博物館蔵書印　教育博物館旧蔵書に押捺　国立国会図書館所蔵
図 4-26　教育博物館図書票簽（旧）　教育博物館旧蔵書に貼付　国立国会図書館所蔵
図 4-27　教育博物館図書票簽（新）　教育博物館旧蔵書に貼付　国立国会図書館所蔵
図 4-28　［東京図書館蔵書］印　東京図書館旧蔵書に押捺　国立国会図書館所蔵
図 4-29　［東京教育博物館蔵書印］　東京教育博物館旧蔵書に押捺　国立国会図書館所蔵
図 4-30　*Notes on building construction. Part I* の扉　国立国会図書館所蔵
図 4-31　翻訳題箋「ホッドギンス氏 学校建築書」　国立国会図書館所蔵
図 4-32　翻訳題箋「バルン氏 校舎建築書」　国立国会図書館所蔵
図 4-33　Eveleth, *School-house architecture.* の図版例　国立国会図書館所蔵
図 4-34　Hodgins, *The school house.* の図版例　国立国会図書館所蔵
図 4-35　［長崎製鉄所活版製造所印］　国立国会図書館所蔵

図 4- 付 a ［文部省書庫］印　国立国会図書館所蔵
図 4- 付 b ［文部省図書記］印　国立国会図書館所蔵

結
図 1　Plate 16. ‘Front elevation.’（*Bicknell's Victorian buildings.*）
図 2　Plate 18. ‘Front elevation.’（*Bicknell's Victorian buildings.*）
図 3　内務省寮局正面立面図（計画案）部分　国立公文書館所蔵

関連発表論文

学術論文

・開拓使旧蔵建築関連洋書の購入と移管経緯について―開拓使旧蔵建築関連洋書に関する研究 その 1―
　『日本建築学会計画系論文集』第 573 号，pp.147-154，2003 年 11 月
・開拓使旧蔵建築関連洋書と開拓使洋風建築の意匠―開拓使旧蔵建築関連洋書に関する研究 その 2―
　『日本建築学会計画系論文集』第 599 号，pp.173-179，2006 年 1 月
・開拓使におけるバルーンフレーム構法と米国式家畜房の導入―開拓使旧蔵建築関連洋書に関する研究 その 3―
　『日本建築学会計画系論文集』第 614 号，pp.245-252，2007 年 4 月
・太政官蒐集建築関連洋書について―明治初期日本政府購入建築関連洋書に関する研究 その 1―
　『日本建築学会計画系論文集』第 615 号，pp.207-214，2007 月 5 月
・工部大学校創設期の所蔵建築洋書について―明治初期日本政府購入建築関連洋書に関する研究 その 2―
　『日本建築学会計画系論文集』第 618 号，pp.135-141，2007 年 8 月

（以上，審査付き，筆頭著者）

その他報告

・開拓使函館支庁旧蔵ならびに函館図書館所蔵建築史料について
　『日本建築学会学術講演（北海道）梗概集』F2 分冊，pp. 417-418，2004 年
・内閣文庫旧蔵明治初期日本政府購入建築関連洋書について
　『日本建築学会学術講演（関西）梗概集』F2 分冊，pp. 293-294，2005 年
・工部大学校創設期の所蔵建築関連洋書について
　『日本建築学会学術講演（関東）梗概集』F2 分冊，pp. 557-558，2006 年
・水原寅蔵店舗（札幌・明治 10 年）にみる舶載建築洋書の影響
　『日本建築学会技術報告集』第 25 号，pp.291-294，2007 年 6 月
・明治前期文部省蒐集建築関連洋書について
　『日本建築学会学術講演（九州）梗概集』F2 分冊，pp.403-404，2007 年
・工部美術学校旧蔵の現存建築関連洋書について
　『日本建築学会学術講演（中国）梗概集』F2 分冊，pp.197-198，2008 年

（以上，筆頭著者のみ）
他，共著 3 編

本書に関わる研究助成等一覧

・平成 16 年度（財）北海道大学クラーク記念財団新渡戸基金研究助成
・平成 17 年度（財）前田記念工学財団研究助成
・平成 18 ～ 19 年度科学研究費萌芽研究（課題番号 18656178）

（以上，研究代表者のみ）

参考文献

［序］
市原出『住まい学体系 082 リビングポーチ アメリカ郊外住宅の夢』（住まいの図書館出版局，1997 年）
遠藤明久『開拓使営繕事業の研究』（私家版，1961 年）
奥出直人『住まい学体系 012 アメリカンホームの文化史 生活・私有・消費のメカニズム』（住まいの図書館出版局，1992 年）
加藤周一「明治初期の翻訳―何故・何を・如何に訳したか―」（加藤周一，丸山真男『日本近代思想体系 15 翻訳の思想』，岩波書店，1991 年）
菊池重郎『日本に於ける洋式建築の初期導入過程の研究』（東京工業大学学位請求論文，1961 年）
菊池重郎「明治初期洋風建築技術書「西洋家作ひながた」1. その原著・訳者・刊本について」（『日本建築学会研究報告』No.31-2，1955 年）
菊池重郎「明治初期洋風建築技術書「西洋家作ひながた」第 2 報 . その刊行の意図と原著との関係について」（『日本建築学会研究報告』No.33-2，1955 年）
越野武『北海道における初期洋風建築の研究』（北海道大学図書刊行会，1993 年）
柴田昌吉，子安峻『英和字彙：附音挿圖』*An English and Japanese dictionary, explanatory, pronouncing, and etymological.*（日就社，1873 年）
清水重敦『擬洋風建築』（『日本の美術』No. 466，至文堂，2003 年）
関野克『明治，大正，昭和の建築―日本建築の近代化―』（『世界美術全集 25 日本 IV』，平凡社，1951 年）
辰野金吾「東京に於ける洋風建築の変遷」（『建築雑誌』No. 229，1906 年 1 月）
高田誠二『維新の科学精神―『米欧回覧実記』の見た産業技術―』（朝日選書，1995 年）
田中彰，高田誠二編著『『米欧回覧実記』の学際的研究』（北海道大学図書刊行会，1993 年）
中岡哲郎『日本近代技術の形成〈伝統〉と〈近代〉のダイナミクス』（朝日選書，2006 年）
長尾充『太政官公文録中の建築仕様書からみた明治初期の建築技術』（北海道大学学位請求論文，1993 年）など。
中谷礼仁「ひながた主義との格闘」（『カラー版日本建築様式史』美術出版社，1999 年）
日本工学会編纂『明治工業史 建築篇』（日本工学会，1927 年）
初田亨『職人たちの西洋建築』（講談社選書メチエ，1997 年）
藤岡洋保「〈書評〉Finn, Dallas, Meiji revisited. The sites of Victorian Japan.」（『建築史学』第 28 号，1997 年 3 月）
藤森照信「横浜と開化式の建物」（『建築史学』No.3，1984 年）
堀越三郎『明治初期の洋風建築』（丸善，1929 年，南洋堂書店から 1973 年に復刻）
堀越三郎「洋風模倣建築六十年記」（『建築と社会』，1930 年 6 月）
村松貞次郎『日本建築技術史』（地人書館，1959 年）
明治文化研究会編『明治文化全集 補巻（3）農工篇』（日本評論社，1974 年）
吉野作造編『明治文化全集 第 24 巻 科学篇』（日本評論社，1930 年）
『建築大辞典 第 2 版』（彰国社，1988 年）
Ames, David L. and McClelland, Linda Flint, *National resister bulletin, Historic residential suburbs.* 2002. (http://www.cr.nps.gov/nr/publocations/bulletins/suburbs/)
Hepburn, J. C., *A Japanese-English and English-Japanese dictionary.* 2nd ed., Shanghai, 1872.
Ogilvie, John, *The Imperial dictionary of the English language : a complete encyclopaedic lexicon, literary, scientific, and technological.* London, 1855.
Smeins, Linda E., *Building an American Identity: Pattern Book Homes and Communities, 1870-1900.* Walnut Creek, Alta Mira Press, 1999.
Stewart, David D., *The making of a modern Japanese architecture. 1868 to the present.* Kodansha International, Tokyo & New York, 1987.
Urban Design Associates, *The architectural pattern book, A tool for building great neighborhoods.* New York & London, W. W. Norton & Co., 2004.

［第 1 章］
遠藤明久『開拓使営繕事業の研究』（私家版，1961 年）
遠藤明久『北海道住宅史話（上）』（住まいの図書館出版局，1994 年）
越野武『北海道における初期洋風建築の研究』（北海道大学図書刊行会，1993 年）
駒木定正『明治前期の官営幌内炭鉱と幌内鉄道の建築に関する歴史的研究』（北海道大学学位請求論文，1999 年）
佐藤京子「北海道立文書館所蔵『旧記』の来歴について」（『北海道立文書館研究紀要』第 16 号，2001 年 3 月）
市立函館図書館編『函館復興資料図書目録：建築・土木・生活様式其他』（1934 年）
原口征人，今尚之，佐藤馨一「札幌農学校における土木教育」（『高等教育ジャーナル 高等教育と生涯学習』第 5 号，北海道

大学高等教育機能開発総合センター，1999 年 3 月）
原田一典『お雇い外国人 13- 開拓』（鹿島出版会，1970 年）
『札幌農黌第一年報』（開拓使，1877 年）
『北大百年史 札幌農学校史料（一）』（ぎょうせい，1981 年）
Finn, Dallas, Meiji revisited: *The sites of Victorian Japan.* New York, Weatherhill, 1995.
Kaitakushi, *First annual report of Sapporo Agricultural College.* 1877.
Catalogue of books in the library of the Sapporo Agricultural College arranged according to subjects. Sapporo, Sapporo Agricultural College, 1888.

［第 2 章］
市原出『住まい学体系 082 リビングポーチ アメリカ郊外住宅の夢』（住まいの図書館出版局，1997 年）
遠藤明久『開拓使営繕事業の研究』（私家版，1961 年）
遠藤明久「水原寅蔵の洋風住宅（明治 10 年）」（『日本建築学会北海道支部研究報告集』No.43，1975 年 3 月）
大蔵省編『開拓使事業報告第二編 勸農・土木』（大蔵省，1885 年）
奥出直人『住まい学体系 012 アメリカンホームの文化史 生活・私有・消費のメカニズム』（住まいの図書館出版局，1992 年）
桐敷真次郎『明治の建築 建築百年のあゆみ』（日本経済新聞社，1966 年，本の友社から 2001 年に復刻）
木村勉『建築修復学双書 近代建築解体新書 修復の計画と技術』（中央公論美術出版，1994 年）
越野武『北海道における明治初期洋風建築の研究』（北海道大学図書刊行会，1993 年）
近藤豊『明治初期の擬洋風建築の研究』（私家版，1961 年，理工学社から 1999 年に出版）
清水重敦『擬洋風建築』（『日本の美術』No.466，至文堂，2003 年）
関野克「明治，大正，昭和の建築―日本建築の近代化―」（『世界美術全集 25 日本 IV』，1951 年）
中谷礼仁「ひながた主義との格闘」（『カラー版日本建築様式史』美術出版社，1999 年）
藤森照信『日本の近代建築（上）―幕末・明治―』（岩波新書，1993 年）
堀達之助『英和対訳袖珍辞書』（1862 年）
堀越三郎「洋風模倣建築六十年記」（『建築と社会』，1930 年 6 月）
村松貞次郎『日本近代建築史ノート』（世界書院，1965 年）
村松貞次郎編『近代の美術 20 明治の洋風建築』（至文堂，1974 年）
レオナルド・ベネヴォロ（武藤章訳）『近代建築の歴史（上）』（鹿島出版会，1978 年）
『北大百年史 通説』（ぎょうせい，1982 年）
Finn, Dallas, Meiji revisited. *The sites of Victorian Japan.* New York & Tokyo, Weatherhill, 1995.
Stewart, David B., *The making of a modern Japanese architecture. 1868 to the present.* Tokyo & New York, Kodansha International, 1987.
Walker, Lester, *American shelter.* rev. ed., New York, The Overlook Press, 1997.

［第 3 章］
伊藤桜『開拓使の米国式家畜房に関する研究―札幌官園牛舎（明治 8 年）と七重勧業試験場第二家畜房（明治 14 年）の比較を通じて―』（2007 年度北海道大学卒業論文）
遠藤明久『開拓使営繕事業の研究』（私家版，1961 年）
大蔵省編『開拓使事業報告 第二編 勧農・土木』（大蔵省，1885 年）
勝田孫弥『大久保利通伝 下巻』（同文館，1911 年）
越野武『北海道における初期洋風建築の研究』（北海道大学図書刊行会，1993 年）
ジークフリート・ギーディオン（太田実訳）『空間・時間・建築』（丸善，1955 年）
田辺安一『お雇い外国人エドウィン・ダン：北海道農業と畜産の夜明け』（北海道出版企画センター，1999 年）
手塚晃，国立教育会館編集『幕末明治海外渡航者総覧』（柏書房，1992 年）
福本龍『明治五・六年 大鳥圭介の英・米産業視察日記』（国書刊行会，2007 年）
藤森照信『日本の近代建築（上）―幕末・明治篇―』（岩波新書，1993 年）
賢理斯的墳（岡田好樹，明石春作共訳）『斯氏農書』（勧業寮，1875-1884 年）
宮部芳弘『米国におけるモデルバーンの展開と札幌農学校模範家畜房』（2007 年度北海道大学修士論文）
村松貞次郎『新建築技術叢書―8 日本近代建築技術史』（彰国社，1976 年）
村松貞次郎，山口廣，山本学治編『近代建築史概説』（彰国社，1978 年）
『札幌農黌第一年報』（開拓使，1877 年）
『札幌農黌第三年報』（開拓使，1879 年）
『七飯町史』（1976 年）
『明治十年内国勧業博覧会出品解説 第四区機械 第九類動源』（内国勧業博覧会事務局，1878 年）
『明治十年 内国勧業博覧会報告書』（内国勧業博覧会事務局，1878 年）
Arthur, E. & Witney, D., *The barn.* Greenwich, 1972.
Ensminger, R. F., *The Pennsylvania barn.* Balimore & London, 2003.
Giedion, Sigfried, *Space, time and architecture; the grouth of a new tradition.* Cambridge & London, 1941.

Harney, George E., *Stables, outbuildings and fences.* New York, 1870.
Kaitakushi, *First annual report of Sapporo Agricultural College.* 1877.
Kaitakushi, *Third annual report of Sapporo Agricultural College.* 1879.
Slight, S. & Burn, R. S., *The book of farm implements and machines.* 1858.
Stephens, Henry, *The book of the farm.*, Edinburgh & London, 1871.
Stephens, Henry, *The book of farm buildings, their arrangement and construction.* Edinburgh & London, 1861.
Vlach, J. M., *Barns.* New York & London, 2003.
Barns and out-house: Building plans. Co-operative Building Plan Association, 1883.
The atlantic monthly. vol.26, issue 157, 1870. ('Making of America' http://cdl.library.cornell.edu/moa/)

［第４章］
石井昭「工部省の営繕事務について」(『日本建築学会論文報告集』No.60，1958 年)
稲垣栄三『日本の近代建築［その成立過程］』(鹿島出版会，1979 年)
ウィルレム・チャンブル，ロベルト・チャンブル編，文部省摘訳『百科全書』(丸善，1884-85 年)
遠藤明久『開拓使営繕事業の研究』(私家版，1961 年)
遠藤明久「簿書から発見された建築関係史実の一・二について」(『日本建築学会北海道支部第 26 回研究発表会論文集』，1966 年)
近藤豊『明治初期の擬洋風建築の研究』(私家版，1961 年，理工学社から 1999 年に出版)
越野武『北海道における明治初期洋風建築の研究』(北海道大学図書刊行会，1993 年)
菊池重郎「明治初期の公刊洋書目録史考」(日本英学史学会編『英学史研究』第 5 号「英学の導入と日本の近代化」特集，1972 年)
菊池重郎『日本に於ける洋式建築の初期導入過程の研究』(東京工業大学学位請求論文，1961 年)
旧工部大学校編纂会編『旧工部大学校史料』(虎之門会，1931 年，青史社から 1978 年に復刻)
隈元謙次郎『お雇い外国人 16―美術―』(鹿島出版会，1976 年)
国立公文書館編『内閣文庫百年史 増補版』(古汲書院，1986 年)
国立国会図書館支部上野図書館編『帝国図書館年報』(国立国会図書館，1974 年)
清水慶一「工学寮・工部大学校に於ける建築教育について」(*Bulletin of National Science Museum, Series E*, 1985.)
清水重敦『擬洋風建築』(『日本の美術』No.466，至文堂，2003 年)
杉原四郎「明治初期における欧米経済書の伝来―『諸官庁所蔵洋書目録』を中心として―」(関西大学『經濟論集』22 巻，1973 年)
鈴木博之『ビクトリアン・ゴシックの崩壊』(中央公論美術出版，1996 年)
鈴木淳編『史学会シンポジウム叢書 工部省とその時代』(山川出版社，2002 年)
関沢勝一，新川亮馬，馬渡龍「『学校通論』(原著 School Economy) が明治初期の「学校建築法」に与えた影響に関する考察」(『日本建築学会計画系論文集』No.527，2000 年)
滝沢正順「工部大学校書房の研究 (1)」(『図書館界』Vol.40，No.1，1988 年)
滝沢正順「工部大学校書房の研究 (2)」(『図書館界』Vol.40，No.3，1988 年)
滝沢正順「工部大学校書房の研究 (3)」(『図書館界』Vol.40，No.4，1988 年)
滝沢正順「工部大学校の書房と蔵書」(東京大学編『学問の過去・現在・未来 第一部　学問のアルケオロジー』, 1997 年) (http://www.um.u-tokyo.ac.jp/publish_db/1997Archaeology/)
武内博『日本洋学人物事典』(柏書房，1994 年)
辰野金吾「東京に於ける本邦洋風建築の変遷」(『建築雑誌』1906 年 1 月，第 229 号)
田辺尚雄「東京博物館と故手島精一翁 (二)」(『明治文化研究』第 5 巻 3 号，1929 年)
手島工業教育資金団『手島精一先生伝』(1929 年)
寺岡寿一編『明治初期歴史文献資料集 第三集別冊』寺岡書洞，1978 年)
東京都庭園美術館編『フォンタネージと日本の近代美術：志士の美術家たち』(東京都歴史文化財団，1997 年)
外山正一，清野勉訳『学校管理法』(丸善，1885 年)
内閣記録局『法規分類大全 官職門十六』(1891 年)
内閣文庫編『内閣文庫蔵書印譜』(1969 年，改訂増補版，1981 年)
中谷礼仁「様式的自由と擬洋風建築」(鈴木博之，石山修武，伊藤毅，山岸常人編『シリーズ 都市・建築・歴史 8 近代化の波及』，東京大学出版会，2006 年)
中村與資平『洋風建築設計者の虎の巻』(鈴木書店，1931 年)
日本建築学会編『近代日本建築学発達史』(丸善，1972 年)
福本龍『われ徒死せず 明治を生きた大鳥圭介』(国書刊行会，2004 年)
藤森照信校注『日本近代思想体系 19 都市 建築』(岩波書店，1990 年)
堀越三郎『明治初期の洋風建築』(丸善，1929 年，南洋堂書店から 1973 年に復刻)
三浦友美『明治前期の初等学校建築関連書に関する研究』(2006 年度北海道大学修士論文)
宮本雅明『日本の大学キャンパス成立史』(九州大学出版会，1989 年)
村松貞次郎『日本近代建築史ノート』(世界書院，1965 年)

八束はじめ『思想としての日本近代建築』（岩波書店，2005 年）
山崎有信『大鳥圭介伝』（北文館，1915 年）
和久正辰訳『加氏初等教育論（牧野書房，1885 年）
「お雇い外国人名鑑」（ユネスコ東アジア文化研究センター編『資料御雇外国人』小学館，1975 年）
『東京大学百年史 通史一』（東京大学，1984 年）
『工部省沿革報告』（大内兵衛，土屋喬雄編『明治前期財政経済史料集成 第 17 巻ノ 1』1964 年）
『工部大学校学科並諸規則』，Imperial College of Engineering (Kobu-Dai-Gakko), Tokei: *Calendar*; 1879.
『新編増補人物レファレンス事典』（日外アソシエーツ，2000 年）
『内閣文庫洋書分類目録 英書編 下』（内閣文庫，1973 年）
『内閣文庫洋書分類目録 英書編 下』（内閣文庫，1973 年）
『箕作秋坪旧蔵 蕃書調所書籍目録写』（私家版，東京大学附属図書館所蔵）
Author catalogue of the Library of Teikoku-Daigaku (Imperial University), 1891.

[結]
中島久男『明治期における海軍省営繕事業の歴史的研究』（東京大学学位請求論文，2005 年）
中村與資平『美術的建築』（東京書院，1917 年）
中村達太郎編輯『建築学階梯』（丸善，1888-1889 年）
中谷礼仁，中川武，倉方俊輔「項目分析から見た明治期公刊規矩術書における伝統技法の継承と変質 日本近代における伝統的建築技術の継承，変質の研究―2」（『日本建築学会計画系論文集』No.495，1997 年）
中谷礼仁「様式的自由と擬洋風建築」（『シリーズ 都市・建築・歴史 8 近代化の波及』東京大学出版会，2006 年）
日本工学会編纂『明治工業史 建築篇』（日本工学会，1927 年）
藤森照信『日本の近代建築（上）―幕末・明治―』（岩波新書，1993 年）
村松貞次郎『日本近代建築史ノート〈西洋館を建てた人々〉』（世界書院，1965 年）
柳澤宏江『明治時代の建築雛形本にみる洋風意匠の受容に関する研究』（名古屋市立大学学位請求論文，2008 年）
Smeins, Linda E., *Building an American Identity: Pattern Book Homes and Communities, 1870-1900.* Walnut Creek, Alta Mira Press, 1999.
Stewart, David D., *The making of a modern Japanese architecture. 1868 to the present.* Kodansha International, Tokyo & New York, 1987.

あとがき

2002年12月17日，室蘭工業大学附属図書館土木専門文庫の中で，開拓使が蒐集した米国出版の大判のパターンブックを，1ページずつ開拓使の建築技術者が同じように見ていたことを想像しながらめくっていた。薄暗く肌寒い部屋の中，冬至も近く，外はすっかり日が落ち，閉館時間も近づいていたその時，一枚の図版が目に飛び込んできた。雷に打たれたような衝撃，全身に鳥肌が立ち，興奮しながらその図版を注視した。この時の胸の高鳴りをいまでも鮮明に覚えている。開拓使が1873年に建てた本庁分局庁舎の設計図面と寸分違わない絵が，そこに描かれていたのである。

開拓使関連の蔵書印が押された19世紀出版の舶載建築書が北海道大学附属図書館に所蔵されていることは，かれこれ20年近く前から知っていた。偶々，この年（2002年），一人の学生がこのことに関心を持ち，卒業論文のテーマとして取り組んでくれることになり，積年の課題に取りかかるきっかけとなった。それまで，開拓使の建築はパターンブックを参考にデザインされたであろうことを多くの先人が指摘していたので，徹底的に精査を行なえば，その証拠を摑むことができると思っていた。まずは手近な北海道大学附属図書館の貴重資料室に保管される札幌農学校文庫，そして，閉架書庫の蔵書を見た。しかしそこには，定規やコンパスを使った鉛筆による書き込み，手垢や墨書の汚れは目立つものの，直接的な参照や引用の手がかりを見つけることはできなかった。次に調べた室蘭工業大学附属図書館で，初めて決定的な証拠を摑むことができたのである。この時，開拓使の建築はパターンブックを参照して造られたということが，予測から確信に変わった。ところが，思うように次の証拠が見つからない。別件で函館市の図書館の蔵書目録を調べていた時，19世紀米国出版の建築書のタイトルが目に飛び込んできた。慌てて閲覧に赴いたのはいうまでもない。現物を手にして，まず蔵書印を確認した。開拓使の印がある。ページを捲っていくと，次から次へと開拓使の建築に見られる流麗な細部意匠が現れてきた。

これに前後して，北海道立文書館の開拓使関連簿書中に開拓使工業局の洋書目録を発見した。開拓使研究の先達である故遠藤明久先生が「発見されないことは残念」と嘆いていた目録である。そこには，太政官からの通達で目録をまとめた旨が記されていた。開拓使に限ったことではない。明治政府の中央官庁でも同じように明治初期に舶載建築書を蒐集したであろう可能性を直感した。東京竹橋の国立公文書館へ資料調査に行くと，予想は的中した。開拓使旧蔵の舶載建築書に勝るとも劣らないコレクションが所蔵されていたのである。これから後は芋蔓式に，文部省関連のものが国立国会図書館に，工部大学校関連のものが東京大学大学院工学系研究科建築学専攻に多数現存していることを確認できた。

中央官庁（厳密には開拓使も中央官庁の一機関ではあるが）における舶載建築書の直接的な引用の事例は，残念なことに未だ発見できていない。しかし，明治新政府が文明開化期に，欧米の建築技術や建築文化を導入するべく多くの舶載建築書を蒐集していたことは紛れもない事実であるし，その成果の一端を開拓使において確認できたことは，これまでの明治初期洋風建築の導入過程を再考するきっかけになるであろう。「お雇い外国人建築家の指導」，「日本人大工棟梁による見よう見まね」に，「舶載建築書の参考」が併記されることを願ってやまない。

本書は北海道大学に提出した学位請求論文「明治初期日本政府蒐集建築関連洋書からみた洋風建築の導

入過程に関する研究」を元に，その後の研究成果を加えたものである。論文提出時には「明治初期日本政府蒐集建築関連洋書の研究」というタイトルであったが，審査の最終段階で，内容をより具体的に示すようにと，上記の標題に修正された。しかしながら，いざ出版が決まり読み返してみると，やはり研究の主眼は舶載建築書そのものにあることが想起されたため，標題を当初のものに近い形に戻すことにした。

末尾になったが，謝辞を述べたい。

学位請求論文の主査を務めていただいた角幸博先生をはじめとして，審査委員の各先生にまずお礼申し上げる。とりわけ，副査の佐藤馨一先生，杉山滋郎先生には，それぞれ土木史，科学史と建築外の分野よりご助言いただいた。原暉之先生，逸見勝亮先生，白木沢旭児先生には，本書執筆のきっかけとなる『北大百二十五年史 論文・資料編』への論文「開拓使旧蔵建築関連洋書について」の執筆の機会を与えてくださった。山口廣先生には，学会発表などを通して多くの示唆に富むアドヴァイスをいただいた。鈴木博之先生，藤井恵介先生には，東京大学大学院工学系研究科建築学専攻所蔵史料の閲覧に際し，格別のご配慮をいただいた。学部，大学院時代の恩師であり，明治初期洋風建築研究の先駆者である越野武先生には，新たな資料を発見する度に資料に目を通していただき，貴重なご意見を頂戴した。

日本近代史の中でも，明治初期を研究対象とした場合，必然的に古文書（くずし字）の読解が必要になる。その素養が不足していた私に，井上高聡先生は一から手ほどきくださった。氏の指導なくして，本研究は成り立たなかったといっても過言ではない。また，洋書を研究対象とした経緯で偶然発見したロシア語の史料の解読にあたり，井澗裕，越野剛両氏にご協力いただいた。榊原史聞，皆川雄一，望月（旧姓三浦）友美，宮部芳宏，中山（旧姓伊藤）桜の各氏とは，卒業論文，修士論文を通じて，この研究課題に一緒に取り組んだ。いまとなっては得ることのできない楽しい日々が思い起こされる。

北海道大学出版会の成田和男氏には，本書の刊行にあたり多くのご苦労をいただいた。また，校正の横井広海氏にも謝意を表したい。この他にも，各図書館，公文書館の担当職員の方々にも大変お世話になった。

最後に，私事で恐縮だが，妻協子に感謝の意を表したい。知り合ってから暫くして，黒田清隆と榎本武揚が親戚筋であることを聞いた。本研究の過半は明治初期の北海道を対象としていることもあり，史料中に黒田の名前を頻繁に目にした。中でも，黒田が所望し，榎本がモスクワで購入したロシア式角組建築（いわゆるログハウス）書を発見し，その証拠を摑んだ時には何か因縁めいたものを感じた。学位論文をまとめて間もなくして，東京駒込の吉祥寺で執り行なわれた榎本武揚の百周忌に参列した際，黒田，榎本両家の御当主にこのことを報告できた。いま，考えると，妻との出会いがこの研究を後押ししてくれたように思う。

本書の刊行にあたっては，平成23年度北海道大学学術成果刊行助成の交付を受けた。

2011年8月

池上　重康

人名索引

ま行

や行

ら行

わ行

事項索引

あ行

か行

さ行

た行

な行

は行

ま行

や行

ら行

わ行

明治初期
日本政府蒐集
舶載建築書の研究

発行
2011年9月30日　第1刷

著者
池上　重康

発行者
吉田　克己

発行所
北海道大学出版会
札幌市北区北9条西8丁目
北海道大学構内（〒060-0809）
Tel. 011（747）2308　Fax. 011（736）8605
http://www.hup.gr.jp

装幀・レイアウト
須田　照生

印刷
㈱アイワード

製本
石田製本㈱

ISBN 978-4-8329-8199-7

池上　重康（いけがみ　しげやす）

1966年
札幌市に生まれる

1991年
北海道大学大学院工学研究科建築工学専攻修士課程修了

現　在
北海道大学大学院工学研究院助教
博士（工学）

主な業績
2006年度日本建築学会奨励賞
2010年度日本都市計画学会石川奨励賞（社宅研究会代表）

主要著書
『日本近代建築大全〈東日本編〉』（共著，講談社，2010年）。『社宅街　企業が育んだ住宅地』（共著，学芸出版社，2009年）。『北大百二十五年史　論文・資料編』（分担執筆，北海道大学図書刊行会，2003年）。『北大百二十五年史　通説編』（分担執筆，北海道大学図書刊行会，2003年）。『写真集北大125年』（編著，北海道大学図書刊行会，2001年）。『近代日本の郊外住宅地』（共著，鹿島出版会，2000年）。